本书为全国翻译专业学位研究生教育研究项目(MTIJZW201405)和南京航空航天大学重点科研项目(NR2012007)阶段性成果，得到国家留学基金和中央高校基本科研业务费专项资金资助。

翻译与身份

Translation and Identity

【爱尔兰】迈克尔·克罗宁(Michael Cronin) 著

朱 波/译注

苏州大学出版社
Soochow University Press

图书在版编目(CIP)数据

翻译与身份/(爱尔兰)克罗宁(Cronin, M.)著;朱波译注. —苏州:苏州大学出版社,2014.6
(翻译学译丛)
ISBN 978-7-5672-0914-5

Ⅰ.①翻… Ⅱ.①克…②朱… Ⅲ.①翻译学-研究 Ⅳ.①H059

中国版本图书馆 CIP 数据核字(2014)第 107062 号

著作合同登记号 图字:10-2014-237 号
Translation and Identity / by Michael Cronin / ISBN 0-415-36464-7
Authorised translation from the English language edition published by Routledge, a member of the Taylor & Francis Group

书　　名:翻译与身份
Translation and Identity

作　　者:[爱尔兰]迈克尔·克罗宁(Michael Cronin) 著
朱 波 译注
责任编辑:汤定军
策　　划:汤定军
装帧设计:刘 俊

出版发行:苏州大学出版社(Soochow University Press)
社　　址:苏州市十梓街 1 号 邮编:215006
印　　刷:丹阳市兴华印刷厂印装
网　　址:www.sudapress.com
E - mail:tangdingjun@suda.edu.cn
邮购热线:0512-67480030
销售热线:0512-65225020

开　　本:700mm×1000mm 1/16 印张:16.5 字数:260 千
版　　次:2014 年 6 月第 1 版
印　　次:2014 年 6 月第 1 次印刷
书　　号:ISBN 978-7-5672-0914-5
定　　价:40.00 元

凡购本社图书发现印装错误,请与本社联系调换。服务热线:0512-65225020

前 言

初冬的曼城多风多雨。4点刚过,天色就暗了下来。白中发黄的路灯为褐色的天主教堂和红砖建筑罩上了一层神秘色彩。走出曼大图书馆,来到欧洲最繁忙的公交道路——牛津路,双层巴士川流不息。眼前是行色匆匆的路人,心里是莎剧中人头落地的景象。

萨福克被杀头,塞伊勋爵、克罗默爵士相继被斩,叛军首领凯德也难逃此劫。在《亨利六世》中,萨福克、塞伊和凯德都与敌方进行过接触,而凯德和塞伊先后做过翻译。更为恐怖的是,在芒斯特地区平叛后,英军吉尔伯特上校命令手下把(杀死的)叛军士兵的脑袋排在道路两旁,让放下武器的爱尔兰人沿着这条“首级之路”,在父亲、兄弟、亲友头颅的见证下,向侵略者臣服(Cronin 2006:110; Churchyard 1579:iii,v)。

译者难觅!冯世则(1999)从经济学角度分析了个中原因。翻译中的霸权倡导通顺的翻译,要求译者使用术语,保持句法的连贯性,并确定一种确切的意义。译文应力求透明,看起来不像翻译,像一块玻璃。译文越透明,原文意义就越可见。通顺而透明的翻译抹杀了译者的存在,也让译者习惯了克己和隐身(郭建中 2000;Venuti 1995)。和笔译不同,口译(除个别远程口译外)要求译员在场。为对抗的双方提供口译,在不断的言语和身份转换中,译员作为“具身的代理”(Taylor 1995:63; Cronin 2006:78)不仅无处可藏,还有可能搭上性命。进入21世纪,人类冲突的形式发生了巨变,译员命运依旧。为美军服务的泰坦公司(Titan Corporation)译员、伊拉克库尔德人卢克曼·穆罕默德·库尔迪·侯赛因(Luqman Mohammed Kurdi Hussein)被反政府武装人员捕获后遭到斩首的视频在互联网上播出(Krane 2005: 2),再现了莎剧中惊心动魄的场面。

传统的口笔译研究坚持一种天真的理念，以为翻译（尤其是口译）是完全中立而纯粹的语码转换，不存在译者个人思想的介入，相信译者对现实的叙述能够“完好无损”地传递语言及其他符号信息。于是，研究者在“模糊了真相的”理论模式和个案研究中投入大量时间和精力，认为这样就能化解翻译中的各种麻烦，甚至能抚平其造成的心理创伤（Baker 2006）。可事实是，在异的触摸中翻译早已为译者打上烙印，在异的考验下译者如何全身而退？砍掉脑袋并不能确保爱尔兰人就此归附不列颠帝国新的政治和军事体系。“说的是爱尔兰语，心必定属于爱尔兰，言由心生。”（Spenser 1970：68）在《论爱尔兰现状》中，埃德蒙·斯宾赛主张彻底废除爱尔兰语。帝国的构建与巩固必须通过言辞，让暴力变形合法化。

变形是有机生命的根源，也是艺术的脉搏。在民族语言和身份的塑造中，翻译发挥了重要作用，一个突出的表现就是把历史或经典译入/移入本族语。《变形记》第6卷记录了特柔斯强暴菲洛墨拉的可怕情景。为了掩盖自己的罪行，特柔斯割去了菲洛墨拉的舌头。变形不是一种温和的、状态上的改变，不是一种顺应了大自然时令的蜕化，而是通过暴力残忍地改变人的现有状态。翻译何尝不是？看看莎士比亚对奥维德的“翻译”吧。在《皆大欢喜》（*As You Like It*）中，因在哥哥奥列弗手中遭遇不公，奥兰多在开场白说：“你若不是我的哥哥，我这只手一定不会放开你的喉咙，直到另一只手拔出你的舌头为止。”摔跤手查尔斯被奥兰多摔倒。弗迪兰德公爵询问他的情况，勒·波回答：“他说不出话来了，殿下。”老公爵描述田园生活时说“可以听到树木在说话”。奥兰多对罗瑟琳表达爱意时反复提到“我要让森林里的每棵树长出舌头”。假扮成盖尼米尔的罗瑟琳在谈论“妻子”与“才智”的话题时说：“她总是有话可说，除非你把她的舌头割掉。”考虑到整个戏剧以驱逐和占有为背景，不论是篡夺公爵爵位、放逐罗瑟琳、威胁征用奥利弗的土地或密谋剥夺奥兰多继承权，在森林占有者平静的对白中涌动着巨变，一种对言说和话语的抑制（Cronin 2006：108－109）。如果把绿色森林看成爱尔兰，把每棵树看成说爱尔兰语的当地人，只有当它们/他们长出新的舌头——学会说英语，才能真正把它们/他们据为己有。暗藏着变形的翻译从割掉舌头开始。通过翻译，公爵和新环境融为一体，把艰苦的乡村生活变成富有教养的文学世界（书籍、布道），把沉闷、懒散的旧世界译为充满“生机”的帝国领地；通过新的语言，让追随者在面目全非的艰苦环境中得到慰藉，让帝国臣民找到归属。爱尔兰为莎剧中的翻译及由此产生的焦虑提供了背景和原型，翻译也揭示出爱尔兰人在都铎王朝时期寻求新身份的变形过程（Cronin 2006：106）。普朗凯特 · 巴顿爵士认为，在创作《皆大欢喜》这部作品前，莎士比亚一定到过爱尔兰。作为一个有着 5000 多年历史的国家，爱尔兰有自己的语言——盖尔语。可是，翻译却让爱尔兰失语。到了 19 世纪末，讲爱尔兰语的人占总人口的比例跌至 15%。莎士比亚在 16 世纪末的想象成为现实。独立后，爱尔兰虽然把爱尔兰语定为第一语言，如今也只有 35% 的爱尔兰人掌握它；爱尔兰成为欧洲除英国外唯一的英语国家，一个被翻译、被割掉“舌头”的国家。

爱尔兰就是翻译的隐喻。在英国统治的几个世纪里，这个国家成了殖民地动荡的原型。英国殖民主义者很快就发现，他们从来就没有征服过爱尔兰，爱尔兰也从没有停止过反叛（何树 2002）。在一个双语或多语社会中生存，人就会陷入永不停止的翻译状态，并出现认同问题，表面呈现出的焦虑感缘自不同语言和身份对内心的撕扯和争夺，就像麦克莫里斯那句带有浓重爱尔兰口音的英语“What ish my nation?”（我们这个民族怎么啦?）所示。让我们把目光投向莎剧《亨利五世》中的经典一幕：

弗鲁艾林：麦克莫里斯上尉，我想，你瞧，说得不正确的地方还请指正——你们这个民族并没有多少人……

麦克莫里斯：我们这个民族！我们这个民族怎么啦？是恶棍、杂种、奴才、流氓？我们这个民族怎么啦？谁敢对我们的民族说三道四？

弗鲁艾林：你瞧，可能你误会了我的意思，麦克莫里斯上尉，或许你有欠思考，你瞧，没有依照应有的亲切方式对待我。无论是打仗，还是出身，甚至在其他方面，我和你一样，都是一条好汉。

麦克莫里斯：我可不认为你和我一样是条好汉！上帝保佑，我要砍掉你的脑袋！

戈文：两位先生，你们相互误会了。

杰米：恩？没错。

（Shakespeare 1974：III. ii.，136－152）

在新组建的英军中，威尔士的弗鲁艾伦、苏格兰的杰米、爱尔兰的麦克莫里斯都忙着把自己译入帝国的语言和政治体系中。换句话说，弗鲁艾伦、杰米和麦克莫里斯这些被翻译的人必须变得像英格兰人，确切地说，变得像有大不列颠纯正血统的英国人。他们必须像英国人一样说话，他们必须把新的身份——为这个新国家效力的盟军士兵——视为自己的固有身份。如果做不到这点，他们就会回归初始语言和身份，用英格兰人戈文的话来说，就是"相互误会"，由此产生的分歧或敌意就会对这个新的民族造成威胁，导致相互无法识别或认同（Cronin 2006：103）。翻译与民族、翻译与身份密切关联。在巩固政治和扩张领土的关键时期，翻译所做的就是要丰富和塑造本地语，让它言说帝国不断发酵的野心和抱负。换句话说，塑造一种新的身份意味着通过翻译进行改造，在某种程度上把译文视为原文。越是不可译的东西，越能激发翻译的欲望。正是由于在某些方面不可译，让莎士比亚成为世界上被翻译得最多的剧作家。相比传统翻译研究对译作的关注，把目光转向原著，通过对莎士比亚作品的细读和解读，会有意想不到的发现：对翻译的戏剧处理让莎士比亚成为跨越时空的经典作家。

通过联合王国军人之间的对话，我们可以发现：译者不仅看得见，而且能够听得见。作为身份的标志，口音成为冲突的焦点。在帝国语言环境中，不用关注一个人说了什么，只要听听他/她说话的腔调，就能知道其身份和归属。在麦克莫里斯这句"What ish my nation?"（我们这个民族怎么啦？）中，"ish"带着浓重的爱尔兰口音。由此看来，麦克莫里斯这个形象和之后舞台上其他爱尔兰人一样，成为翻译（也可以说是误译）的典型。由此联想到自己和英语的亲密接触。做学生时，我喜欢一个老师的理由很简单，只要他/她是纯正的伦敦音；当了老师后，我会用惩戒的方法，逼迫学生模仿并形成"标准"语音，从未意识到内心深处的自译行为（Cronin 2006：40）——把自己译入英语，然后不遗余力地充当它的代理。在翻译 *Translation and Identity* 前，一切都是在无意识中进行，周而复始。主动割掉自己的舌头，又急不可待地去割后来者。这些人到底怎么啦？戈文一定在暗中笑。

作为民族和帝国扩张行为的一部分，翻译不仅激活了莎士比亚与他同时代人的大脑，也成为他们所使用的语言——英语的核心；通过这一语言，他们创造了新的秩序。在《论发明》一书中，西塞罗塑造出殖民化的原始场景。通过雄辩口才，殖民者把粗俗、未开化的野蛮人变得更有教养。说话者一旦占领了拓扑斯——争议之地，实际上也就赢得了争辩。伟大的演说家成为独一无二的主宰者，其他人则被逐出，或由于言辞拙劣而被迫放弃争议区域。口才和权力饯行有关，其本质是竞争和占有。翻译也是。它让优势语言/文化有机会占有弱势语言/文化的丰富内容。在昆体良看来，优秀演说者的权力在于巧妙利用了翻译占有，即“我们所用的就属于我们”。无论是发生在古代还是文艺复兴时期的挪用，西方一直有把杰出演说家视为权威的传统。能言善辩者不但可以劝说听众采取行动，还能说服他们放弃先前的土地；通过雄辩实现的掠夺让言说者变得更加强大。翻译暗含着这样一种理念，即权力可以在空间中不断增长，空间也可以借助权力而不断延伸。通过翻译，英语提高了自身的表现力；当表现力提高后，它就愈发成为不可阻挡的帝国语言。莎士比亚开拓了英语语言资源和英语戏剧创作，这种开拓与英国在海外的扩张同步（Cronin 2006:96）。当这个新兴的岛国开始对内巩固君主制度、对外施行侵略掠夺时，它同时开始在境内提升英语的合法地位，并在此基础上把英语推向全球。二者之间相互关联，绝非巧合。

采用一种翻译或跨文化视角来审视经典文本，能引发新的解读，尤其是能够凸显翻译、身份和权力之间的重要关系（同上，93）。莎士比亚和英语的跨域传播表明，翻译是一种越界和占有。一种语言可能有成千上万的使用者和丰富的文学传统，但如果这种语言缺乏译者或译入其他语言的机会，那么这种语言“文学性”的感知就无从谈起，或者说无法扩大其影响。勒巴普（Lepape 2004）指出，乔安妮·凯瑟琳·罗琳、安伯托·艾柯、保罗·柯艾略等对出版世界的垄断和他们最初在英语世界的成功不无关系。在他们中，后两位都是被译入英语的作者，而像他们这样的非英语作家，能够有幸被译入英语并跻身世界文学市场，其作品出版量仅占全球英语图书出版总量的2%～3%。每年，在全球最重要的图书交易会——法兰克福书展上，世界各地作家和出版商参展的图书总量多达40万种（其中新书达到10万种），但非英语国家的作品少得可怜。是否有机会被译入英语决定了一个非英语作家在文学市场上的命运。现代英语就是语言世界中的沃尔玛：方便，巨大，难以抗拒，表面上友善，在不断扩张中吞噬着一个又一个竞争对手（Abley 2003:56）。在它面前，渴望进入世界文学市场上的非英语作品在“等待翻译”中露出一脸贱相。渴望被翻译，却不关注“谁来译”和“怎么译”，就会在无意识中被送入一个标准化世界，适应一种文学/文化；当世界文学市场被少数甚至一种语言主宰时，进入的那一刻也就是被吞噬、被摧毁的那一刻。在《但丁俱乐部》中，通过那个不受待见的译者，马修·波尔道出了移民内心的痛苦：

> 在这里（美国）有什么自由？你们毫不费劲地把我们送进工厂，让我们奔赴战场，被毁灭，不留痕迹。你们眼看着我们的文化被践踏，语言被吞噬，穿上了你们订制的衣服。你们满面笑容，从书架上掠走我们的文学。（Pearl 2003：315－316）

移民就是被翻译的人。他们/她们内心的痛苦折射出弱势语言/文学在世界文学市场上的窘境。通过世界文学，歌德关注的不仅是那些通常意义上关乎普世的东西，更重要的是他把人性视为不同团体成员之间的有效交流。经济和政治势力对语言和文化多元化造成了持续不断的威胁。翻译不是单纯的语言转换过程，它还事关身份的维护、更新与传承。2012年，莫言荣获诺贝尔文学奖。把莫言译入英语，让他得到诺贝尔奖评委会的青睐，美国翻译家葛浩文（Howard Goldblatt）功不可没。之前，他已把多位中国作家送上国际文学领奖台——姜戎、苏童和毕飞宇都是凭着他的翻译先后获得曼氏亚洲文学奖（高峰2012）。莫言不学英语，不能用英文推销自己。在葛浩文看来，这很“愚蠢”，会影响他的销路。因为没有亲临现场，听到原话，对愚蠢一词表示怀疑。坚持用母语发声，不把自己译入英语，是最基本的人权。翻译是一种倾听，如果听不到作者特殊的声音，并尽心传译之，译者难有作为。翻译更是一种互惠。作者是译者的衣食父母，译者回报以原作的后起生命。如果莫言学会了英语，可以自我翻译，还需要译者吗？如果莫言变“聪明”了，译者岂不遭到罢黜？

在讲述多多那神谕时，希罗多德提到了那只“栖息在橡树上、会说话”的黑鸽子。鸽子告诉多多那人，宙斯将在此昭示神谕。希罗多德把鸽子看成宙斯侍女的化身。侍女被腓尼基人拐走，后卖到希腊为奴。对于新主人来说，她说起话来像鸟儿啁啾。一旦学会说希腊语，她的声音就不再是鸟鸣，而是能听懂的人话；鸽子之所以是黑色，暗示侍女是埃及人（Herodotus 1996：107）。语言是人类特有的现象。希罗多德在神谕——人事和天意之间不断变化的边界上发现了语言转换、翻译和跨文化交流。跨越学科的好奇心，追求联结，不断思考与探索，这些让他成为翻译的守护神。翻译是黑暗中的一线光明，既要有勇敢，也要有一种孤独的不可为而为之的壮烈。译者必须进入作者的内心世界，进行深刻的理解，而这一定是孤独的行为，只能独自完成（许钧，见缪志聪 2013）。完成了当日的翻译，天色已黑。越过牛津路，要在黑暗中穿过两块草坪，我才能回到公寓。感谢克罗宁，让我在莎剧中看到了翻译；虽然翻译是一种孤独的行为，可一旦置身其中，就不容易感到孤独。在彼此互不关联的事物之间寻求联结，翻译在人类社会一切关于语言和身份问题的探讨中都位于中心。

出国留学前，带不满 4 岁的女儿去中山陵音乐台喂鸽子时，我教会了她说“pigeon”（鸽子），不知她是否还记得？每天清晨，公寓前的草坪上都会聚集一群觅食的鸽子。等女儿来曼城时，如果她想不起来，也许我不会主动再提。

朱 波
2014 年 3 月
于英国曼彻斯特大学

参考文献：

Abley, M. *Spoken Here: Travels Among Threatened Languages* [M]. London: Heinemann, 2003.

Churchyard, T. *A Generall Rehearsall of Warres* [M]. London: Edward White, 1579.

Cronin, M. *Translation and Identity* [M]. London and New York: Routledge, 2006.

Herodotus. *The Histories* [M]. Aubrey de Sélincourt (trans.). London: Penguin,1996.

Krane, J. The most dangerous civilian job in Iraq: Dozens of translators for US military have been killed [J]. *NBC News*, 2005. Retrieved 2014 - 04 - 20. http://www.nbcnews.com/id/7911356/ns/world_news - mideast_n_africa/t/most - dangerous - civilian - job - iraq/.

Lepape, P. La dictature de la "world literature"[J]. *Le Monde Diplomatique*, 2004(3): 24 - 25.

Pearl, M. *The Dante Club* [M]. London: Vintage, 2003.

Shakespeare, W. *The Complete Works* [M]. Oxford: Oxford University Press, 1974.

Spenser, E. *A View of the Present State of Ireland* [M]. Oxford: Clarendon, 1970.

Taylor, C. *Philosophical Arguments* [M]. Cambridge, Mass.: Harvard University Press, 1995.

Venuti, L. *The Translator's Invisibility: A History of Translation* [M]. London & New York: Routledge, 1995.

冯世则. 译者难觅,原因安在? [J]. 读书,1999 (10):111—115.

高峰. 葛浩文,帮莫言得奖的功臣[J]. 环球人物, 2012(28):81—83.

郭建中. 韦努蒂及其解构主义的翻译策略[J]. 中国翻译, 2000(1):49—52.

何树. 试析爱尔兰多元民族认同的原因[J]. 史学月刊,2002 (2):79—83.

蒙娜·贝克. 翻译与冲突[M]. 赵文静译. 北京:北京大学出版社,2011.

缪志聪. 许钧:行走天下的孤独译者[N]. 中国教育报,2013 年 9 月 14 日.

目　录

致　谢

《翻译与身份》的一个突出主题就是本地和全球之间的不断互动。在创作过程中，我得到了来自本地和全球的帮助与支持，受益匪浅。首先，感谢都柏林城市大学允许我在2004—2005学年享受学术休假，让我有充足的时间完成书稿。同时，也要感谢来自都柏林城市大学翻译与文本研究中心、应用语言与跨文化研究学院同事们的鼓励与支持，特别是都柏林城市大学和圣·帕特里克学院共建的哲学阅读小组，给我带来了新的创造性想法。

针对书中涉及的诸多问题，我得到了来自世界各地同事和研究机构的帮助，形成了更为清晰、更具全球性的研究视角。我要感谢伍尔弗汉普顿大学、谢菲尔德哈莱姆大学、罗马第三大学、贝尔法斯特女王大学、康卡迪亚大学、蒙克顿大学、多伦多大学、赫瑞·瓦特大学、爱丁堡大学、洛维拉·依维尔基里大学、爱尔兰国立高威大学、索尔福德大学、里斯本大学、波尔图大学、摩纳哥格蕾丝王妃爱尔兰图书馆、哈利法克斯圣玛丽大学、华威大学、阿尔斯特大学爱尔兰研究院、乌特勒支大学、巴黎第三大学（新索邦大学）爱尔兰研究院、伦敦大学亚非学院和伦敦大学学院。我要特别感谢加文·迪特里、米歇尔·伍兹、丽塔·麦卡恩、希尔维·克雷曼和卡明芬·奥克罗迪恩，感谢你们在共同的领域里与我为伴，在研究中互勉共进。此外，感谢路特里奇出版集团编辑为本书出版提供的支持与帮助！

把这本书献给埃维琳·康隆、芭拉·奥希弗达和彼得·斯尔，感谢你们多年来的深厚情谊和鼎力支持！

在出版前，本书第一章和第三章部分内容曾在下列地方发表，它们分别是：《语言与跨文化交流》，第5卷第2期；《爱尔兰翻译年鉴》,都柏林:爱尔兰翻译协会,2004;《文化史变迁》,尼尔·奥西恩编,都柏林:都柏林大学学院出版社,2005;《文化接触:北美法语区视界》,让·莫伦西、赫琳娜·迪丝特普、丹尼斯·莫科和马丁·帕特编,魁北克:诺特·本尼出版社,2005;《翻译中的反射、折射与转变》,保罗·圣皮埃尔和普法拉·卡尔编,德里:创作国际出版社,2005;《新爱尔兰评论》,第 8 卷第 4 期;《跨越差异:60 年代韦恩·托马斯威尔士文学创作的比较文学视角》,爱丽斯·冯·罗思克奇和丹尼尔·威廉斯编 ,卡迪夫:威尔士大学出版社,2004;《爱尔兰语言与传统》,玛丽娅·铁木志科和柯林·艾尔兰编,阿默斯特和波士顿:马萨诸塞麻省大学出版社,2003。

本书出现的翻译,除标记外,皆由本人完成。

引 言

身份论文

希波的奥古斯丁①不相信语言奇迹。在勾勒人类社会从家庭到世界的发展进程中，他把语言多样性视为把人与人区分开来的最显著特征。

> 当两个人偶遇，由于某种不可抗拒的原因而被迫待在一起，而不是匆匆分开，如果他们之间语言不通，简直就是一个灾难；他们之间的交流甚至不如两个不同种类的动物，尽管不会说话，动物之间的沟通可能更容易。如果两个人由于语言不通而无法交流，他们之间的（人性）相通之处根本无法把他们联结到一起。正是由于这个原因，人们有时更愿意和自己的狗，而不是一个外国人，待在一起。（Augustine 1984：861）

奥古斯丁发现，为了解决这一问题，帝国首都曾设法推行一种共同的语言。对于这位来自北非的基督教圣师②来说，语言上的强制手段根本不受欢迎，"代价不菲！大规模的战争，屠杀，血流成河同上，861）"。语言上的差异带来了人与人之间的差异，语言接触和语言变迁从来就不是单纯而无害的交易，译者作为接触点首当其冲。但是，在圣师的描述中，缺失的恰恰是译者。通过对译者的

① Augustine of Hippo，354—430，古罗马时期基督教神学家、哲学家，曾任北非城市希波（Hippo Regius，今阿尔及利亚安纳巴）的主教，故史称希波的奥古斯丁，其代表作《忏悔录》被称为西方历史上"第一部"自传，传诵至今。

② Doctor of the Church，一种头衔，由教会授予在神学或宗教领域取得卓越成就的圣人或学者。

关注,《翻译与身份》旨在弥补这一缺失,更为重要的是,从家庭、城市到整个世界,翻译在人类社会一切关于身份问题的探讨中都位于中心位置。

为了做到这一点,有必要弄清楚身份成为当代学界内外各种论争中重要因素的原因。欧洲安全与合作会议组织①成员国签署了关于设置议会的《巴黎宪章》②,不仅标志着政治学家菲利普·伯比特③所说的"长战"④的结束,而且对理解和解释世界的方式带来了巨大转变(Bobbitt 2002:61)。过去,意识形态是建构政治话语的主要手段;现在,身份已经取而代之。这并不意味着意识形态方面的问题消失了,或者不再重要,只是边缘化、强占、失权等现象日益通过身份话语得到斡旋或调节。

用杰拉德·德兰蒂⑤的话来说,"现代思想体系——资本主义自由民主和国家社会主义——及其东西对立的地缘政治基础,已经转化为一整套新的两极对立,比如自我与他者"(Delanty 2000:130)。冷战过后,从理论与实践两个层面来思考蕴含个人和集体权力的公民身份,同时把政治视为追求平等和保护差异的手段,在当今世界显得越来越重要。当然,身份概念是由本地现状和历史决定。但是,文艺复兴人文主义以及翻译实践带来的一个重要启示在于我们必须摆脱地域起源的束缚。人们相互之间以及自我的表现方式并不仅仅和历史相关,这些方式也和他们在当今世界被邀请、被鼓励甚至主动融入经济和社会的方式有关。本书关注的问题之一就是人们在工业和后工业经济体与社会中所直面的身份问题,及其翻译在身份塑造中所发挥的作用。

---

① The Conference on Security and Cooperation in Europe,1973 年 7 月在芬兰首都赫尔辛基召开,1995 年 1 月 1 日起,更名为"欧洲安全与合作组织",简称"欧安组织"。

② Charter of Paris,又称 The Charter of Paris for a New Europe ,于 1990 年 11 月 21 日在巴黎签订。

③ Philip Bobbitt,1948—,哥伦比亚大学教授,法学院国家安全中心主任。

④ 由 Philip Bobbitt 在其著作 *The Shield of Achilles: War, Peace and the Course of History* 中提出,指 1914 年至 1990 年间世界范围内发生的主要战争,包括两次世界大战、朝鲜战争、越南战争、苏联社会主义革命战争、中国解放战争、西班牙内战、冷战等。

⑤ Gerard Delanty,1960—,英国著名社会活动家,萨塞克斯大学社会学教授。

理查德·塞内特[1]曾提出，在全球化时代，社会和经济的一个显著特征就是长远目标不复存在，"在工作机构中，传统的、按部就班的职业发展模式正在消失；同样，职业生涯赖以维系的单一技能现象也日益减少"（Sennett 1988：22）。在美国，年轻人在大学里待上两年，毕业后更换工作的次数竟高达 11 次；在接下来长达 40 年的职业生涯中，谋生手段至少要经历 3 次大的变化。在经济社会中，分包现象随处可见，临时机构比比皆是；公司关注的不是员工的长远利益，而是股东们的短期收益，并据此制定运营方案。

新经济模式的倡导者推崇灵活、机会、终生学习和移动性。和早期机械的、等级分明的福特式工作模式[2]以及由此带来的禁能性的宿命论，这些理念的确令人心动。但是，这种新经济模式同时也带来了与日俱增的令人担忧的后果，比如：长期/稳定工作的不确定性，马不停蹄、全年无歇的工作机制对家庭和社会关系造成的影响，受利益驱动的运营策略带来的易变性和无常性对信任和忠诚的冲击（给公司赚钱不一定能保住饭碗，倘若把相同工作外包能产生更大利润）。针对这种情况，塞内特提出了以下问题：

> 当社会变得愈来愈浮躁，愈来愈急功近利，让我们如何找到自身不变的价值？当经济发展愈来愈倾向追求短期利益，长期计划从何而来？当机构不断被打破或者重组，相互之间的忠诚和义务何从谈起？（同上，10）

身份暗含着一种长期的连续性。可是，在高速发展的商业、经济和社会中，我们很难保持一个不变的身份。这意味着，身份问题的困难之处不在于决定一个人到底是爱尔兰人还是中国人，是欧洲人还是澳大利亚人，而在于是否有可能形成一种特定的身份。

---

① Richard Sennett，1943—，英国著名经济学家，伦敦经济学院教授。

② Fordist，最早起源于安东尼奥·葛兰西（Antonio Gramsci），用来描述一种基于美国方式的、新的工业生活模式，以市场为导向，以分工和专业化为基础，以较低产品价格作为竞争手段的刚性生产模式。

当不确定性和危机感愈来愈强烈时，人们在经济利益驱动下开始追求一种新的身份，把身份和超越市场需求的集体或社会转变割裂开来。一旦我们把个体视为消费者，而不是公民，前者由他们拥有或即将拥有什么来定义，后者和他们是谁（或者更为重要的是，他们可能是谁）有关，那么我们就有可能在当前这个淡化民族国家观念的全球化时代里陷入一种自相矛盾、愈演愈烈的民族主义。在这种局面下，身份就沦落为全球化经济和具有无限可塑性的人性之间一个暗淡的、防御性的界面。面对这种情形，翻译的重要作用就在于揭示出特定的身份形式以及它们所形成的过程。同等重要的是，翻译理论和实践可以通过一种进步的、使能的而非禁能的、破坏性的方式引导我们发掘各种互惠和共存方式。

在第一章，我们首先将翻译置于现代世界关于身份论争的语境中，着重讨论当前文化研究和政治学领域中对世界主义概念重新燃起的兴趣。为了重塑世界主义概念，以提高它和当今世界的关联性，使其符合翻译研究者和学生的关切，我们揭示了世界主义概念中的负面内涵，尤其是它和特权之间的联系。本章核心旨在探索处理本地与全球关系的最佳方式。为了实现这一目标，我们将在文化经验双重属性（特殊性和联结性）的基础上提出一种新型的微观世界主义观点。通过爱尔兰和中国这两个国家历史上的翻译实践，我们突出了世界主义对特定的跨国或某个国家翻译实践的影响，接着论述了一系列问题：从历史上翻译实践的二元性到如何在不断变化中的当前世界中更好地认识与理解翻译。在此基础上，我们指出，翻译不仅在当代情境中不可或缺，而且还可以用来解释当前各种特质，而所谓的缺陷说造成了对翻译重要性的遮蔽。之后，本章从三个不同方面论证了新世界主义思想即微观世界主义在身份论争中的作用，分别是本地化实践、民族文学课程改革和超国家机构中翻译政策设置。这一章的主旨在于创建一系列理论工具，以便让翻译在当前或未来参与并改变主流政治关于文化和语言多样性的论争。

第二章接着探讨移民现象中暗含的关于身份、翻译和语言的论争。在谈论当今世界中的移民现象前,我们首先指出巴别塔在本质上是一个关于移民的传说,而移民现象让语言、身份、多元文化、跨文化等问题得以显现,本地和全球之间的关系是围绕这些问题而展开的一个重要层面。作为(本地)融入全球的一个特殊现象,很多国家(比如爱尔兰)经历了从移民输出国到移民输入国的转变。这种转变导致的后果在第二章里得到了详细讨论。在这里,我们还讨论了移民融入新社区时所采用的多种翻译策略。在这一情境下,移民的到来将对一系列因素产生影响,具体包括对一个国家历史的感知、跨文化主义以及翻译从国家内部到国家之间的转变,这些都将得到关注。我们将针对移民对城市空间和教学课程特定领域中的身份和翻译产生的影响展开讨论,并借此发现翻译在塑造公民多重身份中的作用。在此基础上,本章提出,移民环境中的政治正义理论必须基于行之有效的、具有使能作用的翻译理论和实践,而缺少了这种翻译理论与实践,政治正义理论将无从谈起。因此,译者作为翻译的主体不仅要被看见,还要被听见,而后者是给译者在现代社会中进行政治定位的关键所在。

第三章探讨了译员——既能被看见也能被听见的翻译者——在当代世界中所处的位置。当前,各种形式的口语表达在社会交流中仍占据显著位置,因此有必要通过译员在冲突情境中围绕身份、忠诚和权力所进行的调适和斡旋,来理解他们/她们在历史进程中的重要作用。为利益相互冲突的双方提供口译,本章提出必须把译员视为置身其中的代理者。通过真实可见的冲突景象,我们探讨了这种具身性带来的影响,对译员身份的复杂性和多变性形成了深刻认识。在冲突和斗争时刻,语言和权力之间的关系成为探索译员角色的关键所在。为了帮助读者深刻领会在剧烈冲突情境下的翻译行为对身份带来的冲击,本章深入分析了多部莎士比亚作品。通过这些分析,本章旨在传递这样一种信息,即翻译理论不仅要讨论文学文本在语言上的转换,更要关注相关文本对翻译行为的表述。接着,我们从莎剧切换到伊拉克战场。在这部分中,我们重点讨论了不断变化的冲突以及冲突对未来战区翻译工作者身份和地位带来的影响。当身份和忠诚问题让译者不断付出生命代价时，对翻译中的角色和立场问题展开探讨就迫在眉睫。在某些时刻，口译工作的危险性源自译员相对的可见性。因此，本章在结尾处以西德尼·波拉克执导的影片《翻译风波》(2004)为例，通过妮可·基德曼饰演的口译，彰显了惯于隐身的译员。借助片中一系列人员对译员角色的理解，表明身份是口译实践中的核心问题。从莎剧、奥斯维辛集中营、伊拉克战场到妮可·基德曼为之服务的联合国，在日益破碎的世界中，本章揭示出翻译是身份选择和权力斡旋的关键所在。

在第四章，我们提出用一种新的方式来看待翻译，以应对身份及其表现形式可能引发的争执和暴力。首先，我们分析了德国社会学家格奥尔格·齐美尔①提出的“桥”和“门”这两个重要概念，以及如何借助它们更为有效地思考翻译和身份。本章重点分析了当前围绕“世界文学”进行的一系列讨论，以及翻译在世界文学交流过程中公认的“搭桥”或“开门”作用。在此我们提出，翻译有一个作用就在于挑战关于文化斡旋和交流的各种不确定的、熵的观点——认为多样性总是受到无处不在的威胁，将翻译至多看成是一种拙劣的模仿，或干脆就是一种危险的渗透。针对这些问题，本章提出了一种连接本地和全球性的反熵或负熵观，从各个角度来审视翻译实践。通过当代信息网络领域“小世界”、“弱联结”等理论，呼应了第一章对世界主义的讨论。在此基础上，我们提出，翻译在近一个世纪以来已经深深嵌入当代社会围绕身份进行的各种争辩中，通过对不同对象/群体保持忠诚以及倡导互惠和对话，在争辩中发挥了积极的、使能性的作用。

在《上帝之城》②第十九卷第七章中，奥古斯丁描述了语言不

---

① Georg Simmel，1858—1918，德国著名社会学家、哲学家，著有《货币哲学》和《社会学》。

② *City of God*，奥古斯丁代表作。作者在书中指出，基督徒所归属的不是罗马帝国或任何地上之城，而是上帝之城。地上之城与上帝之城最根本的差别在于，前者人民的共通点在于对自己的爱，后者则是结合于对上帝的爱和因此而生的对彼此的爱。通过对比两座城，作者深入探讨了人类生活，构建出基督教的历史观。

通的、倒霉的陌生人，他从语言差异来思考战争的“悲惨与邪恶”。身份问题之所以成为当代社会争论的焦点，是因为剧烈的冲突仍不断出现，导致人们由于身份而丧命或愿意为身份而付出生命。在这种情况下，翻译实践和理论工作者不能无动于衷，要置身其中，在家庭、城市和世界中积极寻求与人相处的有效方式。如果做不到这一点，我们将无法遏制悲惨与邪恶景象再次出现。

第一章　翻译和新世界主义

> 哈利卡尔那索斯的希罗多德[①]展示了他的研究成果，人类取得的成就并不会随着时间流逝而遭到遗忘。这些丰功伟绩一部分出自希腊人，一部分出自异族人，不会丧失它们的光彩，尤其是它们揭示出两个民族之间掀起战事的原因。(Herodotus 1996：3)

那些值得《历史》[②]一书赞美的成就和功绩并不只是希腊人的，其他民族及地域也应在万神殿享有一席之地。希罗多德公开自己的信仰，一方面是受所处环境的影响，一方面是出于表达需要。之所以说受到了环境的影响，是因为希罗多德所在的哈利卡尔那索斯是一个多利安人[③]居住的城镇，位于今土耳其西海岸，居住在此的还有（受波斯统治的）卡里亚人[④]，后者和哈利卡尔那索斯人往来密切。出生在这个跨文化地域，让希罗多德一生喜欢旅行，不受共同历史约束，从小就养成了探索其他民族风俗和信仰，促进文化交流的习惯，并通过 historia 这个词表达出来。在拉丁语中，它的意思是“探究”或“调查”，并不局限于后来所说的“对过去进行严格探索”。希罗多德的足迹几乎遍布地中海沿岸，甚至更

---

① Herodotus，公元前 484—公元前 425，古希腊历史学家和人文学者，西方史学的奠基人。

② 希罗多德代表作，记述了公元前 6 世纪到公元前 5 世纪希腊诸城邦和波斯帝国之间的战争，原书用伊奥尼亚方言书写，是西方史学首部较为完备的著作。

③ Dorian，又译为多里安人，古希腊的四个部族之一，属印欧族的一支。

④ Carian，安纳托利亚历史上的一个地区，在今土耳其境内。

远。他既是一个跨学科研究者，也是当今流行的“理论旅行”[①]的先驱。在这个世界中为希腊定位，首先要放眼世界，并对其有所了解(Lacarrière 1981)。为了实现这一目标，“他的研究涉及诸多领域，包括地理学、人类学、人种学、动物学，甚至还包括寓言和民间传说”(Marincola 1996：xiii)。

对希罗多德来说，在彼此互不关联的事件中寻求联系是一件很重要的事。除了对建筑和自然现象的细致描述外，梦和神谕也有不可忽视的作用，因为它们都可以用来发现并建立各种关联。神谕和人类语言密不可分。当希罗多德讲述多多那[②]神谕故事时，他提到那只“栖息在橡树上，会说人话”的黑鸽子。这只黑鸽子告诉多多那人，在那儿将会出现宙斯神谕。希罗多德对此并不确信，他把这只鸟看作底比斯宙斯神殿中侍女的化身。这个侍女被腓尼基人[③]拐走，后卖到希腊为奴。对于新主人来说，她的声音听起来好像是鸟儿啁啾。当她学会希腊语后，她的话就不再是鸟叫声，变成能听明白的人话。希罗多德指出，“至于这只鸟为什么是黑色的？这可能暗示侍女是埃及人”(Herodotus 1996：107)。

从这个例子中，我们可以发现希罗多德的敏感：他不仅意识到语言是人类特有的现象，同时还在神谕——人事和天意之间不断变化的边界上发现了语言转换、翻译和跨文化交流。作为传递信息的使者，希罗多德本身所发挥的作用和他所描述的神谕其实很相似。多多那人依赖于他所带来的信息，而他要做的首先是通过翻译获取信息，然后将信息传播给这些人(Marincola 1996：xviii)。

希罗多德的探索让人们丢掉幻想。开篇不久，我们就能感到结局不妙，希腊人和波斯人之间必有一战。但是，他没有因为自己是希腊人而产生怜悯之心，并因此影响对真理的探究。道格拉

---

① Traveling Theory。根据赛义德(Edward W. Said)描述，“相似的人以及批评流派、观念和理论从这个人向那个人、从一情境向另一情境、从此时向彼时旅行”。参见：赛义德自选集[M]，马海良译，北京：中国社会科学出版社，1999：138。

② Dodona，希腊西北部古城，在伊庇鲁斯，为著名的宙斯神谕所遗址。

③ Phoenicians，历史上一个古老民族，生活在今地中海东岸黎巴嫩和叙利亚沿海一带，曾建立过高度文明国家。

斯·罗宾逊[1]编著的《西方翻译简史》从希罗多德讲起，是因为“希罗多德所关注的核心问题之一就是跨文化交流——操不同语言的人如何传递彼此的想法——并坚持用地缘政治视角来审视这种交流”（Robinson 1997：1）。追求联结，跨越学科界限的好奇心，通过不断的思考与探索，希罗多德成为翻译的守护神。接下来，我们将提出，在希腊社会中处于边缘地位的人们的直觉，将有助于我们思考翻译、社会和文化在当代社会中的关系，加深对其理解。

世界主义

人们普遍认为世界主义概念源自两位犬儒派哲学家的论著和思想，他们分别是安提西尼[2]和第欧根尼[3]。第欧根尼认为，“所有的智者”构成了一个单一的有道德的群体、一个世界城市。和地理意义上的城市不同，这个城市是由精神上的相容性来定义的。第欧根尼率先提出“世界主义”这一概念，来描述那些不植根于任何一个城邦而选择做“世界公民”的人（Sabine 1961：136－137）。昔兰尼学派[4]的创始人亚里斯提卜[5]用一个更生动的形象表述了类似的观点，即从世界上任何一点通往地狱，其距离都是相同的。斯多葛派[6]哲学家芝诺[7]进一步发展了这个观点，他声称所有的民族都具有与生俱来的神圣火光，并且都有使用罗格斯（神圣理性）的能力（Mason 1999）。正如罗伯特·法恩[8]和罗宾·科恩[9]所述，“芝诺想象出一个不断扩大的圈子，这个圈子从自我开始，向家庭、朋友、城市以及全人类扩展开去。在这个不断扩大的过程中，国家本

---

① Douglas Robinson，1954—，在当代西方翻译相当活跃且富有影响的翻译理论家，研究领域涉及语言理论、翻译理论、文学理论、美国文学与文化、西方思想史与教学等。

② Antisthenes，公元前444—公元前365，古希腊哲学家，犬儒学派创始人。

③ Diogenes，公元前412年—公元前323，古希腊哲学家，犬儒学派代表人物。

④ Cyreniac，倡导通过适当的方法掌控逆境和顺境来使自身适应环境，从而获得快乐。

⑤ Aristippus，公元前435—公元前356，古希腊哲学家，昔兰尼学派创始人。

⑥ Stoic，因在雅典集会广场的廊苑聚众讲学而得名，认为世界理性决定事物发展变化。

⑦ Zino，公元前336—公元前264，古希腊哲学家，斯多葛学派代表人物。

⑧ Robert Fine，1945—，英国社会学家，主要从事世界主义理论和马克思主义研究。

⑨ Robin Cohen，1944—，英国社会学家，主要从事全球化、移民和流散研究。

身会逐渐消失，取而代之的将是纯粹理性”（Fine and Cohen 2002：138）。

对于雅典城邦的居民来说，这些来自异域的思想令人震惊，但没有得到应有的重视。第欧根尼是来自本都西诺普的流放者，安提西尼是色雷斯人，芝诺则是来自塞浦路斯季迪昂的外籍民①。这些思想家都处在雅典社会边缘，缺乏权力导致他们无法发出自己的声音。但是，正是在芝诺思想的基础上，西塞罗②提出了法律面前人人平等的主张；第欧根尼宣言也必将在后代子孙中引起共鸣（Sabine 1961：164）。1552 年，伊拉斯谟③拒绝了慈运理④授予他苏黎世公民资格，宣称“我不想成为任何一个城市的公民，我要成为一个世界公民”（Huizinga 1936：34）。人类是自由平等的，拥有相同的基本权利，好客、开放和行动自由是人性的本质。在翻译、文化交流和对古典文化传承中，这些因素不容忽视。彼得·库尔马斯⑤在《世界公民：人文追求史》（1990）一书中向读者介绍了有关世界主义的历史。在他看来，世界主义最早起源于“芝诺时代”（Fine and Cohen 2002：137），随后记录了这一思想跨越几个世纪的变迁历程。与其在此细述世界主义思想的发展历史，不如将注意力放到现代世界主义理念上来，看看这一理念能否为现代翻译理论与实践带来更多启迪。如果一个人宣称自己是世界公民，听起来给人一种慷慨无私的感觉，但这对（所在）国家意味着什么？对我们所处的世界意味着什么？如果要充分利用世界主义思想，我们必须对它有更深刻的认识，搞清楚安提西尼、第欧根尼、芝诺等人的理念与当代翻译工作者和文化掮客之间的关联。

在世纪之交，许多政治学家、社会学家、哲学家和文化理论学家重燃对世界主义理论与实践的兴趣（Cohen 1996；Brennan 1997；Cheah and Robbins 1998；Zachary 2000；Breckenridge et al.

---

① 希腊语 metoikos，古代希腊外籍居民，包括解放的奴隶，没有完整的公民身份；缴纳少量税，享受法律保护并尽公民义务，但是不能与公民结婚或拥有土地。

② Cicero，公元前 106—公元前 43，古罗马著名政治家、演说家、法学家和哲学家。

③ Erasmus，1466—1536，荷兰哲学家，16 世纪初欧洲人文主义运动主要代表人物。

④ Zwingli，1484—1531，瑞士基督教新教改革领袖。

⑤ Peter Coulmas，1914—2003，德国作家和出版家。

2002）。这种不断增长的兴趣由一系列因素引发，让人们意识到有必要更新观念，以应对不断变化的社会和文化环境。早在1990年，安东尼·吉登斯[①]把全球化定义为“世界范围内不断加强的社会关系把不同地域连接到一起，本地发生的事件会受到千里以外事件的影响，反之亦然”（Giddens 1990：64）。在1648年威斯特伐利亚条约[②]基础上形成的民族国家制度和神圣国家主权原则正承受着日益增大的压力。在曼纽尔·卡斯特尔[③]所说的“信息主义”控制下，借助信息技术和电子通信网络，全球经济已经成为一个巨大的、实时的、相互关联的系统（Castells 1996）。一个突出例子是，20世纪60年代，全球大约只有7000家跨国公司，到20世纪末这一数字已激增至44000家（Scholte 2000：86）。因此，无论是对经济还是政体而言，都无法再沿袭后威斯特伐利亚的民族国家框架，将它们看成有界的实体来加以描述或管理。

其次，冷战结束并不意味着世界各地已轻松进入和平与和谐状态。以前南斯拉夫为例。战后，种族间紧张程度不断加剧，甚至还出现了极端暴力。通过这些冲突，基于人种中心主义的身份定义引起了关注，激起了个人权力与民族国家主权对抗关系的争论（Beck 2002：64－68）。最后，在20世纪最后十年中，特别是在（但不只在）北美地区一度出现了身份政治霸权，导致人们对身份概念的静态观和本质主义观越来越不满，渴望构建一种更加灵活、更加开放的身份范畴（Hollinger 1995）。针对这些现象，考虑到世界主义的不同表现形式，我们将在斯蒂文·维托维克[④]和罗宾·科恩分类基础上进行简要概述（同上，8－14）。

---

① Anthony Giddens，1938—，英国社会学家，当今世界最重要的思想家之一，在当代社会学领域做出了卓越贡献。

② Treaty of Westphalis，17世纪宗教革命战争后西欧各交战国签订的条约，确立了现代国家关系中的主权原则，解决国家纠纷的国际会议方式和国际条约的法律约束力。

③ Manuel Castells，美国加州大学伯克利校区社会学和城市与区域规划教授，当代著名社会学家和都市研究权威学者之一。

④ Steven Vertovec，1957—，德国哥廷根大学教授，马克斯普朗克研究所宗教与民族多元化中心主任，英国国会、欧盟、世界银行和联合国教科文组织顾问，为欧洲移民政策提供了作为学者的专业知识和知识分子立场。

世界主义在本质上被视为一种社会文化环境。也就是说,在这个以大规模交通、全球化旅游、大范围移动为特点的时代以及借助信息技术的跨时空经济模式下,世界主义就成为一种思想观念,最适合用来描述作为全球化生产者和消费者的人类之间的内在联系。世界主义也可以被视为一种哲学或世界观,这种世界观最早可以追溯到康德论著,即把人类视为世界公民,共同的价值观以及一种对待他人的特殊哲学立场把我们连接到一起(Reiss 1970)。这一立场以"道德世界主义"为基础,呼吁人类相互尊重;或者把它看成一种"法定世界主义",借助统一的法律权利和义务来表述相同的价值观。也可以将它视为一种关于世界主义态度或性情,倡导和他人交往的愿望和意向,而不仅仅是遵从一个道德规范。(Hannerz 1990:237-251)

探讨世界主义的另一种方式是对不断涌现的跨国机构以及这类机构所推崇的理念和做法进行思考。这类机构包括欧盟、联合国、世界银行以及国际货币基金组织,还包括代表全球化的民间组织,如绿色和平组织、国际特赦组织、全球社会论坛等(Delanty 2001)。从主体角度看,世界主义的政治观折射出多重主体的特点。换言之,人类主体有不同的归属,通过不同的描述或定义展现出来。根据年龄、性别、社会阶层、种族、居住社区的差别,或者是这些因素的综合体,不同的划分方法给个体带来了完全不同的归属。这样来看,世界主义是对多重身份复杂性进行思考的一种方法,而不是依靠一种变量来确定一种单一的、笼统的身份(Cohen 1992:478-483)。最后,世界主义概念还表现为一种实践或能力,这种能力可以帮助一个人进入其他文化,和不同文化、语言及出身背景的人进行积极而有意义的互动。这也是跨文化交流所着重培养的能力。对当代世界主义的解读使我们可以重新认识翻译。它不仅是一种思维方式,同时也是一种行为和能力。换言之,这种更复杂、更注重差异的理念可以让我们摆脱那些徒劳而且令人沮丧的关于理论与实践之间的争论,因为这类争论一度让我们疲惫不堪。

从上述分类中,我们可以发现,新世界主义思想关注人在变化环境中的生存和工作方式，并设法理解这个不断变化的世界。基于这一点，我们有必要把它和试图描述、解释当代多种族、多文化、多语言现象的其他理论模式区分开来。例如，社群主义、多文化主义以及多元主义之间的共性是将人的主要身份归属某一社群，个人权利和服务（如“社区”口译）的实现必须以一个特定社群中的成员资格为基础。社群属性不仅是享有权利的基础，同时也是自我界定的依据所在。在这一情境下，大卫·霍林格①把多元主义、马赛克多元文化主义与世界主义思想进行了对比，“多元主义看重与生俱来的边界，把个体置于某个需要保护和维持的种族内部，而世界主义对传统边界更为谨慎，鼓励个体主动归属”（Hollinger 1995：3）。由此可见，世界主义强调的是多样化归属和个人选择的可能性，而不是一成不变的社群文化决定论。

另一个与世界主义相关的思想流派是普遍主义②。普遍主义不太光彩的一面是在于过分推崇人文主义启蒙思想，一系列规定性的、所谓普世的理想给帝国主义或新帝国主义精英们推行“教化使命”提供了借口。它所推崇的“世界主义”显得毫无根据，冷酷无情，脱离现实，空洞无物；看似公正无私，实则毫无意义。还有一种情况就是用世界主义来掩饰经济和社会特权，这种情形不仅显现于欧洲极右分子的长篇激论中，在进步思想家对跨国资本利用世界主义做法表示质疑的言论中也有所体现。比如，蒂莫西·布莱南③在《在世界的家园里：当今世界主义》④（1997）一书中对世界主义进行了一番激烈抨击。在他看来，当前流行的世界主义思想是对美式帝国主义的粉饰，即在文化多元主义的幌子下，确保美国在政治、经济、军事、文化等方面的统治地位和利益。《国际政体：世界政府展望》⑤一书中，丹尼洛·佐罗⑥表达了对西方世界主

① David Hollinger，1941—，美国加州大学伯克利分校历史学教授。

② Universalism，又译“普世主义”，西方文化传统中一个一以贯之的显著特征，一种把自己信奉的价值、规范（制度）体系视为普世性（或普适性）东西的信念。

③ Timothy Brennan，美国明尼苏达大学教授，主要从事比较文学与文化研究。

④ *At Home in the World: Cosmopolitanism Now*

⑤ *Cosmopolis: Prospects for World Government*

⑥ Danilo Zolo，1936—，意大利佛罗伦萨大学教授，主要从事哲学和社会法学研究。

义视阈下世界格局的反感，他写道：

> 事实上，这一格局不过是在“全球化市场”某些领域里由关系和功能依存体构筑的网络，这些领域可能是金融、技术、自动化、制造业、服务业等。同时，这种格局也反映出西方富人的想法，他们把自己想象成世界公民——“地球村”中热情、安静、有序、民主的村民；但是，他们内心无论如何都不会放弃自己西方公民的身份。（Zolo 1997：137）

克雷格·卡尔霍恩①发现，世界主义经常被视为“旅行常客的阶级意识”（Calhoun 2002：86－109）。约翰·麦克列威特②和阿德里安·伍德里奇③用“世界人”这个词来指一群具有高度流动性的精英阶层，“他们在全球各地出席校企两界的合作签约仪式，是国际机场贵宾区的常客，确定世界公司和跨国机构的排名”（Micklethwait and Wooldridge 2000：229）。

世界人或新型“大资产阶级”共同倡导社会/物质利己主义的普适性，追求一种消费世界主义。从国际餐馆到世界音乐的融合，这些都是后民族主义时代乌托邦的佐证。虽然这一阶级的存在是不争的事实，布莱南和佐罗的怀疑也不乏道理，但仍必须从其自身定义去理解世界主义思想。从纳粹一手构筑了“世界犹太人”④危机并对其围剿，到前苏联自 1949 年起对犹太复国主义⑤、泛美主义⑥、天主教义等与世界主义相关的抨击（Carew Hunt 1957：38），对世界主义思想的批判应谨慎为之，用对世界主义现象的理性分

---

① Craig Calhoun，1952—，美国社会学家，曾任纽约大学社会科学研究院主席、公共知识研究所所长，现为伦敦政治经济学院院长。

② John Micklethwait，《经济学人》杂志总编。

③ Adrian Wooldridge，《经济学人》杂志运营总监、专栏作家。

④ 参见：张倩红，从《论犹太人问题》看马克思的犹太观[J]，世界历史，2004(6)。

⑤ Zionism，又称锡安主义，犹太人政治运动，也指支持犹太人在以色列土地建立家园的意识形态。犹太人在以色列土地立国已有超过 3200 年的历史，犹太王国在公元 200 年前就一直断断续续存在。

⑥ Pan-Americanism，拉丁美洲各国团结争取民族独立，抵抗欧洲殖民国家侵略的政治主张和运动。

析来取代讥讽。更为重要的是,我们要设法理解本土和全球、特殊和普遍、个例和共性等一系列关系的本质,这些关系恰恰是我们在当代社会中探讨翻译和翻译实践的核心所在。

大卫·赫尔德①试图定义"文化世界主义",认为其核心在于**"能够突破地域(出生地、国家、成长地、宗教皈依地)限制,在不同传统之间进行调和"**(Held 2002:58;作者强调)。从这点来看,译者显然都是文化世界主义者。当他们/她们进入他者文本、他者语言和他者文化时,他们就要离开自己所熟悉的家园、语言和传统。即使是从母语译入外语,位移依旧存在,译者从母语进入了他者语言。翻译过程的一个本质特点就在于不断移位,每天发生在世界各地的类似位移不计其数。当然,还有一点不容忽视:无论译入还是译出,译者想要有效地完成翻译工作,都应该充分掌握自己出生地和/或成长地的语言与文化。事实上,翻译教学中出现最频繁的一个评论就是翻译专业学生没有充分意识到"特定地域"的习语及其重要性(Seleskovitch 1998:288)。

赫尔德主张在不同传统之间进行调和,这便抓住了翻译任务双重性这一显著特点。斯图亚特·霍尔②用"本地世界主义"把赫尔德的观点表述得更为直白。

> 作为世界主义的一种,"本地世界主义"能意识到任何一种文化/身份都存在局限性,都不足以统治或控制一个更大范围的社会;但"本地世界观"也不放弃对差异踪迹的关注,这是其立身之本。(Hall 2002:30)

在当今世界,流动群体、无边界群体以及被解放群体之间日益交融,为了摆脱某种归属、摆脱某种残缺文化或身份(抑或二者)对自身的约束,就不能忽视"差异的踪迹"。但是,困难在于如何让

---

① David Held,1951—,英国伦敦政治经济学院教授,在民主理论与实践、全球化与全球治理等领域研究成果突出,与吉登斯共同创建政体出版社(Polity Press)。

② Stuart Hall,1932—2014,英国思想家与文化理论家、媒体理论家、文化研究批评家,被视为当代"文化研究之父"。

世界主义关注这些差异、关注特定地域的诉求。离开了这些，翻译作为一项有意义的活动将不复存在。如果不存在特定的地域，调和就无从谈起，翻译也会就此消失。

回顾我们之前提到的思想家和历史学家彼得·库尔马斯，他坦陈自己对世界主义的青睐，并认为它是唯一能保证地球上不同民族维持长期和平与友谊的理念。在他看来，世界主义的衰落意味着特殊主义的崛起和民族主义的产生。细述历史上重要的世界主义时刻，他借用了昔日帝国的例子，比如古希腊、罗马帝国、拜占庭帝国、卡洛琳帝国、法国、西班牙、奥匈帝国和大英帝国（Coulmas 1990：9－13）。这种方法并不是行不通，只是它已成为突出帝国多种族、多语言特征的常用手段，只不过后人不再像库尔马斯那样坚持以西方为中心。库尔马斯倡导的世界主义可以被称为宏观世界主义，即一种试图在帝国构建过程中发掘并定位世界主义的倾向，比如在（法、英、德等）当代民族国家的发展过程中，或在本世纪出现的超国家机构（欧盟、联合国、世界卫生组织等）构建过程中。

对宏观世界主义者而言，只有那些庞大的政治机构才有可能引导构建一个进步的、具有包容性的人类社会，但这不能排除偶尔出现的霸权/越界行为。规模偏小的国家致力于保护并维持现有文化身份的种族团体以及追寻民族解放的前殖民地区，这在宏观世界主义框架中备受质疑。在巴尔干半岛和北爱尔兰发生的流血冲突印证了帕斯卡尔①所说的强势帝国对弱小国家的不信任。

库尔马斯让“小即美”的说法流传开来，随之兴起的是对地方服装、舞蹈和语言的兴趣。他断言：“这种怀旧是一种倒退，违背了向更大政治实体发展的历史进程。”更糟的是，他声称“小国得到了称赞”（Coulmas 1990：303）。小国确实发挥了作用，这在史上关于大都市的章节中有详细描述；城市的发展得益于来自小地方的移民：“通过人才流动，很多优秀人才离开祖国，尤其是那些机会寥

① Blaise Pascal，1623—1662，17 世纪法国最具天才的数学家和哲学家。

寥的小国家”(Coulmas 1990:272)。在《文化》一书中,雷蒙德·威廉斯[1]对大都市角色有相似描述。那些先锋艺术团体的成员通常都是“都市移民,这些人不仅来自边远地区,而且来自小的、不为人知的文化传统”(Williams 1981:84)。确实如此。马修·阿诺德[2]很早就发现,正是朝向中心的向心力让保持爱尔兰人、威尔士人或布列塔尼人民族性的想法成为一种幻想。

> 弱势民族国家不可避免地会受到邻近强国的吸引。(最终)融入是自然且无法抗拒的,随着时间的流逝,被吞噬的弱小民族在情感上放弃了抗争;无论是从情感上还是从政治上,康沃尔人[3]和布列塔尼人[4]最终分别变成为英国人和法国人。(Arnold 1859:71)

宏观世界主义认为只有在大都市才能实现人生价值。19 世纪瑞士作家鲁道夫·托普佛[5]对这一观点进行了尖锐的讽刺和抨击。他的思想后来被处于大城市边缘的群体吸收并内化。

> 如果一个人希望出名,他必须来到巴黎,把自己蹩脚的本领/技能展示给首都的专家们,出钱请他们做出评估。专家们为他调制出他所渴望的名声。带着这种名声,他从首都来到各省,接受当地人的追捧。(Meizoz 1997:168)

弱小国家的存在是合乎情理的,因为它们是世界主义诞生前的摇篮,是思想的仓库,储存在那里的认知原料等待现在或之前帝

---

① Raymond Williams,1921—1988,20 世纪英国最重要的文化思想家,英国左派知识阵营中最具智慧和独立思考精神的知识分子。

② Matthew Arnold,1822—1888,英国近代诗人、教育家、评论家。

③ Cornishman,英国康沃尔的原住族群和民族,康沃尔位于英格兰西南一隅,作为英国 34 个非都市郡之一,一直未被城市的喧嚣所打扰,保持着特有的宁静。

④ Breton,历史上居住在法国西部的布列塔尼人一部分是原始高卢人的后裔,另一部分是英国西南部威尔士人和康沃尔人后裔。

⑤ Rodolphe Töpffer,1799—1846,18 世纪瑞士著名作家和漫画家。

国的首都来进行必不可少的加工和打磨。库尔马斯之所以被**完全**引用，是因为他用简要的形式提供了大量宏观世界主义的基本论点，尤其是他对国家主权或文化特殊主义定义的政治团体保持长期戒备。

微观世界主义

为反对宏观世界主义概念，我们可能提出微观世界主义。这一概念试图将赫尔德和霍尔的关切和直觉表达出来，通过一种进步的、有使能作用的、兼容并包的方式为翻译研究提供理论框架。微观世界主义思想包含许多宏观世界主义核心理念，比如对自由的关注、对他者的开放与包容、对差异的尊重等。但是，在强调其他观点、其他工作和研究领域时，微观世界主义和宏观世界主义有明显不同，微观世界主义最重要的是它把世界主义从历史的观点和一系列意识形态预设中解放出来——这类观点或预设将给世界主义带来隐患，导致它不能作为人类认识自我的必要因素而存在，并对全球不同地区的翻译情境做出合理注解。为什么需要微观世界主义观点？它由哪些因素构成？我们先来讨论这一观点的必要性。

当今世界所拥有的民族国家数量超过了以往任何一个时期。最近一项调查显示，在全球大约 200 个民族国家中，大概有 2000 多个民族在不同程度上经历着迁移、迫害和政治上的不稳定（Cohen 1997：ix－x）。如今，没有一个民族愿意放弃独立。民族独立不仅是热点，而且容易引发争议。在这种情境下，对于那些好不容易摆脱了殖民统治的弱小或新国家来说，国家概念已经过时或者是保守的观念不太容易接受，他们更意识不到坚持旧观念会让他们失去归属世界主义团体的机会。

一种可能带来危险或致命后果的做法就是针对偏执的、本质民族主义建立一种进步的世界主义，二者互不相容。换言之，那些来自弱小或地位低下国家的居民发现他们受制于格雷戈里·贝特森[①](Bateson 1973: 242–249)所描述的"双重束缚":要么抛弃任何形式的民族国家身份,将其视为民族统一主义偏见的最糟糕形式,去拥抱世界主义信条;要么坚持民族主义单一性,把自身置于世界主义之外,对他者不予理睬。这种双重束缚极具破坏力,就像贝特森所描述的那样摧毁我们的心智与情感。形形色色的极端民族主义者对所有代表世界主义的事物肆意攻击(其惨烈程度如同欧洲历史上的反犹主义那样),而任何对民族主义意识形态表示同情的思想都会遭到宏观世界主义支持者的强烈反对。

这种毫无益处的二元论在某些对全球化现象的分析中也有所体现。反对全球化的人认为它是一种典型的全面标准化过程(Ritzer 1993),受大型跨国公司和国际机构(比如世界银行和国际货币基金组织)支配,目的是为了维护当今世界唯一超级大国美国的政治和经济利益(Klein 2002)。这种观点遭到了罗兰·罗伯森、乔纳森·弗里德曼、曼纽尔·卡斯特尔等思想家的质疑,他们认为全球化不仅是统一的、向心的过程,而且是一个分散的、离心的过程(Robertson 1992; Friedman 1994; Castells 1997)。他们看似挑战大国霸权的分析实质上并没有给弱小国家带来光明前景。这些弱小国家再次被置于**护教者**[②]的位置上,它们异常敏感、小心翼翼地守护着民族差异。本质主义概念的民族身份陷阱再次显现。阿兰·芬克尔克霍特[③]在《思想的失败》一书中对这种身份逻辑进行了批判,因为它把政治和文化差异约简为一个简单的、同一的特殊主义,通常是为了满足本地精英的物质和社会利益(Finkielkraut 1987: 65–106)。无论塞缪尔·亨廷顿[④]关于文明冲突的观点

---

① Gregory Bateson,1904—1980,20世纪英国著名社会学家,控制论的创始人。

② Fidei desensor,拉丁封号,英文 Defender of the Faith。1521年,英王亨利八世发表《保卫七种圣礼》一文,驳斥马丁·路德宗教改革主张,因而被教皇利奥十世授予"信仰的保护者"称号。

③ Alain Finkielkraut,1949—,法国作家和公共知识分子。

④ Samuel Huntington,1927—2008,美国当代政治学家,代表作《文明冲突论》认为21世纪国际政治角力的核心不是国家,而是文明;他对移民的看法亦广受关注。

(Huntington 1993:22-50),还是本杰明·巴伯[1]关于"圣战[2]对麦当劳世界"(Barber 1996)的讨论,都是基于宏观世界主义二元论方法。但是,针对翻译而言,这种方法不但难以令人信服,而且在学理或政治上都缺乏依据。不管来自大团体还是小团体,翻译理论和实践工作者都不应局限于这些宏观视角肤浅的二元性。

微观世界主义思想并不是要小的政体去反对或对抗(在国家或跨国层面)大的政体,而是在前面提到的世界主义理想一般情境中去寻求小团体的多样性和复杂化。换言之,这种世界主义是由下而上的,而不是自上而下的。在《世界主义颂》一书中,盖伊·斯卡佩塔对那些终将"导致民族间生物意义上的不平等"的"差异保护"进行了强烈谴责(Scarpetta 1981:19)。从本质主义和集权制角度来看,保护差异的做法肯定有问题;但是我们所倡导的差异保护只是在既定政治框架内,而不是要超越它。如果对《跨越界限》一书中的观点稍加调整,微观世界主义和之前所说的"分形差异主义"[3]有一定联系(Cronin 2000:16-21)。这一术语表达了在微观和宏观层面一直存在的文化复杂性。也就是说,无论是小的、不足为道的实体,还是大的实体,它们内部都存在相同程度的多样性。

这一概念起源于法国数学家本华·曼德博[4]于1977年发表的一篇论文。他提出了这样一个问题:"英国的海岸线有多长?"好像没有答案,因为海岸线是无限长的。为什么呢?他指出,卫星观测者得到的大致数据比旅行作家保罗·泰鲁对海岸线上每一个入海口、每一处港湾的实际测量数据要差不少,而后者又会低于飞越每一块鹅卵石的小昆虫所得到的数据。正如詹姆斯·格雷克所言,"曼德博发现测量单位越小,测出的海岸线长度就越长,每个海

---

① Benjamin Barber,1939—,美国政治理论家,罗格斯大学教授;1992年,在代表作《圣战与麦当劳世界》一书中创造了"麦当劳世界"(McWorld)一词。

② Jihad,伊斯兰教常用宗教术语,出自阿拉伯语词根"jahada",即"做出一切努力"之意,字面意思并非"圣战",较准确的翻译应该是"斗争"或"努力"。

③ fractual differentialism,指文化多样性和文化融合从社会实体的最低层次到最高层次都有展现。

④ Benoit Mandelbrot,1924—2010,法国著名数学家、分形几何之父。

湾或半岛里还藏着更小的海湾或半岛,直到原子层面。”(Gleick 1987:96)曼德博发现,海岸线的典型特点就是不规则,无论用哪一种单位来测量,这一特点都不会改变。他把这种新几何叫作“分形几何”[①]。这种新几何的形状或不规则碎片可能在有限的空间里蕴藏无限长度。

一些旅行者的经历证实了这位数学家的发现。徒步旅行者可能意识到短途旅行中不可预测的复杂性,坐在汽车或机舱里的人是无法看到的。这一现象有很多令人震惊的例子。英国数学家和制图师蒂姆·罗宾逊考察了濒临爱尔兰西海岸由 14000 个小岛组成的伊尼斯莫岛,并在《亚兰的石头:迷宫》[②](1995)一书中做了详尽描述。更早时候,法国历史学家埃马纽埃尔·勒华·拉杜里在《蒙塔尤》[③](1976)一书中对法国南部一个小村庄的历史进行了详尽的划分和介绍。就稍大范围而言,诺曼·戴维斯和罗杰·穆尔豪斯(2002)揭示了波兰城市弗罗茨瓦夫[④]的文化和历史复杂性。当罗宾逊穿越岛上每一片土地的时候,他在这座被人遗忘的岛屿上不仅发现了生态多样性,而且发现了无处不在的异质痕迹、他者语言和文化。通过约翰·米林顿·辛格[⑤]和其他人的努力,这些异质、语言和文化与爱尔兰语言/文化以及爱尔兰文化民族主义紧密联系在一起。在书中,罗宾逊对地域特色褒奖有加,而这种特色却由差异和不同构成。

从某种意义上说,正是有了翻译中跨文化研究者的不规则旅行,才有可能对微观世界主义进行详尽分析,以及运用世界主义理论对世界上不同社会、文化和政治现状的细微差别加以细述。微观世界主义思想可以帮助来自弱小政体的思想家克服身份逻辑的

---

① Fractal geometry,分形几何学是近几年新兴的几何学,主要内容为空间具有不一定是整数的维,而存在一个分数维数。

② *Stones of Aran: Labyrinth*

③ *Montaillo*,作者以历史学家的敏感和精细,以现代史学、人类学和社会学方法再现了600 多年前该村落居民的生活、思想、习俗全貌和 14 世纪法国社会特点。

④ Wroclaw,波兰城市,位于波兰西南部的奥得河畔,自 1999 年起是下西里西亚省的省会,波兰第四大城,是仅次于华沙的第二大金融中心。

⑤ John Millington Synge,1871—1909,爱尔兰文艺复兴时期杰出戏剧家,出身于基督教家庭,曾就读于都柏林三一学院。

掣肘，这不是通过对上层施行统治的精英不断予以谴责，而是从底层逐渐削弱直至颠覆传统的思维方式。事实上，对世界主义思想常见的批评就是针对文化、经济和政治精英主义，微观世界主义意识对于实现调查和反馈的真正民主化至关重要。从社会微观层面审视多样性、差异和交流，以及试图表明无论调查规模大小，在个体所处的环境中，差异无处不在，微观世界主义运动以此来挑战少数精英分子（在现实或想象中）构筑的垄断。

城市和乡村

如果有一个地方适合微观世界主义方式探索，那这个地方显然就是城市。早在1961年，刘易斯·芒福德①就提出"全球化城市是微缩版世界，在其边界内存在着各种不同的社会阶层、民族和语言"（Mumford 1991：620）。在历史上，雅典、亚历山大、罗马、君士坦丁堡、巴黎、维也纳、伦敦和纽约是举世公认的大城市；现在，能够称上大城市的则是卡拉奇、东京、圣保罗、墨西哥城、蒙特利尔、北京和上海。在曼纽尔·卡斯特尔（Castells 1997：376 – 428）、萨斯基娅·萨森②（Sassen 1991：195 – 218）以及杰拉德·德兰蒂（Delanty 2000：99 – 102）等学者看来，城市，尤其是国际大都市，其重要性随着民族国家的消失而日益凸显。作为国际交流网络中的枢纽，它们把不同种类的文化、语言和身份联结到一起，成为促成世界主义精神不断更新的、永不枯竭的源泉。事实上，城市就是彰显微观世界主义潜能的最佳场所，这在下面关于"移民"的章节中将得到充分体现。资深翻译和翻译理论家雪莉·西蒙③（1999）对蒙特利尔的一英里铺④展开了调查，显示出对城市跨文化空间的探索将带来新的发现。到21世纪末，全球超过80%的人口将聚居

① Lewis Mumford，1895—1990，美国历史学家，科学哲学家，著名文学评论家，以研究城市和城市建筑而闻名。

② Saskia Sassen，1949—，芝加哥社会学系终身教授，伦敦政治经济学院客座教授，全球化和城市社会学研究知名学者。

③ Sherry Simon，加拿大康戈迪亚大学法语教授，主要从事女性主义和翻译学研究。

④ Mile-End District，蒙特利尔多种族、多语言团体汇聚的中心，以多元文化著称。

城市，以城市为关注点和切入点必将得到研究人员的青睐。

然而，我们也面临一个危险，即有可能再次回到了老套的二元对立：城市还是乡村，进步还是倒退。沿着这点来看，世界主义只是城市关注的对象，而乡村人口（包括城镇和农村人口）的任务就是确保土地的完整性。比如，值得注意的是，在独立后很长时期内，都柏林这个城市在爱尔兰作品中经常被边缘化。在民族主义想象的视界中，这个城市是外来的，是爱尔兰政体中的异质（都柏林——北欧海盗的城市，英国殖民统治的中心）（O'Toole 1985：111－116）。当爱尔兰取得独立后，很多短篇小说家都对乡村产生了兴趣（小说这一体裁得到了作家们的青睐），因为乡村被视为最具爱尔兰特色的地方。显而易见，正是那些居住在城市的知识分子，比如叶芝[①]、辛格、斯坦迪什·奥格雷迪[②]、乔治·莫尔[③]等，在文化民族主义运动中用浪漫的方式将这片土地加以神化（Hutchinson 1987）。如果极端民族主义把城市看成是受到世界主义污染的地方，并因此削弱了民族力量，那么在很多世界主义思想家作品中，不加分辨地、盲目地把城市等同于世界主义的做法却迎合了最落后的民族主义形式，颇具讽刺性。

也许有人会提出，与通过含蓄而默认的方式呼吁爱国主义相比，在这个国家提倡世界主义更具使能性。换言之，通过多样性（而不是反对它）来定义特殊性。在乡村酒馆里观赏爱尔兰传统舞蹈时，人们可能会感到这种舞蹈极具地域特色；但是，他们也会发现，这种舞蹈受到了18世纪末来到爱尔兰的法国舞蹈家们的影响，这些人由于贵族老板遭到流放或意外去世而失去了工作（Murphy 1995）。而就在最近，由于过度表演和凯尔特式模仿，

---

① William Bulter Yeats，1865—1939，爱尔兰著名诗人、剧作家和散文家，1923年度诺贝尔文学奖得主。

② Standish O'Grady，1846—1928，以丰富想象创造出反映爱尔兰祖先生活斗争的《爱尔兰历史：英雄时期》。

③ George Moore，1852—1933，爱尔兰小说家、诗人、戏剧家和批评家。

《大河之舞》[①]成为爱尔兰花样舞和好莱坞音乐剧的结合体，令人震惊。在非城市环境中强调杂合不是为了贬抑，而是要重新评估。也就是说，强调一种文化行为的多种起源，即这片土地上微观世界主义视阈下的跨文化交往，就是不盲目地对特殊主义进行是非判断，认为传统总是虚伪的，看似真实的/正宗的只不过是精心调制的历史伎俩。比如，我们都清楚苏格兰人被鼓励穿方格呢短裙的原因。[②]

在本尼迪克·安德森[③]（Anderson 1991）和艾里克·霍布斯鲍姆[④]（Hobsbawm 1990）等人的作品中，显示出对特殊性的怀疑不断消减。对此，权威媒体令人厌烦地不断渲染，声称特殊性破坏了不同文化的真正开放，并有可能引发对世界主义的抵制，并将其视为具有破坏性的、俱尊府就的以及霸权主义的做法。之所以提出微观世界主义思想，一个关键因素就在于多样性能丰富一个国家、一个民族和一个社区。但是，多样性不应通过排他的、宏观世界主义的方式与身份相对立。如果我们坚持世界主义并不为城市所独有，那么我们的关切在某种程度上就是生态性的。当今社会和世界中不断加快的城市化进程不太可能成为推动人类进步的最佳方式。从乡村不断的出走/外移是对文化多样性的削减，而不是促进，而且对构成文化特性的重要环节——语言多样性带来了巨大威胁（Abley 2003）。

对翻译案例进行跟踪/调查具有重要意义，因为它们彰显出不同地域/文化中的微观世界主义复杂性，而这些复杂性跨越了大都市的既定边界。从之前分形差异主义的角度探索文化、地域和语言之间的关系，可以引导我们加强对非都市经历的阅读，这种阅读并不是为了消磨时光，而是为了再现跨越地域和历史的政治复杂

① *Riverdance*，由爱尔兰人约翰·麦克科甘（John McColgan）制作的踢踏舞秀，起源于1994年，曾获得1997年格莱美音乐奖。后改编为一场约2小时的剧场秀，内容除爱尔兰的踢踏舞外，又融合了西班牙佛朗明哥舞、俄罗斯芭蕾舞及美国纽约风格的爵士踢踏舞等。

② 在19世纪，短裙作为一种礼服只在婚礼、庆典等正式场合才穿。出于民族身份认同，在美国的苏格兰后裔开始流行穿短裙，短裙作为苏格兰标志开始向全球散播。

③ Benedict Anderson，1936—，美国康奈尔大学教授，当代最重要的民族主义理论家。

④ Eric Hobsbawm，1917—2012，著名马克思主义历史学家，不列颠学院杰出院士，伦敦大学伯克贝克学院教授。

性和文化交流。作为微观世界主义行动中的重要环节,这种阅读会激活对一大批世界文献(书面形式或口头形式)的深入调查,这些作品以乡村为关注点,对促进世界各地乡村群体中翻译理论和实践的发展具有重要意义。

支持微观世界主义敏感性的另一个理据源于世界主义潜在的一个主要缺陷:脆弱的归属概念。正如克雷格·卡尔霍恩所言:

> 如果想要世界主义民主不只成为那些占据常客休息区特权阶层所追求的完美的、伦理上的目标,那么就必须把它根植于各种团体中,帮助人们在这个世界中找到自己的身份和位置。仅仅追求自由个人主义,即便是出于对多样性的尊重,也会让那些缺乏足够个人或组织资源的人感到无所适从。(Calhoun 2002: 108)

任何形式的归属,不管是基于宗教、道德、语言、性别还是政治取向,不仅可以帮助人们认清世界,而且还是社会和政治变革的基础。因此,宏观世界主义对理性主义者自由个人主义的亲近意味着当面对新自由派对社会成就的猛烈抨击时,世界主义可能无所作为,成为政治归属斗争的牺牲品。难怪牛津英语词典(OED)中"世界主义"一词的首个用法举例便取自约翰·斯图亚特·穆勒[①]于1848年出版的《政治经济学原理》一书:"资本正变得越来越世界化。"同样,正如接下来章节中所讨论的那样,我们会把自身语言和翻译权利看作集体身份的基础,并为之而努力。我们坚持认为必须从归属概念出发,并且以归属概念为基础。正如理查德·贝拉米和达里奥·卡斯蒂廖内(Bellamy and Castiglione 1998: 158)所述,"对'单薄的'基本权利的认可必须以'厚重的'社会义务网络为基础,并得到后者认定和覆盖。"

换言之,人类不仅有权利和义务,也有关系和承诺。微观世界主义思想把地方的重要性和复杂性视为形成巩固关系的基础,同

---

① John Stuart Mills,1806—1873,英国经济学家、哲学家、古典自由主义思想家。

时允许这些关系在跨地域之间散播，即这种归属不是单属某一地方的，也不是仅仅归属全球的，而是既属于地方，同时又归属全球。用苏格兰环境学家阿拉斯泰尔·麦金托什的话来说，

> 我必须从脚下开始。在幼小时，我们被告知：如果你挖了一个足够深的洞，你可以从澳大利亚那头爬出来。我认为在某种程度上的确如此。如果我们每个人在自己脚下挖一个足够深的洞，就会发现自己和世界上任何一地方都能相通。（McIntosh 2002：7）

不论是现代社会还是历史上不同时期的翻译实践，用微观世界主义观考察它到底有哪些好处呢？和不同思想流派相比，从翻译理论关联角度考察，我们可以从中形成一系列具有鲜明特色的理念。第一，世界主义让我们有可能跨越民族国家模式，认识到翻译中新的（旧的）跨国现状；此外，本书提出的微观世界主义对独特性诉求、归属的作用以及由不同标准而产生的复杂性给予了充分关注。第二，和前一点密切关联，世界主义理论允许在全球和本土之间进行斡旋；通过本章稍后的描述，我们可以发现斡旋在思考翻译现状中具有重要作用。第三，世界主义不愿意屈从任何固定不变的、无所不包的归属或存在观念，这种反本质主义观念可以帮助翻译应对各种批评。第四，如上所述，世界主义给不同类别的忠诚留下了空间（世界主义和多重主体），这对解释任一情境中有可能影响翻译和译者的多种因素至关重要。第五，由于这一理论不受任何社会团体或起源的限制，使它具有一般理论所缺乏的活力；换言之，团体比个体拥有更多，个体的丰富性在某种程度上也能超越团体。

然而，这并不意味着个体只有和团体竞争才能成功。卡尔霍恩关于民主的认识同样适用于世界主义："它必须在实际生活中赋予人们权利，这意味着要在团体和传统内授权给个体，而不是把它们抛到一边；他们不仅是个体，而且是团体成员。"（Calhoun 2002：92）自由不能只是个体的关切，还必须考虑到团体应变的能力，因为传统本身也是一个动态的而非静态的概念。最后，世界主义和

身份政治[①]也有所区别,无论后者以多元主义、多元文化主义、后现代相对主义等方式显现。虽然身份政治为不同社会团体翻译权利的辩护提供了重要理据,考虑到翻译形式的多样性和易变性,以及翻译在个体、社会和更大政治体系生活中发挥的作用,我们对它作为一个使能的框架仍表示怀疑。

全球混合系统

在重新架构翻译概念的工作中,我们必须突破人类探索中传统分类或区分的约束。这种区分表现为社会与物质之间或文化与物质之间的分离。约翰·厄里[②]指出,

> 所谓社会科学现在所关注的最重要现象实际上就是物质和社会关系的混合体;二者互相渗透,交融在一起。这种交融包括健康、技术、环境、互联网、道路交通、极端天气等。(Urry 2003:17-18)

美国关于社会科学重构的古本根委员会[③]得出结论,早期物质和社会之间的分界正在消失,"建立在不平衡动态基础上,注重多种前途、分歧、选择、历史独立性以及内在不确定性"(Wallerstein 1996:63)的科学分析应该成为社会科学研究的范式,并逐渐取代人类和自然之间以及社会科学和自然科学之间的分离状态。

事实上,问题在于很多社会/人文学科长期采用一种线性的、

---

① identity politics,身份政治是指作者/译者受其自身身份、政治立场、文化观点的影响而形成的、与其身份相称的观察视角和立场观点,并由此对创作/翻译产生影响。

② John Urry,1946—,英国社会学家,兰卡斯特大学教授,于1990年提出"旅游凝视"理论,认为处于不同文化背景、不同社会阶层以及不同历史阶段的游客在看待不同景色、不同人群、不同历史和文化时的关注点各不相同,区分游客兴趣点,规划和营销旅游产品以满足游客需求,应成为研究重点。

③ Gulbenkian Commission,由美国社会学家华勒斯坦(Immanuel Wallerstein)主持,于1994年和1995年组织了来自社会科学、自然科学和人文科学的十位学者进行讨论,认为经济学、政治学、社会学这三门以探寻普遍规律为宗旨的传统社会科学在当代日益相互重合。

牛顿式的[1]、约简的研究方法。于是，一个社会或一种翻译/译文被分解为最小组成部分；经过分析后，这些部分又被重新组合起来，以得出某种解释。但是，这种方法不仅对于描述自然界中的复杂现象是欠缺的（Coveney and Highfield 1995），在解释非线性的、移动的、相互依赖的系统时也困难重重，因为这些系统一直在有序和无序间摆动。厄里把它们称为"全球混合系统"，比如"信息系统、自动化、国际传媒、世界货币、互联网……健康威胁和全球范围抗议等"（Urry 2003：14）。这些系统涉及人类与各种技术基础设施之间的复杂互动，形成了如前所述的"物质世界"（同上，31）。在厄里所说的全球混合系统中，从汽车工业中的自动化翻译到医疗设备说明书的翻译，翻译都扮演重要角色。此外，作为一项具有高度移动性、在全球范围内相互依存、新技术不断渗入的活动，翻译本身就是全球混合系统或物质世界的实例。为了解释当代社会中的各种翻译行为，有必要重新审视不断变化的观念对翻译理论和实践产生的影响。

在保罗·奥斯特[2]所著《幻影书》[3]一书中，在空难中失去了妻子和两个儿子的佛蒙特州教授大卫·西莫把翻译作为精神疗愈的方式，选择翻译的正是夏多布里昂的作品《墓中回忆录》[4]。西莫把译者的任务描述为：

> 翻译有点像铲煤。你把煤铲起来扔进火炉里。每一块就是一个单词，每一铲就是一句话。如果你精力充沛，能一口气铲上 8 到 10 个小时，你就可以保持火炉的温度。面对上百万单词，我准备尽可能长时间地用心铲下去，哪怕会烧毁房子。（Auster 2002：70）

---

① Newtonian，牛顿试图用力学观点解释一切自然现象，因此形成了哲学上自发的唯物主义，同时也导致了机械论的盛行。

② Paul Auster，1947—，集小说家、诗人、剧作家、翻译、导演等多重身份于一身，被认为是美国当代最勇于创新的小说家之一。

③ *The Book of Illusions*

④ *Mémoires d'outre - Tombe*，法国著名作家夏多布里昂的作品，从酝酿到写作历时 40 年，长期以来一直被奉为法国散文的典范。

把翻译视为没有灵魂的粗活，或者翻译只是浪漫主义无与伦比原创力的一个派生物，这种观念并不少见。但是，我们将要讨论的不是对（翻译）创造性的漠视，而是翻译这一任务所发生的场景——有可能被西莫烧毁的房子。

亨利·勒菲弗在《空间的产生》[①]一书中写道：对房子可以有两种不同视点。一方面，我们可以把房子看作地平线上那坚硬的、不动的、固定形状的缩影，标志着定居，这是一种永久的象征；另一方面，我们可以把房子看作"移动性的组合体，内外相通管道的中心"（Lefebvre 1991：93），包括水电气设备、下水道、电话和网络连接、调频和电视信号、访客、送货服务等。事实上，房子典型的不确定性（固性和流动性）恰好和亚原子世界的波粒二重性[②]相对应，后者在丹娜·左哈与伊恩·马歇尔所著的《量子社会》一书中被视为认识当代世界的基础。房子可以被看作是粒子（大草原上的小房子）和波（能量、信息、货物和人纵横交错的结点）。丹娜·左哈与伊恩·马歇尔提出了社会的量子二重性，既可以把人看作是（某一时间在某一点上的）粒子，也可以把人看成（受语言、文化、经济、技术和政治潮流影响的）波。从微观世界主义概念来认识特殊情况（源于真实存在的"粒子"），正是粒子所具有的波的特性把全球和本土联系到一起。诸如世界金融市场、国际传媒或者翻译、晚间新闻公告中的汇率、国际新闻机构的新闻报道、爱沙尼亚人对欧盟有关工作环境噪音规定的翻译等全球混合系统，它们都是体系中的粒子，同时又展示出全球性输入或输出过程中一种波的属性。采用量子二重性的观点，意味对像翻译这样的全球混合系统应采取非约简性的方法。静态的社会理论把文化约简为由有限且独立的文本构成的体系，而译者的活动范围被囿于民族国家界限之内，导致粒子处于分离状态，从波的层面来认知人类文化和经历

---

① *The Production of Space*，作者认为空间由社会构成的不同形式决定，具体包括阶层、性别、种族、性征、家庭联系、年龄等。

② particle/wave duality，微观粒子的基本属性之一，指微观粒子有时显示出波动性（这时粒子性不显著），有时又显示出粒子性（这时波动性不显著），在不同条件下分别表现为波动和粒子的性质。

的尝试只进行了一半。

粒子观念直到最近才产生主导作用的一个领域就是历史学。由于这一学科在19世纪和20世纪与民族国家建立了紧密联系，所以人们在书写历史时往往会围绕特定的国家疆域或民族。在大学院系学科分类中，专业学者被要求讲授诸如日本、澳大利亚、德国、巴西或其他国家的国别史。这种国别化的历史越来越受到质疑，比如历史学家克里斯托弗·阿兰·贝利[1]在《现代世界的诞生1780—1914》[2]一书中提到，“在一些重要方面，无论是本地史、国家史，还是地区史，都必须以全球史的形式记录下来”（Bayly 2004：2）。这种暗含了文化经历量子二重性的历史观不仅是研究翻译史的基础，而且也是我们认识历史上不同时期跨文化翻译行为的方法。

跨国翻译史

在《全球时代的公民身份》一书总结中，杰拉德·德兰蒂提出了对“世界主义时刻”的定义：

> 受情景限制/影响的文化相互遭遇、相互转化，世界主义时刻就此出现。只有这样，我们才能避免两个如影随形的陷阱：一个是自由主义所宣扬的普世道德，这显然是虚假的；另一个则是从社群退回到个体。（Delanty 2000：145）

一个经典的双重束缚就是被迫在以下两者之间做出选择：一方面是全球化霸权主义形式所鼓吹的“世界文化”的伪普遍性，另一方面则是地方特殊性的浪漫主义。在德兰蒂看来，由情境决定

---

① Christopher Alan Bayly，1945—，剑桥大学南亚研究中心教授和圣凯瑟林学院研究员，大英博物馆理事之一，从事1700年以来印度史、英帝国史、全球史等领域的研究和教学。

② *The Birth of the Modern World*，被视为关于全球史研究方法的极为重要的书，作者改变了当代人对全球化、宗教信仰、帝国发展进程等问题的理解。

的并且可以互相转化的两种文化之间的相遇是产生真正世界主义不可或缺的前提。为了证明微观世界主义和宏观世界主义与跨国活动之间的内在联系，我们将简要提到两个国家的翻译史——爱尔兰和中国这两个在领土面积和地区重要性上迥然不同的国家。和早期翻译研究不同的是，我们不能把一个国家的翻译史局限于这个民族国家内部的文学景象，必须考虑到这个国家移民社群的各种翻译活动。从这点上来说，任何翻译史都必须是跨国史，而不是国别史。

以爱尔兰为例。我们可以把在这个国家发生的跨国翻译史分为三个阶段。第一个阶段要追溯到中世纪早期，当时爱尔兰人参与了卡洛琳王朝①教育体系的重建，尤其是用拉丁文作为教学用语。说盖尔语的爱尔兰人发现拉丁语简直就是一门外语。对于那些遭受游牧民族入侵以及罗马帝国衰落而逃亡至此的欧洲大陆学生来说，拉丁语简直就是外语，对爱尔兰教师也是如此。在爱尔兰游牧僧侣的鼓动下，这些学生四处流动，把他们的文化带到全国各地。这种宗教和教学上的扩散对翻译产生了直接影响。9 世纪，爱尔兰出现了一大批译者，包括约翰·司各特·埃里金纳②、塞德柳斯·斯科特斯③、马丁内斯·赫伯尼西斯④等，他们对希腊语和拉丁语的翻译对卡洛琳文艺复兴⑤和欧洲新柏拉图主义复兴做出了巨大贡献（Whitelock et al. 1982；Mackey 1994；Shiels and Wood 1989；Cronin 1996：12－15）。这一时期内的翻译研究显示，在爱尔兰修道院、高度分权制国家内的地方权势集团以及设在英国或欧洲大陆上的爱尔兰修道院基金会之间发生了不间断的文本、思想、文学模式翻译与交流，达到了令人惊讶的地步。

---

① Carolingian，公元 751 年，卡洛林家族取代墨洛温家族，开始统治法兰西王国。在鼎盛时期，卡洛林家族在名义上复辟了罗马帝国，开创了后世所谓的神圣罗马帝国。

② Johannes Scotus Erigena，约 810—877，爱尔兰学者，欧洲中世纪最富创意和最大胆的思想家。

③ Sedulius Scotus，840—860，爱尔兰神学家。

④ Martinus Hiberniensis，819—875，爱尔兰天主教牧师。

⑤ Carolingian Renaissance，发生在公元 8 世纪晚期至 9 世纪的卡洛林王朝，由查理曼及其后继者在欧洲推行的文艺与科学的复兴运动，被称为“欧洲的第一次觉醒”。

这种跨国翻译史的第二个阶段发生在17世纪。由于爱尔兰天主教徒遭到了宗教和政治迫害①,导致欧洲大陆出现了一大批爱尔兰学院。在罗马、布拉格以及萨拉曼卡②,译员把各种语言译入爱尔兰语;但是,最重要的翻译场所是于1603年建立在鲁汶③的圣安东尼学院。1611年,学院收购了一家印刷厂,用以出版爱尔兰语译文,极大地促进了鲁汶的翻译活动;在那之前译文都是以手稿形式完成并传播,不仅增加了成本,并且限制了发行。翻译不仅揭示出具有本土知识传统和反宗教改革意识的学者的参与,而且译文语言形式最终影响到现代爱尔兰语的发展(Ó Cléirigh 1985)。

以流散为特点的爱尔兰翻译史的第三个阶段出现在20世纪。对这一时期被迫流放的爱尔兰现代主义者(比如乔伊斯、贝克特、丹尼斯·德夫林、布莱恩·柯菲以及托马斯·麦克格里维)而言,翻译是他们独特跨国诗学中不可分割的部分(Shields 2000:17－90)。与之相似的另一个流散经历就是爱尔兰人作为传教士、教师、语言学家等来到位于西非的殖民地或后殖民地,但是他们的经历较少得到关注。严格来说,如果没有和欧洲大陆的不断接触,爱尔兰现代主义将难以想象。通过输出移民,这座岛上最偏远的乡村可以和北美或英格兰/苏格兰/威尔士地区产生联系,而通过输出宗教信仰,它们也可以和拉丁美洲、西非或南非连接到一起。在爱尔兰语和英国文学作品中,存在大量对这种关联的介绍或描述。通常,具有排外倾向的民族主义历史著作经常忽略或忽视流散的重要作用。然而,微观世界主义的跨国主义所要彰显的并不是一个地方/一种身份逐渐消亡——失去地域之根,成为一个个不规则的碎片;相反,它鼓励我们关注发生在爱尔兰这种小国家内类似翻

① 1690年,由教皇军队、西班牙国王军队和德国皇帝军队组成的泛欧军队——实际上是一支天主教国际军,在奥兰治的威廉领导下打败了詹姆士和他的支持者,结束了由天主教和法国支持为争夺英国王位的战争。当英国国教徒获胜后,爱尔兰天主教徒便失去了统治地位。英国国教徒在爱尔兰肆无忌惮地推行国教和歧视天主教徒的“惩戒法”,许多天主教精英被迫逃往欧洲大陆,天主教在爱尔兰从“主流宗教”沦为“民间宗教”。

② Salamanca,著名的历史古城,位于西班牙西部,是萨拉曼卡省的首府。

③ Louvain,位于比利时佛拉芒荷语区,是目前世界上最古老的天主教大学——鲁汶大学(1425年成立)所在地。

译的跨国现象，提醒人们注意微观世界主义关系的复杂性。

文化经历的量子双重性是小国家的独特属性吗？显然不是。为了举例说明宏观世界主义，我们将简要提及中国翻译史上的一些事件。在《“借来之美”：关于翻译的辩证思考》中，欧阳帧[①]提醒人们防止对中国语言/文化趋于简化的认识：

> 尽管西方认为汉语在表面上具有统一的特征，但实质上它是一种融合了多种语言和文化的语言，包含了蒙古语、突厥语、通古斯语[②]、泰语和藏缅语成分。在敦煌发现了5世纪到10世纪的手稿，显示出汉语不仅和藏语之间存在紧密联系，而且和古索格代亚纳语[③]、维吾尔语以及其他中亚语言关系密切。（Eoyang 2003：60）

从公元前1000年到20世纪前50年的漫长时间内，虽然经历了很多复杂多变的影响，但汉语保持了文言文的书面表达形式。因为表意文字不是建立在语音文字系统基础上，所以它们不会随着语音的演变而演变，这让汉字在长时间内保持稳定（Hung and Pollard 1998：365）。然而，汉语作为一种正式的书写载体，其相对稳定性却没有导致文化封闭。值得注意的是，密集而持久的翻译活动让汉文化在内外关联的基础上不断发展和演进。

翻译引发重大变革的一个显著例子便是大规模的佛经翻译。佛经翻译大约始于公元前70年，历时900年，可分为三个主要阶段，分别是东汉和三国时期（公元148—265）、晋朝和南北朝时期（公元265—589）以及隋唐和北宋时期（公元589—1100）。数以千计的佛经文本被译入汉语，原文本主要以梵文为主（Hung and Pollard 1998：366—368）。正如林克难所言，佛经翻译对中国文化影响深远：“（由于）佛教是通过翻译传入中国的，外来经典和本土

---

① Eugene Eoyang，在香港岭南大学任英文、人文学、翻译、基础教育之荣誉教授，美国印第安纳大学任东亚语言文化比较文学荣誉教授。

② 亚洲中部和东西部人说的属于阿尔泰语系的语言，包括通古斯语和满语。

③ 已灭绝，属伊朗语。

儒家、道家思想的结合与冲突为中华思想/文化奠定了基础”（Lin 2002：162－163）。

西方基督教传教士（尤其是16世纪末之后耶稣会传教士）的到来开启了中国翻译史上第二个重要历史时期。传教士希望通过翻译对上层统治阶级产生影响，达到让他们皈依的最终目的。徐光启（1562—1633）是这一时期翻译事业的大力支持者。他本人是上海人，朝廷法官和天主教徒（Lin 2002：163）。据估计，有70多个传教士在不同阶段参与了翻译，总共翻译了300多部著作。值得注意的是，译著中大概有1/3都是科学论著，折射出西方在这一领域不断增强的优势和影响（Hung and Pollard 1998：368－369）。由汤若望①和罗雅谷②翻译的天文学著作直接促成了明政府对中国历法的改革。

中国翻译史上的第三个时期始于19世纪40年代左右，即鸦片战争爆发后。由于外国列强的入侵，中国政局逐渐变得动荡不安。人们逐渐意识到，翻译与否事关国家存亡。如果不了解西方列强战无不胜的科学原理及其外交政策的政治意图，抵抗就无从谈起。正所谓师夷长技以制夷。1862年京师同文馆③和1865年在上海江南兵工厂设立的翻译局极大地促进了西方科技著作的翻译。19世纪后期，以康有为和梁启超为代表的社会改革家发起了人文和社会科学领域的翻译。翻译家严复先后翻译了包括赫胥黎④、约翰·穆勒⑤、赫伯特·斯宾塞⑥、亚当·斯密⑦、孟德斯鸠⑧、

---

① Johann Adam Schal von Bell，1591—1666，字道未，神圣罗马帝国科隆（今属德国）人，天主教耶稣会修士、神父、学者、传教士，明神宗时来华传教，明末清初官员。

② Jacobus Rho，1592—1638，意大利传教士，参与徐光启组织的书局工作。

③ 北京大学外国语学院的前身。

④ T. H. Huxley，1825—1895，英国著名生物学家，达尔文进化论最杰出的代表。

⑤ John Stuart Mill，1806—1873，英国经济学家、思想家、哲学家、古典自由主义思想家。

⑥ Herbert Spencer，1820—1903，英国著名教育家、实证主义哲学家和社会学家。

⑦ Adam Smith，1723—1790，英国哲学家和经济学家，所著《国富论》为现代经济学、自由贸易、资本主义和自由意志主义发展奠定了理论基础。

⑧ Montesquieu，1689—1755，法国伟大的启蒙思想家、法学家，近代欧洲国家较早研究古代东方社会与法律文化的学者之一。

爱德华·詹克斯①、威廉姆·斯坦利·杰文斯②等人的作品。用林克难的话来说,“这一时期的翻译为1911年的辛亥革命奠定了思想基础,推翻了中国历史上最后一个封建王朝”(Lin 2002: 164)。发生在中国历史上不同时期的翻译运动可以说对准了文化上的“缺口”或“差距”,从宗教、科学、政治等不同层面展开。理解“缺口”的困难在于这一概念具有“随机性”和“临时性”:一旦缺口被堵上,文化就重获失去的完整性。但是,无论从宏观还是微观层面来看,对翻译史的研究显示,衡量翻译的正是文化经历永恒的量子二重性,而不是国家或帝国那些偶尔受到外来影响的所谓的连续统一性。

可变的流体

“文化连续性”这一概念的困难之处在于有些情况下它容易演变成妄自尊大的普遍主义。也就是说,连续不断的东西会被视为永恒的,因而不受时空限制,强势文化尤其如此。因此,马克·卡朋提醒我们:

> 除了普遍性之外,只有封闭起来的特殊情况——换言之,认为欧洲就代表这个世界,或者欧洲可以被普遍化,这种想法是很危险的。(Crépon 2004:44)

如上所述,西方科学技术是通过翻译来影响中国文化的一个重要来源。在世界范围内推广西方科学经典,容易导致西方文化的优越感(Roberts 2001)。但是,为了研究翻译在推广西方技术科学过程中的相关性和使能性,我们不能仅仅从熟知的后殖民主义批评方法来审视翻译,必须重新研究技术科学普遍主义发挥作用的方式。

---

① Edward Jenks,1861—1939,英国法学家和作家。

② William Stanley Jevons,1835—1882,英国著名经济学家和逻辑学家。

约翰·劳和安妮·玛丽·莫尔发现，展现科学事实的传统方式就是强调它们的普遍性，即事实一旦被发现，就会被普遍接受并采用。

> 人们对这些既定事实深信不疑，原因在于他们从不对地域问题提出质疑。普遍性就是普遍的。这意味着，人们不再尝试在现有基础上去增加，去相互关联，或者把不同地域联系起来，而是借助普遍性来抹平甚至超越地域性/地域特色。(Law and Mol 2003：1；作者强调)

困难在于，地域性至关重要。（科学）事实只有在抵达目的地时才能成为真正的事实，也就是说，发现这些事实的必备条件在目的地能够得以重现/复制。如果条件完全相似，但是结果不同，那么事实就要受到质疑。的确，围绕科学实验的争论（比如冷聚变①）在于科学家声称实验结果得到和原始实验完全相同的、一致的结果（Mallove 1991）。要想安全抵达目的地，并被当地人接受，事实和情境的组合必须保持稳定，也就是所谓"不可变的流体"（Latour 1987）。15世纪和16世纪，穿梭在里斯本和卡利卡特②的葡萄牙商船在特定体系内保持着固有形态。在这条航线上，商船可以自由航行，当它们在印度或葡萄牙抛锚停泊时，没有任何变化。劳和莫尔把这一系统描述为：

> 它包括船体、帆桅杆、帆、风、海洋、海员、商店、导航器、星体、六分仪、星历表、枪支、阿拉伯人、香料和钱——此外还有更多。顺着这一思路，商船就是不变的但同时又是各种元素过程的系统，不可变是因为不同部分相互维系，构成一个整体。（Law and Mol 2003：3）

---

① 在相对低温（甚至常温）下进行的核聚变反应，这种情况是针对自然界已知存在的热核聚变（恒星内部热核反应）而提出的一种概念性"假设"，这种设想将极大地降低反应要求，可以使用更普通而且简单的设备，同时也使聚核反应更安全。

② 印度西南部港市科泽科德的旧称。

与不可变流体形成鲜明对照的是“可变流体”，津巴布韦手压水泵[1]就是一个很好的例子（de Laet and Mol 2000：225 - 263）。水泵获得成功的原因在于根据各个村庄的不同情况，其形态也有所不同。一旦有零部件损坏，马上就会予以修补，因此水泵造型也就依各村情况而各不相同。换言之，不存在一个稳定的系统，并确保每一个零部件在固定位置保持不变：尽管形态不一，但它们都被视为津巴布韦水泵。水之所以能通过水泵流动，不是因为水泵有一个固定形态，而是因为水泵本身就是流动的、可变的物体。水所流经的空间也是不固定的，因为构成（水泵）这一空间的元素在不断演变（有时在增补，有时在减损）。这意味着各个村庄使用的水泵既相同（都是水泵）又不同（主要是在外形上）。翻译与其有太多相似的地方。正如人类学家阿拉姆·仰贡所言，“翻译所面临的挑战在于传递（相同）意义的瞬间也要再现差异”（Yengoan 2003：41）。在可变流动性背后暗含着维特根斯坦的“家族相似性”概念，即形态恒常性并非“取决于任一具有决定性特征或关系，而是和大量相互交叉重叠的特征有关”（Law and Mol 2003：6）。这让我们想起了玛丽娅·铁木志科[2]所提出的“翻译的转喻性”：

> 译者从源文本中选取某些元素、方面或部分，予以突出或保留；对保留还是舍弃某些参数，译者可以选择并具有决定权。在翻译过程中，译者可以部分地或全部地再现源文本中的某些方面，而对另外一些方面可能根本不译。从本质上说，翻译是转喻性的，是一种转换。在转换过程中，源文中得到替换的部分最终被用来代替源文整体。（Tymoczko 1999：55）

作为流动空间里的可交流体，翻译不仅具有高度的即时性，还具有潜在的、不易察觉的颠覆性。比如，劳和莫尔发现：

---

① 一种活塞泵，便于钻洞取水，在非洲广泛使用。截至 2009 年，津巴布韦大约有 40000 个这样的水泵，每年新装大约 3000 个。

② Maria Tymoczko，1969—，美国马萨诸塞大学阿默斯特分校比较文学教授，翻译研究描写学派代表人物，中世纪爱尔兰文学专家。

> 对流动的拓扑学[1]解释同样适用于我们生存的世界——形态连续性恰恰**依赖**于事物本身的渐变:一个不变的世界最有可能出现破裂、差异和距离。试图保持恒定不变的关系只会破坏事物本身的连续性,最终导致灭亡。(Law and Mol 2003:6;作者强调)

在拓扑学框架下,翻译(作为如前所述的全球混合体)被看成是一种可变的流体。这意味着将翻译视为丢失、变形、近似甚至是熵[2]的传统观念将被彻底摒弃。在过去的诸多会议论文中,翻译研究者习惯于把翻译看成是可变的固体;在仔细对比双语文本的基础上,发现源文语言和文化已发生转变(即所谓的可变性),但是相对于源文文本,译文文本并没有做到一成不变或完全忠实(表现为增添或删减)。更为要命的是,我们开始背离翻译实践与教学中具有使能性的设计,因此失去了很多好的方式,并无法体验世界主义翻译观以及文化经验的量子二重性。为了实现这一目的,我们将首先审视当前本地化领域的辩论,之后探讨当代文学课程的课程改革和经典变革。

由下而上的本地化

当我们讨论全球流动时,并不仅仅是指人和物的物理位移,还包括信息在虚拟网络世界中的传播。在信息转换过程中,当表达事物的语言从本土语言转换为非本土语言时,就产生了本地化需求,并随之带来挑战性。作为一种保护语言特殊性和文化差异性的手段,本地化得到了广泛支持。正如德国管理专家达特莱夫·霍布拉斯所言,"本地化就是提供一个渠道,使得文化内容可以被转变,并且被传播到世界各地,让人们在参与这一过程的同时保留

---

① Topology,数学的一个分支,研究的是几何形体在连续形变,尤其是双方连续的变换之下保持不变的性质。

② 物理学家把有序的相反概念,也就是无序状态,叫作"熵"。

他们的身份属性”（Hoppenrath 2002：14）。但是，本地化也存在困难，就像理查德·伊斯蒂所说的那样，（本地化）就好比给房子加上一层涂料，房子仍保持不变（引自 Schāler 2002a：9）。文化内容可以流通，但它在多大程度上被改变却成了悬而未决的问题。当我们忙着把数据、时间和数字格式、配色方案、图片和形象、声音、符号、历史数据、产品名称和缩略语等一系列成分加以转换的时候，我们不禁要问，除去那些企业巨头，还有谁能从本地化进程中真正受益？本地化专家雷哈德·斯卡勒尖锐地指出，“全球化高达90%的工作都用于美国数字产品的本地化，这意味着当前所谓的本地化几乎完全沦为美国大企业追求高额利润的工具”（Schāler 2002b：22）。另外一个问题在于，本地化追求所谓的可重复使用性，即尽可能压缩、减少需要翻译、转变或改编的工作量。因此，“全球性产品或网站的设计者都以全球消费者能接受的标准、符号和习俗为指引”（同上，22）。

斯卡勒倡导的是一种由下而上的本地化，而不是企业资本所追求的自上而下的本地化。这种本地化表现为把相应的数字信息/内容用尽可能多的语言表现出来。事实上，斯卡勒揭示了传统翻译范式面临的困难，因为它把翻译视为不可变的流体。本地化进程预设了一个固定网络的存在，各种（待翻译材料）可以在网络中流动，但“美国研发的数字产品”是不可变因素。自上而下的本地化把翻译视为不可变的流体；技术环节的主导是要使这一网络保持稳定，通过流线技术，加快产品流动。翻译服务供应商的好处（Looby 2002：10－12）在于网络把工具和供应商连接起来，不再需要面对面交流。“通过网络，翻译记忆可以在瞬间实现完全自动匹配；在实时翻译中，网络服务设计会把文本自动发送给机器处理”（van der Meer 2002：9），而未翻译过的材料会自动汇聚到译者面前。网络服务标准背后隐藏的是我们所熟知的利益最大化，即“工作流程自动化、采购电子化、供应链自动化、新市场开发等标准可以大幅度降低成本”（同上，10）。虚拟的网络世界使得信息在网站门户之间传递时花费更少但同时又不会改变其内容。把理查德·伊斯蒂的比喻和勒菲弗之前有关房子本质的论述结合起来，我们可以发现，席卷世界各地的本地化浪潮并不会从本质上改变比尔·盖茨所造房子的内部刚性。

本地化经常面临的一个问题就是清单式多元文化主义的流行，这是一种肤浅的多元主义。虽然时间格式、计量单位、颜色、缩写等发生了改变，但是内容上依然保持了发源地鲜明的文化特色（Preston and Kerr 2001：109－131）。国际大公司把本地化视为简单的替换，但翻译中的文化改造比这要复杂得多。与之不同的是，由下至上的本地化把翻译视为一种可变的流体，并带有真正世界主义特色。这意味着，来自世界各地的、不同形式的数字化内容以一种更为合适的方式与目的语语言和文化进行跨文化交流，并促成世界主义的出现，即“具有地域特色的不同文化彼此相遇并相互改变”（Delanty 2000：145）。这样一来，我们就能在文化层面上避免超验普遍主义，阻断不可变因素或单一性从一种语言向另一种语言快速传递；与此同时，提倡内在普遍主义，即通过“添加、加强地域间联系或把不同地域关联”等方式把世界联结为一个整体（Law and Mol 2003：1）。

要想避免陷入一种相互之间难以理解的单元论，就要继续借助世界主义观念。世界主义善于发现各种联系，而不是把绝对性强加于人。抛开它来看待翻译，后果难以想象。为了在世界主义框架内实现由下而上的本地化，我们必须把本地化置入一个更大规模的政治体系内。欧盟拟创建的多语言数字文化工程（http://www.mudicu.org）已经朝这个目标迈出了第一步。但是，我们要在世界范围内进一步加强政治动员，以彰显本地化在文化、政治、社会、经济等方面的重要性。参照我们之前提出的世界主义观念，即世界主义公民要具有一种跨越地区和当下的联结意识，我们必须找到一种具有使能作用的范式，把本土和外部世界有效地连接起来。翻译是我们与来自不同语言/文化的人进行交流的一种方式。因此，致力寻找一种恰当的、具有文化敏感性的翻译模式，将在新世纪中成为构建世界公民概念的核心。

松散的经典

翻译不仅仅涉及我们对其他语言的处理方式。更为重要的是,它关系着我们对自身语言的体验与思考。19 世纪和 20 世纪盛行的文化民族主义具有十分重要的历史意义。它不仅让民族语言成为确立政治主权的手段(Casanova 1999: 69 – 118),还确立了民族文学在教育界的学科地位(Eagleton 2004b)。专家们有责任拟定一个资源库,被收入这个资源库的著作必须充分表现本民族的文学天赋,从文化上证明这个国家拥有优秀传统。这样看来,民族经典文学就成为不可改变的流体,它跨越时空界限来到当代读者面前,并提醒他们关注祖先拥有卓越的审美情趣。

自 20 世纪末以来,民族文学课程体系在英语国家中开始遭受抨击。"经典之争"的焦点在于根据种族、阶级、性别等方面把一些作者排除在民族文学经典之外(Bloom 1987; Nussbaum 1997; Jay 1997)①。然而,还有一种排除没有引起人们的关注,那就是翻译文学。我们在此所指的并不是"世界文学"(参见第三章讨论),即在世界文学课程中讲授外国作家的译作,而是指不同民族国家主流文学课程中出现的文学翻译②。翻译家和评论家迈克尔·汉博格曾有如下惊人且虚伪的评论:"英语诗歌如此丰富,因此我们几乎不需要(也不存在空间来容纳)以翻译形式引入外部精华"(转引自 Tomlinson 2003: 3)。针对这种自满,诗人及评论家查尔斯·汤姆林森提出了质疑。

> 我觉得有必要对迈克尔·汉博格的结论做出回应。英语诗歌**之所以**如此丰富,原因恰恰在于它通过"翻译的形式"吸

① 在代表作《西方正典》中,Bloom 选取了包括莎士比亚、但丁在内的 26 位作家,并凭借自身的审美感受能力,对经典作家的语言风格、人物形象和叙述结构进行了深入分析。

② 外国文学作品,不论是经典还是非经典作品,被译介到国外后,都经历了一个演变,只有一小部分成为所在国外国文学经典,这个过程被称为外国文学本土经典化。

入了外来精华。正是由于奥尔德姆①、德莱顿②、蒲伯③、20世纪庞德④等人的创造性翻译，英语才得以褪去了它的地域性。他们的译作不仅丰富了英语诗歌，而且他们并不满足于"仅仅做原诗的影子"，在很大程度上拓展和丰富了英语语言。只有通过这种方式，英语才能够引入并吸收外来精华。（Tomlinson 2003：3；作者强调）

通过列举历史上的杰出人物，并把翻译万神殿⑤约简为专属的名人俱乐部，汤姆林森无意中施行了他所定义的排除。他对翻译在英语文学传统中的中心地位的发现为我们提出了这样一个问题：以英语为民族语言之一的国家该如何教授英语文学？

只有当我们**跨越**民族语言、民族经典或者从事文学翻译时，我们才会考虑翻译问题。难道我们不应该从**内部**重新认识自己的语言吗？翻译理应被纳入大学课程中，只有这样才能完全或至少从一定程度上反映出一种语言的文学成就。毕竟，翻译研究描写学派⑥一个最基本的的观点就是：人们之所以阅读译本，是想通过自身语言来进入/体验外来文本/文化（Toury 1980）。这些文本注定在一些方面存在差异，但它们作为外来文化可以被理解并接受。如果不是这样，读者就不会首先阅读译本，而是选择阅读原文。无论是从政治和文化角度还是从世界主义观念新形势的出现来看，民族国家地位日益凸显，因此有可能在中学或大学层面对民族语言的文学课程重新进行考察。以英语为例，参照当代流动拓扑学

① John Oldham，1653—1683，英国最早模仿希腊古典作家写讽刺诗的诗人之一。

② John Dryden，1631—1700，英国著名诗人、文学批评家、翻译家，英国古典主义的代表人物之一，第一位"桂冠诗人"。

③ Alexander Pope，1688—1744，英国18世纪最伟大的诗人。

④ Ezra Pound，1885—1972，美国著名诗人、文学家，意象主义诗歌的主要代表人物。

⑤ Pantheon，位于今意大利罗马，古罗马时期的宗教建筑，后改建成一座教堂，是古罗马时期重要的建筑成就之一。

⑥ 翻译研究描写学派的功绩在于给各种各样的翻译以正确定位，避免了由于规范性标准造成的无谓而无休止的争论。描写翻译学派有两个基本观点：一个是翻译的"不完整性"，即译者不可能把原文百分之百地翻到译文中去；在此基础上形成第二个观点，即任何翻译都经过了程度不等的操纵，因此原文在不同译者手里或不同时代会出现不同译文。

观点，把写作看成是一种可变流体（而非不可变流体）显然更有利。因此，把翻译文学纳入英语系开设的英语文学课程或者中学里的英语文学课，这就要求我们抛弃具有浪漫主义色彩的“原创”概念（独特的、经久而一成不变的民族天才；不可变流体），转向一种基于内在二元性和翻译流动性（可变流体）、跨越民族边界的文学概念。在此，最为关键的是不要把翻译文学视为进入他者文化的途径，而是要把它们当作进入（英语）自身语言/文化的途径。比如，亚瑟·戈尔丁①翻译的奥维德的《变形记》、凯瑟琳·菲利普丝②翻译的《庞贝的死亡》、亚伯拉罕·考利③翻译的贺拉斯的著作、埃莉诺·马克思④翻译的《包法利夫人》以及克兰·卡尔森⑤翻译的但丁的《神曲》。把上述译作纳入大学本科英语文学课程体系，不仅挑战了传统的以国家为界限的文学史，而且可以让学生通过阅读（译本）获得改变自身语言或习惯的力量。从翻译著作中重获表达能力还有助于我们克服某些世界主义思维定势，即把过去/传统视为亟待消除的、悲惨的梦魇或者是阻碍理性的各种偏见。

克雷格·卡尔霍恩注意到：

> 人们往往把西方世界与资本主义全球化以及世界主义联系在一起，而把非西方世界与传统联系在一起。文化身份和社区归属通常被视为对旧秩序的传承，而不是在全球化过程中形成的新范畴。（Calhoun 2002：91）

困难部分缘于我们对艾里克·霍布斯鲍姆所提的传统概念的完全接受（Hobsbawm 1983：1－14）。在他看来，文化民族主义的一个常见策略就是选择“构建传统”，即“一整套公开或暗自受约定规则支配的、具有礼节性或象征意义的做法，通过重复性来表明一种

---

① Arthur Golding，1536—1605，英国翻译家，将30多部拉丁语作品译入英语。

② Katherine Philips，1632—1664，英国诗人、翻译家和作家。

③ Abraham Cowley，1618—1667，英国作家、诗人和散文家。

④ Eleanor Marx，1855—1898，英国社会活动家和文学翻译，马克思的小女儿。

⑤ Ciaran Carson，1948—，当今北爱尔兰最重要的诗人之一，被认为后现代主义诗风的代表人物。

价值观或行为规范，并且自动暗含着与过去的联系”。（Hobsbawm 1983：1）。问题在于如果我们以这种观念来看待传统，那么传统就会等同于不变性，或者是一种不可变流体，对人产生操控并导致他们失去活力。针对这种对传统的片面理解，玛丽娅·铁木志科和柯林·艾尔兰提出强烈质疑：

> 研究民间传说、口头文学、音乐等领域学者都认同这一观点，即不论是在传统文化领域，还是在非传统文化的高艺术文学传统中，差异和变化都普遍存在。（Tymoczko and Ireland 2003：13）

要想弄明白各种原因，我们有必要思考过去在文化中所扮演的角色。埃里克·米楚兰谈到了当下的两重性。一方面，现在是短暂的，稍纵即逝的，在我们意识到它之前，它就已经消逝；另一方面，现在有一定延续性，这是我们所能记住的部分。延续性现在的不断积累构成了我们所说的过去。这意味着迈向未来的每一步实际上是从一个短暂的现在过渡到另一个短暂的现在，这种过渡让我们与具有延续性部分的总和在关系上发生了变化。这种变化是动态的、具有创造性的，而不是反应性的、被动的。对我们（未来）遭遇有所启迪的、新的东西正是我们与过去的关系发生了改变。就像他所言：

> 令人震惊的是，我的过去与现在似乎没有直接联系。因此，这迫使我重新审视现在，并且将一些毫不相关的因素融入其中。随之而来的是一阵狂喜：带来惊喜的并不是现在将要通往的未来，而是可以展望未来的过去。（Méchoulan 2003：14）

因此，民族文学课程未来的改革必定带来惊喜。我们一定能从中发现翻译文学丰富多彩的过去。从这个意义上来说，通过与世界各地的传统、文化、语言发生联系，世界主义与传统中最重要的元素——自身所具备的可变性——联结到一起。

欧 盟

不管是从本地化讨论中，还是从国家课程的审视中，我们都可以发现文化并非对其他地方的事件漠不关心。对他者的关注也是翻译研究得以存在的理由。但是，由此也引出一个新问题：以欧盟[①]为代表的新兴超国家组织会对本章所讲到的世界主义产生何种政治影响？换句话说，如果本地真能与其他地方产生联系，那么这种联系为什么要发生在一个超国家的、联邦性质的机构内？如何产生这种联系？早在1828年，歌德在评论托马斯·卡莱尔[②]译入德语的一系列文本时曾呼吁：

> 我们必须了解民族国家的特性，这样我们才能理解他们，并与之交往。这些特质就如同语言或货币：它们不仅能促进国家之间的往来，更重要的是让这种往来成为可能。实现（普遍）包容的最可靠的途径就是接受个人或者整个民族的特性，同时坚信这些特性中最具价值的部分在于它们都是人类属性的一部分。（Robinson 1997：224－225）

歌德之所以写下这些话，是因为他意识到自己作为德国作家从欧洲文学中受益多多（Boyle 1992，2003）。与世界其他地区一样，欧洲地区语言种类丰富，各种语言都有深厚的文学底蕴，互相之间可供借鉴。近几个世纪来，从中世纪的《圣布伦丹航行》

---

① European Union，是由欧洲共同体（European Communities）发展而来，是一个集政治实体和经济实体于一身、在世界上具有重要影响的区域一体化组织。1991年12月，欧洲共同体马斯特里赫特首脑会议通过《欧洲联盟条约》，通称《马斯特里赫特条约》（简称《马约》）。1993年11月1日，《马约》生效，欧盟正式诞生，总部设在比利时首都布鲁塞尔。

② Thomas Carlyle，1795—1881，苏格兰评论家、讽刺作家、历史学家。

（作者不详）到20世纪温贝托·艾柯所著《玫瑰之名》[①]，欧洲读者一直饱受邻国文学的影响和熏陶。诗歌、散文和戏剧在欧洲之所以能蓬勃发展，和翻译/译介互动息息相关。翻译让塞万提斯来到英国，让乔伊斯来到捷克，让易卜生来到巴黎；离开了翻译，文学繁荣难以想象（Casanova 1999：241－282）。欧洲地域辽阔，各国之间联系紧密。进入21世纪，如何促进欧洲作家/作品的跨域/跨国流通，确保流通于欧洲各地的作家能够代表欧洲大陆丰富的语言和文化传统，是我们必须面对并解决的难题。

针对欧盟的一种常见的政治评论是：和联盟内部成员国的复杂构成相比，各成员国为实现欧洲一体化在文化层面缺乏相应的沟通与交流，就像杰拉德·德兰蒂所言：

> 欧洲各国民族文化缺乏一个共核：语言、（共同）历史、宗教、教育体系、传媒等。其中，语言是最大的绊脚石。除少数特例外，从19世纪后期开始，语言一直是民族文化构成的核心所在。自拉丁语在中世纪衰落以后，欧洲就此失去了共同的语言。（Delanty 2000：114）

欧洲一体化进程中文化层次的缺失一直是反对派攻击的对象。他们将联盟视为一个经济或技术统治体，用前任欧盟主席雅克·德洛尔[②]的话来说就是，“你不能只看重共同市场，你还需要别的东西”（Grant 1994：221）。德洛尔所说“别的东西”在欧盟条约（2004）[③]第128条中有所阐述：“共同体应当促进成员国文化的繁荣发展，尊重各成员国的民族和宗教差异，同时把各成员国的共同文化遗产推向前台。”

---

① *The Name of the Rose*，讲述14世纪一桩修道院神秘谋杀案，揭露了中世纪的黑暗；对欲望、信仰、爱情、犯罪等问题进行了深入探索。作者Umberto Eco是意大利当代著名符号学家，此书自1980年问世以来发行过千万册，1986年由导演让·雅克·阿诺（Jean－Jacques Annaud）改编成电影，由好莱坞老牌巨星肖恩·康纳利（Sean Connery）主演。

② Jacques Delors，1925—，法国经济学家、政治家，第八任欧盟委员会主席，首位连任三届的欧洲委员会主席。

③ Treaty on European Union 2004

该条例不仅明确承诺了欧盟遵循文化多样性的原则,还对欧盟在促进文化多样性进程中的角色做出了设定。但是,联盟在文化领域面临的困难在于如何把设想转化为行动/现实。文化多样性原则可能被接受,但如何保护/促进多样性却没有明确规定。

为了使欧盟在文化领域的主张得以实现,我们可以采取一系列有针对性的行动。在本章,我们所关注的是文学在欧洲语言/文化多样性进程中所发挥的作用。这种作用在一定程度上由文学本身性质所决定。探索上述文学特性的一个方法就是要弄清楚下列问题:在未来欧盟或者类似欧盟的大型联邦政治机构中,要将文学和翻译置于文化政策的中心,所依据的基本原理何在?事实上,这种理据可以从以下方面来探讨,它们分别是语言、历史、经济和政治。

语言

在当今世界,语言多样性正面临着前所未有的威胁。一些评论家认为,到 21 世纪末,世界上现存语言的 90% 将灭绝(Maffi 2001:1 - 50; Abley 2003)。此外,全球经济超过 3/4 的产量由说英语、法语、德语、西班牙语、汉语和日语 6 种语言的人口完成;以市场为导向的全球经济对语言多样性造成的威胁与日俱增(Cronin 2003:138 - 172)。与之相反,有学者认为欧洲各国文学从它们各自的语言中汲取力量,并形成了自身特色。也有人认为,保持语言活力的关键在于用这种语言进行文学创作。在文化社会中,文学创作和语言发展紧密相连,共同维护和促进一种语言/文化的表现力。欧洲语言和文学拥有丰富的表现形式,包括故事、神话、历史、独特视角、生活和生存方式。如果忽视了这些无价之宝,把大量资金用于维护历史建筑、公园等物质遗产,则有违常理。因此,在不同语言内部促进文学发展就是维护这些语言,维护文化生态和多样性,避免思想陷入单一文化模式(Shiva 1993),对生活在欧盟内外的人造成损害。

说到语言多样性,欧盟内部各国在译著出版数量上的显著差别值得关注。在英国，译著只占出版总量的2%；而在其他成员国这一比例可能是25%，甚至更高。[①] 在文学翻译中，英语主要作为原语/译出语，而不是目的语/译入语而存在，因此和其他语种之间存在不对等关系，造成了翻译中的不平衡现象。值得注意的是，文学翻译在翻译中至关重要，且影响深远。要想定义翻译，就必须回首历史。在欧洲历史上，无论是在伊丽莎白时代的英国、浪漫主义时期的德国，还是在古典主义流行的法国，翻译长期以来一直都是确立与丰富本地语言和文化的手段（Matthiessen 1931；Zuber 1968；Berman 1984）。在上述不同历史时期中，文学翻译对民族语言/文化的发展与巩固做出了重要贡献。在多元系统理论[②]中，翻译被视为民族国家建设的一部分，尤其是在民族自我界定和/或文化危机的关键节点（Gentzler 2001）。

另外一方面，翻译的作用就是建立跨国网络，这一网络无论从规划还是适用范围来说都极具影响。这意味着翻译可以防止民族文学的自治神话或本质主义的自我生成论[③]。只有在彼此独立且相互依存的条件下，翻译才有可能促进语言/文化的独立与自治。从定义上来看，翻译关系是互相依存的关系，这种关系具有潜在的使能性，而不是局限性或破坏性。要想推动欧洲文学翻译关系中的对等与对称，取决于致力在（国家）内外建立一个动态的文化发展机制。

历史

几个世纪以来，欧洲各国文学彼此互相影响。那些最具文化热情和创造力的时期（比如文艺复兴时期、启蒙运动时期以及现代

① 参见欧洲书商联合会，European Booksellers' Federation，2004。

② Polysystem theory，由以色列学者埃文·佐哈尔（Itamar Even－Zohar）于20世纪70年代初提出，意指某一特定文化里的各种文学系统的聚合，从诗这样“高级的”或者说“经典的”形式（如具有革新意义的诗），到“低级的”或者说“非经典的”形式（如儿童文学、通俗小说等）。

③ Autogenesis，希腊语，由“autos”（自己）和“poiein”（制造）两个词复合而成。德国社会学家卢曼（Luhmann）把“自我制造”范式移植到社会学中来。

主义时期),也是各国文化交流最为频繁的时期(Casanova 1999)。当代政策干预不仅可以仿效历史先例,还能促成跨国文学考古学的出现。重视和鼓励当今各国的文学交往与联系,将引导我们探索历史上早期的文学关系,尤其是那些在19世纪、20世纪各国民族文学经典构建过程中被边缘化、被贬抑的文学关系。文学领域的适时参与不仅可以让欧盟谱写出一部杰出的欧洲文化交流史,还能让欧盟及其成员国以更加美好的形象展现在世人面前。

经济

从经济角度讨论文学看似是一种苛求,因为文学从本质上说对市场经济中的短线主义持排斥态度。文学被视为汹涌物质主义浪潮中的一个无私的精神避难所,给那些信奉浪漫主义神学的弃儿或局外人带来些许安慰。但事实上,通过出版、翻译和媒体推广活动,文学已经成为欧洲经济的重要组成部分。出版业在文化产业中占据重要位置。仅2002年一年,欧盟各国总共出版了3320000册图书,出版总量位居前三位的分别是:英国(944000册)、德国(900000册)以及法国(450000册)(Gill 2003)。在欧盟内部,从事图书销售的工作者总共有25000人,另有54000人从事写作和翻译。[①] 因此,促进文化产业的发展能带来客观的经济效益:出版商能扩大销售量,作者和译者能增加收入,越来越多的人将参与阅读、表演、节日庆典等以文学为基础的活动。

除经济效益外,欧洲文学出版和翻译还存在一个未来影响更为深远的层面,这和发达国家变化中的经济模式本质密切关联。英国社会学家斯科特·拉什[②]和约翰·厄里指出,后工业时代的产品愈来愈趋向精神层面,导致市场上涌现愈来愈多的符号,而不是物质实体,物体的实质内容已被掏空。这意味着扩散开来的仅仅是符号而非实体。这些符号可分为两类:

---

① 参见欧洲书商联合会,European Booksellers' Federation,2004。

② Scott Lash,1945—,伦敦大学戈德史密斯学院社会学教授,文化研究中心主任。

> 它们要么易于认知，属于后工业或信息产品；要么极具美感，属于后现代产品。后者主要表现为迎合审美需要的产品的大量涌现，比如流行音乐、电影、娱乐休闲、杂志、视频等；还表现为物质产品中不断提升的符号价值或形象，让审美贯穿产品生产、流通、消费等各个环节。（Lash and Urry 1994：4）

审美需求揭示了20世纪最后30年中广告预算飞速上涨的原因，以及后现代社会中为追求产品附加值加大了对服装、汽车、电子产品、软件等消费品的设计投入。通过融入文化和信息元素而形成高附加值的产品和服务，成为欧洲经济未来发展的趋势。因此，大力开发以欧洲当代文学为代表的文化产品将具有重要意义。

2000年3月，欧盟提出了里斯本战略。这一战略旨在让欧盟成为世界上最具活力和竞争力的经济体。为了实现这一战略，促进知识社会建设，发展拉什和厄里所说的后工业和后现代产品是关键所在。（欧盟）构想中的信息和知识社会将得益于欧洲文学丰富的认知和审美环境。推动经济发展的重点不仅在于改变经济环境，同时还要设法避免由于市场实用主义或自大虚伪的审美情趣所导致的文学/文化政策中的偏见或边缘化现象。

政治

欧盟成员国公民为本民族文学感到自豪，无可厚非。如果欧盟能够积极支持各国文学繁荣计划，致力于保护多样性而避免同质性，各成员国就会更加认同这一超国家组织。当前，人们针对全球化离心还是向心本质争执不定。在此背景下，促进文学繁荣具有重要意义。皮埃特斯①收集了同质性全球化与多样性全球化两组词汇，并进行了对比。前者包括帝国主义、依附、霸权、现代化、

① Jan Nederveen Pieterse，1946—，美国加州大学圣巴巴拉分校全球学与社会学教授，主要研究领域包括全球化、发展研究和文化人类学。

西方化等；后者则由相互依存、相互渗透、杂交、融合①、克里奥尔化②、交叉等构成（Pieterse 1995：45 – 67）。弗里德曼认为，“种族和文化碎片化与现代主义同质化并非当今世界发展中两种对立的观点；相反，它们反映出全球社会发展的真实状况”（Friedman 1994：102）。如果欧盟公开选择其中一种发展态势——现代主义同质化，势必遭受另一种态势——种族和文化碎片化的抵制和挑战。为了避免这种情况发生，欧盟需要促进文学和文化多元化，并且利用（全球化）离心概念，在欧洲地区建立一个以维护地域特色基础、相互连通的超国家机构。

政治与文学在想象中相知相惜，不断加强互动。欧洲议会文化产业报告的附件声明中有这样一段论述：

> 欧洲的文化身份与欧洲公民的历史记忆、社会意识以及政治态度紧密相连。作为一个政治实体，欧盟的存在和效率取决于一个共同的文化身份和作为这种身份表征的语言。只有欧洲社会全体公民都积极参与文化建设，并把其置于首要位置，“在多样性基础上寻求一致”的主张才能得以实现。显而易见，为了追求共同目标，欧洲文化身份必须和欧洲公民民主参与紧密相连。（Committee on Culture，Youth，Education，Media and Sport 2003：2）

如果欧盟内部不同民族不关注彼此的历史和文化，那么这些目标将难以实现。通过文学，来自不同国家/地区的人可以了解其他成员国的历史、生活方式以及世界观。

文学之所以具有上述功能，原因在于时间与深度之间的关系，或者在于文化关系构建过程中短期投资与长期使命之间的关系。作为政治公民和文化代言人，人所面临的一个难题就是文化评论

---

① Syncretism，指不同宗教信仰、哲学主张等的会合、调和与融合。

② Creolization，文化人类学术语，指两个完全不同种族的人通婚后生出的后裔既具有两个种族的生理特性，又表现出与它们区别开来的新特征。在语言学中，主要指两种语言在接触区相互碰撞，讲弱势语者去学习强势语时本土语言系统发生的变化。

家周若刚博士①所说的“(生存)依附经济学”。他指出,“一切所属或组织关系都需要时间。我们不可能以同样方式同时成为众多组织的成员,因为建立起一种所属关系不仅需要‘黄金时间’,还需要时间数量,来了解所属机构成员,他们/她们的动机和特质。”(Mulgan 1998:98)。就像人们不可能学会所有语言一样,他们/她们也不可能成为所有文化团体的成员。要想真正学会一种语言,真正领悟一种文化,每个人都要确保足够的时间来习得这门语言,融入这种文化。翻译经济学在某种程度上阻碍了英语单语主义②试图构建的一种趋于简化的互通性。换言之,以英语为母语的国家/人对学习外语学习的兴趣不断降低,在某种程度上可归结为他们在内心深处把英语视为当今(全球化)时代唯一的语言,即寄希望于不学习外语或不付出努力,便可坐享联结的便利和好处(Holborow 1999)。在当今这个时空压缩的世界中,人们往往更倾向于一阶③交换,而不是二阶交换,即在有限的时间里加快交流,在长期的、多维的、复杂的交流中尽量减少接触次数。

信息技术所支撑的网络在顷刻间把英语信息和形象传遍全球,几乎在一瞬间就形成了网状世界主义。这种世界主义的形成在一定程度上要归功于把信息译入网络市场主导语言的译者。然而,在全球化社区网络宣传中,遭到贬抑或忽视的恰恰是建立和维护语言(文化)联系所必需的各种努力、困难和最为重要的时间。相反,在文学上投入的时间导致一阶关系在依附经济学环境中得

---

① Geoff Mulgan,英国经济学家,杨氏基金会创办人,于1997年至2004年在英国政府任多个职位,包括政府策略小组主任、英国首相办公室政策主管等。

② 巴赫金(M. M. Bakhtin)认为,话语总是说出一种特定的世界观。参照其观点,早期社会的显著特征就是“独白性话语”(monoglossia),是稳定的、统一的语言。多语(Polyglossia)是指同一社会内同时存在着两种或以上的民族语言,这种现象是在古罗马和文艺复兴时期发展起来的。“杂语”(heteroglossia)(不同的语言/种类),是指在同一民族语言内部向心力和离心力、官方话语与非官方话语之间的冲突和张力(Morris 1994:248-249)。

③ first order logic,用来表示知识的重要方法。一阶逻辑是一种形式语言系统,可以看成自然语言的简化形式。由于它精确、无二义性,容易为计算机理解和操作,同时又与自然语言相似。相对简单的逻辑足以用来向人和其他的智能代理描述表示感兴趣的事情和应用,比如简单的具体事实、定义、摘要、推理规则、限制、元知识等。

到更多青睐;与肤浅的、二阶形式的接触相比,更有可能在较长时期内成为合作与理解的基础。在欧盟内部促进多样性发展和成员国之间理解,让联盟全体公民更加支持欧洲一体化进程,文学如何发挥其作用还有待探讨。为了实现这一目标,欧盟各分支机构应当统一行动原则,各成员国和地区之间也要加强合作。欧盟各成员在文化领域要达成共识,即欧盟作为一个跨国组织不应再重复那些(成员国)业已开展的行动。相反,欧盟应该把重心转移到欧洲地区协作行动上,在跨国或地区范围内创造出比单一国家/地区层面更多的附加值。

要在欧洲层面上探讨文学发展的理据,我们必须把和语言、文化以及翻译有关的、更为宏观的范畴考虑在内,这些只是欧盟工作内容的一部分。通过本地化进程,我们已经发现语言多样性推动了翻译业发展。当企业面向全球拓展业务,跨越时空的全球贸易把越来越多的产品以越来越快的频率输送到越来越多的地方;译者置身其中,倍感忙碌。考虑到世界范围之大,语言数量之多,在西方这个圈子①之外存在数以亿计的消费者,因此翻译在全球范围的潜力不可限量。但是,对无限性感到不悦的不仅是数学家,会计人员也青睐闭包②。翻译耗资且费时,二者在当代社会可以轻易置换。在新千年里,世界必将迎来新的景象,本地化只是这个进程中必经的中间阶段。

未来有可能产生一种以语言为基础的等级制度。在这一体系中,会说全球通用语的单语种精英阶层对新技术触手可得(就像信用卡广告语所说,"无论走到哪里,你都能听到自己熟悉的语言"),行使国际服务者的经济大权。不会说全球通用语的从属阶层只能寄望于本地化的慷慨赠与。换言之,一个能够**自译**或者**自主翻译**(就像学主人说话的卡利班③)的组群将与另一个组群形成对峙,后者处于**他译**或**依附型**翻译境地中,依赖他人的帮助。对于

---

① charmed circle,不轻易吸收外人参加的小集团或小圈子。

② closure,在计算机科学中,闭包是词法闭包的简称,是引用了自由变量的函数。这个被引用的自由变量将和这个函数一同存在,即使已经离开创造它的环境。

③ cali ban,莎士比亚剧《暴风雨》中出生在荒岛上的半人半兽怪物。

后者来说，还面临一个悖论：（语言上的）独立摆脱不了（翻译上的）依附。消费主义倡导独立、自主选择以及“直接”获取和选择自由。显然，“直接”已经成为我们这个时代最常见的企业用语，暗含着不同寻常的自我实现。当全球集团通过其广告公司发布信息时，能否获取原创产品日益成为企业声明和信誉的关键。所谓“自主”，就是能够使用（世界）主宰者的语言与他们直接交流。这就给那些需要翻译的群体带来了压力。在追求自主的过程中或在与通过网络操控世界经济巨头的直接对话中，译者可能被当成不必要的媒介，甚至是障碍。欧盟积极推行多语言制度，通过文化政策把文学定位在核心位置，必将促成一种完全不同的翻译理念——在当代社会中可以通过相互依存实现真正意义的独立。和暗藏着文化自我毁灭/自我消解的自主翻译相比，他译/依附型翻译作为一种有效的翻译方式，应得到提倡与发展。

为了从语言、政治、文化等方面制定一系列政策，把文学作为欧洲统一计划的核心加以推广，我们要铭记以下几点。首先，要把文学作为文化产业优先加以发展。2000 年，欧盟内部图书和学术期刊出版额达到 190 亿欧元，比音乐产业 130 亿欧元的年收入多出 60 亿欧元（Gill 2003），表明文化和音乐及电影一样，是欧洲最重要的文化产业之一。其次，欧盟成员国数量从原先的 15 个扩大到现在的 27 个，意味着各国公民有机会接触到来自更多国家的、不同民族的优秀文学和文化产品。最后，欧盟在这一领域政策产生了更加广泛的影响，主要体现在当代有关文化与全球化关系以及世界主义实践新形式的各种讨论中。

国家和地区性组织应保护文化多样性，防止地区文化受到垄断以及文本和思想不平衡流动造成的同质化倾向。上述理念在世界范围内已得到越来越多的认同。在 2001 年召开的联合国教科文组织第 31 届大会上，185 个成员国一致通过了《世界文化多样性宣言》。宣言第 1 条声明：

> 作为交流、创新和创造的源泉，文化多样性之于人类就如同生物多样性之于自然界。从这层意义上说，文化多样性是

全人类共同遗产,理应得到重视和保护,以造福子孙后代。(UNESCO 2004)

我们正面临双重挑战。首先,欧盟或者其他区域性政治组织如何应对像美国在线时代华纳这类媒体巨头掌控的规模经济?这家公司年营业额超过400亿欧元,员工超过80000人。以单一语言生成的廉价产品在全球范围内传播,根本无益于文化多样性进程。其次,如果不能在跨国层面上形成推动文化多样性的有效政策,对文化差异的诉求虽然不会消退,但只能栖身于各种本质主义形式中,后者以文化差异名义只会导致分离与隔离,而不是交流与理解。因此,在探寻全球化的人性化形式中,翻译处于核心位置。在下面一章关于翻译作用的讨论中,我们将把重点从产品、信息和文本的跨域流动转向人类自身的移动,这也是希罗多德关注的焦点。

第二章　翻译与移民

1949年,瓦伦·韦弗①在一篇备忘录中提出借助机器实现语音翻译的构想。他以巴别塔为原型,心里想的却是那些战后来到欧洲、居住在高楼里的无数移民:

> 想想那些居住在一座座封闭高楼中的个体,这些高楼矗立在共同的基础上。当试图彼此交流时,他们只能从各自封闭的塔楼里大声叫喊。当一个人从高处走下来时,却发现自己置身于一个开阔的、共有的地下层。在这里,他/她与从其他高楼走下来的人们展开了轻松而有效的交流。将汉语译成阿拉伯语或将俄语译成葡萄牙语的真正方式或许并不是直接在楼间呼喊,而是从每一种语言下降并回归到人类交流的共同平台——一种真实存在但尚未被发现的通用语言,然后以某种便利的途径予以再现。(引自 Silberman 2000:226)

在人类共同的地下层,交流是一件轻松自如的事情,所有人都能轻易地掌握通用语言。在韦弗想象的封闭高楼里,人们有着不同的语言背景(汉语、阿拉伯语、俄语、葡萄牙语等)。但在互通的地下,呼喊声逐渐消失(外乡/异域人都耳背得很),"实用"是交流的原则。

作为机器翻译的先驱,韦弗在其乌托邦式的备忘录中巧妙地

---

① Warren Weaver,1894—1978,美国数学家,机器翻译的早期研究者之一,多项科学研究的早期推动者。

再现了翻译和移民之间的历史和宗教渊源。人们试图在示拿①平原上建造一座塔和城,是为了停止不断的迁徙。“为要传扬我们的名,免得我们分散在全地上。”(Genesis 11:4)语言混乱之时,也是人们被迫出走之始。当城市建设者被迫从说同一种语言的地下层向上攀升时,语言不再相通,翻译——一种被动的、面向不熟悉、不确定因素的探索和旅行——就此出现。“于是塔(这座城)被称为巴别②,因为上帝在此把人类共同的语言变乱,迫使居住于此的人分散到世界各地。”(同上,9)

沿着不同的路径,韦弗设想中的公寓居民来到了密封的、相互隔绝的大厦中。只有下到开阔的地下层,他们才能克服命中注定的流散。我们将在本章探讨这种(语言和身体上的)流散所带来的后果,探究当代环境中构成翻译、移民和身份之间关系的各种要素。我们将以爱尔兰及其他地方的发展为例,审视现代社会中人口迁移对翻译理论带来的深远影响。

移　民

根据联合国人口司2002年发布的报告,全球有超过1亿7500万人居住在出生地之外的国家。1975年至2002年,全球移民总数几乎翻了一倍多。移民主要居住在欧洲(5600万)、亚洲(5000万)和北美(4100万)(United Nations Population Division 2003)。在发达国家,移民占总人口的比例约为1/10;而在发展中国家,这一比例仅为1/70。据估计,1995年至2000年,流入发达国家的移民总数增加了1200万。2000年至2005年,有28个国家通过净移入人数③止住了人口下滑或使人口自然增长数(出生人数减去死亡人数)增加了至少一倍。位列其中的国家有奥地利、加拿大、克罗

① Shinar,参见《旧约·创世纪》第11章描述:古时候,天下人都说一种语言。人们向东迁移时,走到一个叫示拿的地方,发现一片平原,就住下来。他们计划修一座高塔,塔顶要高耸入云,直达天庭,以显示力量和团结。

② 在希伯来语中,“巴别”是“变乱”的意思,于是这座塔就称作“巴别塔”。也有人将“变乱”一词解释为“巴比伦”,称那座城为“巴比伦城”,称那座塔为“巴比伦塔”。

③ net immigration,指从某一国家/地区移出与移入人数之间的差。

地亚、丹麦、德国、意大利、葡萄牙、卡塔尔、新加坡、西班牙、瑞典、阿拉伯联合酋长国、英国等（United Nations Population Division 2005）。联合国人口司在2005年预计，从2005年到2050年，迁入发达国家的移民将达到约9800万。移民净迁入国主要有：美国（每年110万）、德国（每年20.4万）、加拿大（每年20.1万）、英国（每年13.3万）、意大利（每年12万）、澳大利亚（每年10万）等。移民净迁出国主要有：中国（每年33.3万）、墨西哥（每年30.4万）、印度（每年24.5万）、菲律宾（每年18万）、巴基斯坦（每年17.3万）以及印度尼西亚（每年16.8万）（United Nations Population Division 2005）。

当今及未来移民的一个显著特点是全球范围的人口差异。据估计，2005年至2050年，发达国家人口将保持稳定，维持在12亿左右，而50个最不发达国家的人口数将翻倍。在这一时期，其他国家的人口数将由45亿上升至61亿（United Nations Population Division 2005）。移民现象不仅对自身经济状况有直接影响，还有一个附带的重要影响，即劳工汇款。比如，2000年，侨汇让萨尔瓦多、厄立特里亚国、牙买加、约旦、尼加拉瓜、也门等国的国民生产总值（GDP）上升超过10%（United Nations Population Division 2002）。侨汇是外汇收入的主要来源，可用于进口生产资料、增加家庭收入和存款、购买商品和服务。此外，侨汇还能为母国企业家们提供投资基金。移民可能是鲍曼①（Bauman 1998）所说的“全球游民”，目的是寻找与其技能相匹配的机会或更多机遇；也可能是拉塞尔·金（King 1995）所称的“后工业化移民”，他们可以在任何地方接受低薪工作。此外，还有一些人由于国内冲突、战乱或迫害而被迫出走。

在一个多语的世界里，移民活动暗含了语言和文化的转换。虽说单一语言从未被（人类）默认为事实（Edwards 1995），但要设定它是或有可能是更为困难，因为随移民而来的新语言可能会让

---

① Zygmunt Bauman，1925—，波兰社会学家，因反犹主义被迫离国，成为英国利兹大学社会学教授，是当代西方研究现代性与后现代性问题最著名的社会理论家之一。

单一语言的、集团制下的民族国家难以维持对单一语言的忠诚与信奉。在某种程度上，移民就是被翻译的对象。当他们从原语及原语文化迁移至目的语及目的语文化中时，**翻译**在两个层面上发生了：一种是身体的迁移或位移；另一种是象征性的，从一种说话、写作及认知方式转换为另一种说话、写作及认知方式。就像安妮·玛莉娜所言：

> 从不同角度看，移民都是"被翻译的人"。他们离开熟悉的母语环境，来到目的语文化中。受所处社会阶层、受教育程度、移民原因等一系列因素影响，他们/她们对目的语文化可能一无所知，也可能略知一些。在大多数情况下，他们为了工作必须学习一门新的语言或提高这门语言（外语）的技能。移民离乡背井，是为了改变自身处境。在不断调适的过程中，他们的个体和集体身份将不断蜕变。（Malena 2003:9）

因此，翻译既不是空洞无用的理论推测，也不是为了激发学究兴趣而进行的刻板课堂练习。翻译是一种真实的、当下的、具有紧迫性的问题。在很多情况下，翻译（自发的、主动的）和被译（依附他人完成的）的能力事关个人存亡。

亚历山大·毕斯科夫和路易斯·卢丹发现，由于无法获得有效的（医疗）口译服务，不会讲法语/英语的（只会说母语）移民较少能够得到医疗跟踪诊断机会；和当地人相比，他们/她们也不太会来复诊，或遵从医生处方。口译服务匮乏导致医生更多使用临床诊断，预防性体检（如乳房触诊）和血糖跟踪监测率降低，病人满意度相对较低（Bischoff & Loutan 2004：183；Sarverand Baker 2000：256－264；Pitkin & Baker 2000：76－91；David & Rhee 1998：393－397；Hampers 等 1999：1253－1256；Woloshin et al 1997：472－477；Karter et al. 2000：477－483；Carasquillo et al 1999：82－87）。对难民或寻求政治避难者来说，翻译关系到当事人的前途/命运。索尼娅·坡拉保尔在研究奥地利格拉茨避难听证会时发现：

> 为逃命或追寻更好生活而离开故土的人需要译员帮助才能发出内心的声音。比交流中断更可怕的是误解,因为这可能导致当事人被遣返。和其他类型的社区口译有所不同,在移民/政治难民口译中,误解不仅有损当事人的形象,提供有关当事人的不确当信息,让当事人蒙受经济损失;在某些极端案例中,误解简直就是死刑判决。(Pöllabauer 2004: 143 - 144)

移民是地球上争议最多的现象之一,它关系到社会、文化、政治、经济等方方面面。翻译是移民问题中的重中之重。此外,由于受全球人口流动趋势、不断拉大的收入差距、不断增加的地区政治冲突等因素影响,移民将是一个长期的引发世界关注的现象。翻译已经嵌入移民的迁移和生活。针对移民这一既与当下有关同时又极具分歧的问题,翻译研究要想有所作为,必须考虑并解决哪些问题呢?

文 化

特里·伊格尔顿[①]注意到,在后现代主义的特殊版本中,对一种基本理念的质疑有可能形成新的基础论:"费什、罗蒂等反理论学家可能将一种理论基础转化为另一种。当今世界的基础既不是上帝,也不是自然,而是文化。"(Eagleton 2004a: 58)20 世纪 70 年代后期到 80 年代,翻译研究中的"文化转向"[②]表明,文化作为一个基本理念已经深深嵌入翻译这个新学科,并为其注入前所未有的活力。"文化"的不确定性并不在于我们到底是在人类学层面(人们日常生活中的所为)还是在美学层面(人们在创造性表达中

① Terry Eagleton, 1943—,当代著名西方马克思主义文学理论家,具有独特风格的文化批评家。

② 研究者借用各种当代文化理论考察、剖析翻译作为一种跨文化交际行为在目的语社会中的巨大影响和作用,展现出翻译研究的巨大空间和发展前景。

的所为）使用这一术语，而是在于不同文化如何理解“文化”一词的含义。

加文·迪特里指出，“在当今社会，人们仍或多或少地将文化视为种族化的、属于某一族群的一种不变且有界的生活方式”（Titley 2004：9）。因此，人们继续将文化视为一个民族最基本的生活方式，并把它与地缘政治联系起来。从根本上说，“‘文明冲突’论（将文明作为文化的总称）之所以受到如此关注，是因为根植于文化基本主义中非此即彼的对立思想迎合了复杂的地缘政治世界”（同上，11）。由此可见，单一文化是作为文化生灵或语言动物的人类所共有的，而多元文化组合才把他们/她们相互之间区别开来。前者让翻译成为可能，后者迫使我们不得不翻译。当今世界，图像、信息、人员和商品大规模流动，维持“有界的、一成不变的文化”日益困难。迈克·费瑟斯通①和斯科特·拉什指出了当今世界中文化和身份静态概念的脆弱性：

> 人们假定文化具有连贯性和秩序，从而为固定身份的形成提供基础；但是，文化似乎再也无法充分完成这一使命了。随着文化产品日益增多，传播方式日益复杂，文化和身份之间的联系也愈来愈不稳定；生活在一个文化相通的世界并共享一种常识性的、理所当然的文化内涵，这种可能性日益降低。实际上，我们在学界内外都必须开展更多的文化工作。（Featherstone and Lash 1999：1）

显而易见，文化工作中要涉及语言。当说不同语言的人来到同一个国家，在人类交流和语言接触最为基础的层面上，从语言乃至文化层面来看，都不可能采用“常识性的、理所当然的方式”进行交流。

但是，对差异可以采取不同的应对方式。如何看待差异将直

① Mike Featherstone，1946—，伦敦大学戈德史密斯学院社会学教授，理论、文化与社会中心主任。

接影响到对差异的应对方式以及相应的翻译策略。就像布拉所言：

> 对差异不同的理解导致了不同的社会结果。这取决于把差异（体验）视为正常的、处理问题的不同方式，还是用带有等级或不予接受的态度、情感去对待差异，后者将其看成是对自身生活方式的威胁。（Brah 2004：36）

20 世纪后期，政治激进主义的一个特点就是关心社会中的少数族裔，以及他们/她们对自己文化习俗的合理诉求，其中包括使用母语的权利。从法国地方及区域团体的语言行动主义，到亚马孙丛林原住民对自身部落习俗和权利的捍卫，类似行动对民族国家公民资格的单一文化标准以及被迫融入地区主流文化的做法提出了质疑（Branchadell & West 2005）。越来越多的人主张，无差异的平等其实就是（有差异的）不平等，在平等基础上保持差异的权利与必须同（特定）社会中的主导群体保持一致在本质上截然不同。艾瑞斯·玛瑞恩·扬指出，“只有当特殊经历、文化及社会贡献公开得到了肯定与认可，（少数）族群才能在社会中获得真正平等”（Young 1990：37）。因此，通过开展种族文化传统教育，把不同语言纳入国家教育体系，维护少数种族宗教信仰并为他们/她们提供必要的公共服务等一系列政策，可以促进少数种族文化权利的合法化。

这一系列政策被称为“多元文化主义”，或者说催生了多元文化公民权观念（Kymlicka 1995）。从某种程度上说，为社区中的移民团体提供口笔译服务可以视为当局推行多元文化主义的范例；根据需求提供相应服务，也是主流政治团体不得不接受多元文化主义的表现。然而，在批评人士看来，多元文化主义可能面临着与文化相同的责难。柯尔莫·奥森内德提出，“静态的文化观念忽视了（社团）不断流动和变化的本质，基于这一观念的‘差异多元文化主义’把少数族群定义为不变的文化共同体”（O'Cinneide 2004：49）。多元文化主义非但无法推动对文化差异的了解，反而会加深文化隔膜，迫使不同种族的人缩回到身份政治的藩篱之内，藏身于预先定制而且相互排斥的文化体系内。此外，多元文化论的一个潜在危险是它可能会强化种族差异和文化自治概念，成为种族主义者和反移民团体的利器（Malik 1996）。当前，移民群体可能由于“文化的”差异，而非“种族的”弱势地位，成为攻击的对象。在差异种族主义伪善的外表下，移民身上早已被刻上出生地文化的烙印，对移民的翻译在很多情况下都属于误译。

和多元文化主义有所不同，跨文化主义旨在“推动不同文化间的互动、理解与融合，注重主流团体和少数族裔之间的沟通”（Ging and Malcolm 2004：127）。当然，和“文化”一词一样，不同人对“跨文化”的理解也不尽相同。易本森·詹森将跨文化交流研究文献分为两方面。一方面，实用主义研究法试图预测文化如何影响交流，并设法证明文化差异有可能对交流造成阻碍。在一些文化中，进门后要脱鞋，受邀赴晚宴时不能送菊花，与别人握手时最好左手放入口袋等行为可以有效调和文化差异，可以保证跨文化双方在晚间相处愉快。另一方面，后结构主义研究法将跨文化交流视为“与权力、政治话语、‘他者’构建等问题有关”（Jensen 2004：83）。实用主义者把文化视为本质，后结构主义者将其视为关系；两相比较，人们借助前者更容易找到并学会“恰当”的行为。

尽管多元文化主义者与跨文化主义者在交流程度上有所不同（从这两个词本身就可看出差别），实用主义者和后结构主义者在权力问题上似乎也意见相左，但真正困扰多种族或多族群社会分析家的却是对文化本身的关注。比如，阿拉娜·兰廷指出，

> 很多理论家、艺术家、音乐家及作家都强调文化身份的流动性，但很少有人探究文化主宰理解的深层原因，导致文化研究无法对政治或政策制定产生重要影响。从文化角度思考差异，就不会再关注种族，从而有效避嫌种族主义，这种做法巧妙掩盖了种族主义预先设定的等级制度，让其得以维系。（Lentin 2004：99）

危险在于，人们仅仅将文化视为无关痛痒的政治。与讨论民族社会中种族主义的结构影响相比，维持文化多样的积极形象并对种族暴力采取分别应对的方法要相对容易。

近几十年来，由于经济、政治发展及人口迁移等原因，导致移民规模不断扩大，多元文化主义、跨文化主义以及文化多样性在很多（国家）社会中成为热点。人们之所以关注这些问题，和当前世界日益凸显的关联性密切相关。约翰·汤姆林森[①]指出，“全球化的威力在于对地域本质的改变”，相较于那种自上而下、不加辨别地采用宏观全球化视角，考察某一特定地区对全球化影响的感应和变化显得更为实用（Tomlinson 2004：26）。换句话说，在莫斯科麦当劳餐厅就餐的人不一定都是跨国资本的狂热追求者。在某种程度上，汤姆林森的观点与上一章提出的微观世界主义视角相似。我们可以从两个方面来考察本地对全球化影响的反应。

一方面，就像玛丽·卡尔多[②]所述，全球化对某一社会/团体造成的冲击越大，作为一种抵制的地区或特定身份认同就越强烈，而且这种抵制（无论对错）被当成对差异的敌视。另一方面，“去疆界化”这一概念意味着文化与地理以及社会边界之间的“自然”关系日趋消减。正如汤姆林森所说，“去疆界化意味着文化的地理位置意义在消退，这里所说的地理位置不仅涉及身体、环境、气候等方面，还包括在此基础上产生的自我界定、种族边界以及划界行为”（同上）。作为一个岛国民族独特的、受自身地理和历史影响形成的文化表达方式，英语已经成长为一门世界语言；尽管仍带有英国特色，但它的发展早已超越发源地——英国的地理边界。

针对“去疆界化”，社会中可能再现本质主义或特殊差异诉求，并试图重新设定地域或社区之间的边界，这一点把上述两种情况联结到一起。比如，杰拉德·德兰蒂（Delanty 2000）注意到：近年来，欧洲反移民情绪不断高涨。民族国家在全球新秩序中地位不

① John Tomlinson，英国诺丁汉特伦特大学（Nottingham Trent University）文化社会学系教授兼研究中心主任，以研究全球文化著称。

② Mary Kaldor，1946—，伦敦政治经济学院教授，主要从事人类安全和公民社会研究。

断下降,移民在(衣着、婚俗、性别角色、宗教地域等)文化层面被视为他者,(由于对福利的竞争)在社会中也不受欢迎。新跨国自由主义对居住国社会福利供应和服务的攻击引发了一种特殊的社会福利民族主义,后者通过文化差异将移民视为社会、经济混乱与分裂的原因。通过上文我们可以发现,把文化纳入排外政治引发了不少问题,比如文化究竟如何构建?是否真正存在?与之相关的一个问题是:个体身份是怎样形成的?身份到底是与分离或自治有关,还是一种“辩证的、内在关联的、由他者定义的”结构?(Bagnoli 2004: 58)。尽管“自治自我”这一概念在西方社会备受推崇,但不通过自身与他者的联系,就无法定义自我。如果万物皆同,就不会有差异;如果没有差异,就不会有身份。因此,差异对身份构建至关重要。“对话自我”(Hermans 2001: 243 - 281)是过程主义的自我,它需要和他者(既可以是真实的,也可以是想象的)进行持续的对话,从而确切地感知自己是怎样一个人。当然,这个无止境的校验过程将会持续一生。因此,在自我和文化两个层面上对互联世界中的生活方式进行思考,开放性的相互依存显然比本质主义的自治更加令人信服。

地　域

为了探究移民与身份、文化和翻译之间的关系,我们要响应汤姆林森的号召(参见原著 49 页),更多地从地域层面关注全球化造成的影响,审视爱尔兰这一特定区域中移民模式的巨大变化对翻译造成的影响。几百年来,爱尔兰与其说是一个(移民)目的地,还不如说是爱尔兰人的记忆。据说爱尔兰回旋镖和澳大利亚回旋镖有一个明显不同:那就是镖一旦飞出,就再也不会回来,尽管听起来像又回来了。在 20 世纪大部分时间内,爱尔兰都是一个移民净输出国。尽管在 1922 年就获得独立,爱尔兰年轻人仍不断涌向国外劳动力市场(Lee 1989)。这种情况在 20 世纪 50 年代表现尤为明显,以至于当时有一本畅销书就叫《正在消失的爱尔兰》(O'Brien)。60 年代,伴随经济改革和贸易保护主义政策的取消,形势有所改善。但是，由于70年代末和80年代经济严重衰退，导致爱尔兰后来成为欧盟内移民净移出率最高的国家（Clinch et al. 2002：24－42）。

然而，到了90年代，这个国家的移民格局发生了巨大变化。从1996年至2002年，超过25万人来到爱尔兰生活，他们/她们中一半以上都是外国人。爱尔兰面向欧盟国家移民签发的工作许可证由1999年的5750个上升到2002年的40504个。到2002年底，爱尔兰已成为欧盟内部最大的移民净输入国（Ruhs 2003：3）。新移民多为从海外归来的爱尔兰人或经济移民。在净移入人口中，政治避难者和难民自1995年以来占10%（Ward 2002：27）。2005年，移民约占爱尔兰工作人口6%，预计到2020年这一比例会升至10%。从2005到2020年这段时间内，爱尔兰每年需要输入45000名移民工作者，才能满足经济不断发展的需要（Lally 2005：11）。

大量涌入的移民导致爱尔兰语言环境产生了剧变。尽管在（除英语、盖尔语外）语言能力方面上缺乏现成的综合数据，我们仍可以通过对比不同来源的数据了解发生的变化。在一项关于都柏林地区成年难民语言和教育需求的研究中，坦妮亚・沃德发现东区医疗局辖区范围内的服务对象来自78个不同国家或地区。在一份针对避难者的抽样调查中，她发现反馈者所说母语总数达到了63种。其中，说罗马尼亚语者比例最高，为28%；来自非洲主要语系——尼日尔－刚果语系的班图语位居其次，约占13%（其中11%的人说约鲁巴语，2%的人说伊博语）。其他语言还包括俄语（8%）、阿拉伯语（7%）、法语（5%）、英语（4%）、波兰语（3%）和阿尔巴尼亚语（2%）。剩下26%的人口所说语言种类有53种。俄语使用者主要来自俄罗斯、阿塞拜疆、乌克兰和塔吉克斯坦。以法语为母语的外来移民主要来自前法国和比利时殖民地，比如刚果民主共和国、科特迪瓦、喀麦隆，另有一些来自罗马尼亚和乌干达的移民把法语作为第二语言使用。

仔细研究1999年到2003年来到爱尔兰的经济移民，我们就会发现，虽然他们来自152个不同国家或地区，但排名前十位的国家输出的移民数达到移民总数一半以上。其中，排名前五位的国家分别是拉脱维亚、立陶宛、菲律宾、波兰和罗马尼亚（Ruhs 2003：5）。再看看来自其他欧盟成员国的移民。2002 年人口普查显示，非英语国家的移民主要来自德国（8770 人）和法国（6794 人）（Cullen 2003：3）。东区医疗局声明它要为多达 130 种不同语言的人提供医疗服务，而爱尔兰法庭要为 210 种不同语言的当事人提供法庭口笔译服务。这些都揭示出爱尔兰社会语言构成的巨大变化。2000 年，国家电视广播公司（RTE）推出“同一个世界”节目，每周在工作日通过中波频道用 12 种语言播放同一节目。同年，波斯尼亚语节目“社区公告”（Bilten Zajednice）在都柏林凤凰电台开播，它通过调频 105.2 兆赫，为分布在都柏林布兰察斯镇、卡索诺、克朗西拉地区的 1000 多个波斯尼亚社区提供每周一次的广播服务。2001 年，安娜·丽维亚调频广播用中文开播了一个叫“Dodo 时刻”的半小时节目，主持人分别是侯万玲（音译，人们叫她 Dodo）和奥利弗·王。

移民流动的巨大变化究竟对翻译造成了哪些影响呢？针对并非爱尔兰独有的大规模移民现象，翻译又能告诉我们什么呢？结合移民适应新语言环境的不同方式，我们也许能发现两种不同的应对策略：一种可以被定义为“翻译同化”①，这种策略追求把自身译入所居社区的优势语言体系中；第二种也许可以被称作“翻译调适”②，根据这一策略，移民在适度或尽量习得移入国/主流语言的同时，在转换过程中保持并维持自己的母语。这两种策略并不互相排斥；在不同语境或不同时刻，移民可以任意选择其中一种。

---

① 同化原本是一个生物的概念，指有机体把外部要素整合进自己结构中的过程。在认知发展理论中，同化是指个体对刺激输入的过滤或改变的过程。也就是说，个体在感受到刺激时，把它们纳入头脑中原有的图式之内，使其成为自身的一部分，就像消化系统就营养物吸收一样。

② 调适是指有机体调节内部结构以适应特定刺激情境的过程。调适与同化同时进行。当个体遇到不能用原有图式来同化新的刺激时，便要对原有图式加以修改或重建，以适应环境，这就是调试的过程。从本质上说，同化主要是指个体对环境的作用，调适主要是指环境对个体的作用。

翻译同化

澳洲艺术家雷纳·加纳尔指出了语言学习的市场价值，以及熟悉一种语言和了解自身权利之间的紧密关系。“移民在移入某一国家后，如果不能掌握这个国家的优势语言，将在生活和工作中陷入困境。”（Ganahl 2001：30）沃德发现，语言能力低下的难民根本无法应对日常的机构话语，“由于不具备英语交流能力，难民无法完成最基本的日常事务，比如向医生提供过往病史、填表或和公务人员打交道”（Ward 2002：72）。作为经济融入和社会生存的必要手段，交际能力至关重要。基于这一点，移民接收国开始为移民开办语言课程，强调学习优势语言是确保成功融合的关键。

在何种程度上实现转换与社会经济环境有一定关系，后者经常会对“翻译同化”所追求的语言融入造成阻碍。不少人认为难民可以学会基本的、应付日常交流的英语，并且可以通过工作提高语言熟练程度。在《异域之风》这本关于（被邀请到美国定居的）印度难民的书中，托勒弗森（Tollefson 1989）指出了这种观念的局限性。一些人从理论上认为语言能够帮助难民更好地融入美国社会；在美国同事帮助下，难民在融入过程中也能把英语学得更好。但是，这种情形虽有发生，却极其罕见。从事劳动密集型、低技术含量工作的难民很少有机会和当地美国人进行交流。此外，由于收入低下，他们只有通过延长工作时间，才能维持家庭日常开销。由于生存环境所迫，这些难民很难有机会接触到母语使用者，因此很难融入美国主流社会。

把自己译入当地语言，不仅可以理解当地社会思考和运转的方式，还能让自己成为更积极的、真正意义上的社会成员。来自阿塞拜疆的马亚姆·施林扎德把翻译同化视为抵制种族主义抬头的有效方法：

> 在都柏林，不少人似乎都和外国人保持距离，但是我更担心有朝一日会出现公开的敌对行为。在我看来，只有当都柏

> 林成为真正的国际大都市,或者居住在此的移民都能用英语交流,这种(对立)情况才会消失。(Shirinzade 2001: 20)

需要指出的是,对移民而言,这位阿塞拜疆评论员所说的世界主义意味着不仅能和当地人交流,还能和新到这里的说其他语言的人交流。伊朗妇女玛茵·塞菲达瓦弗因为信仰巴哈伊教[1]遭到迫害。她把语言看作她在爱尔兰获得当地人接受的关键所在,就像一篇描述她经历的文章中写的那样,"初来乍到,她并没有遇到任何形式的种族歧视。她相信这是因为自己很好地融入了这个社区。她学会了英语,可以和当地人很好地交流。"(McCarthy 2000: 14)

玛茵·塞菲达瓦弗的成功并非偶然,因为她于1998年参加了一个叫 Zena 的试点项目,这一项目试图通过英语培训课程帮助波斯尼亚妇女融入当地社会。在翻译同化理论中有一个重要的性别维度:由于语言能力低下或不足,那些来自特定移民社区的妇女很难进入公共领域。这正是甘达拉[2]在《跨文化主义、教育和包容》一书中所强调的问题:

> 在不同技术和知识阶层,男人更容易成为双语使用者,在工作和生活中使用双语。但是,在底层社会,女人/女孩只会说一种语言,缺乏工作技能,只能做一些传统的工作。在成长过程中,男女生在语言学习、技能发展以及所应对的知识体系等方面出现差别,导致女生表现不佳以及在社会上的孤立,并随之产生各种社会和心理问题。(Gundara 2000: 72)

无法被译入当地语言文化体系,导致妇女无所适从。她们只能依赖会说双语的男性或孩子获得生计。因此,争取自主翻译(女性移民自己掌握翻译过程)的权利,而不是依赖他人翻译(由他人控制翻译交流),是女性移民获得解放的重要因素,可以提升社会

---

① Baha'i Faith,创立于一个半世纪以前,发展迅速的世界性宗教信仰,核心教旨有三条:上帝唯一,宗教同源,人类一家。

② Jagdish S. Gundara,1938—,伦敦大学教育学教授,著名教育理论家。

幸福感，促进她们的心理健康。

社区移民经常面对的一个问题是：在个人的翻译经历中，目的语到底是何种语言？换言之，语言课上所设想的情景是否与生活中的语言现实相一致？不少国家的优势语言是英语这样的国际语言。对初来乍到的移民来说，这类问题尤为突出。翻译同化暗示着语言是（移民）优先进入社会的特殊通道。语言本身就是文化一个转喻性的表征。要想真正学会一门语言，就要充分了解内嵌在语言之中的文化。在给新来移民的建议中，现在爱尔兰工作的瑞典室内设计师帕拉·波特森明确表达了这一观点。她认为移民要下工夫学好当地英语，包括各种微妙之处，"只有经过日积月累才能学会各种日常用语和俚语，了解爱尔兰人的处事方式格外重要"（Lebedeva 2001：12）。对刚到爱尔兰的英语初学者，波特森提出了至关重要的一点：日常语言和俚语。对于那些已经懂一些或很多英语的移民来说，作为世界语的英语和当地人说的英语之间有不少差别，很容易造成理解上的障碍。

（英语）语言知识期许的融入并不可靠。口音和用词不同、话语的元交际模式等让意义变得捉摸不定。无缝隙的全球化变成了令人费解的、神秘的本地特色。就像圣詹姆斯医院的菲律宾护士戈洛温娜·阿克塔伯·巴图里所说的那样，"爱尔兰口音和俚语对我来说太难了；为了得到清楚的信息，我必须反复询问病人到底是什么意思。可在菲律宾国内，英语是第二（官方）语言"（Onyejelem 2001b：2）。爱尔兰的语言现状让在此学医的博茨瓦纳学生马拉博·柯巴波尼亚对双语有了新的理解："在国内我说塞茨瓦纳语，同时把英语当作官方语言学习。在爱尔兰，人们说两种英语，一种是街头英语，另一种是正式英语。街头英语真的很难懂。"（Onyejelem 2001a：17）语言可以视为进入文化的通道。但是，很多移民的经历反映出所谓工具透明性——语言可以被轻松掌握，无须太多的、具体的文化适应过程——实际上并不是这么回事。通过日常交流和对话，英语成了了解爱尔兰人的特殊途径；反过来，爱尔兰人所说的英语让我们认识到：被我们当作世界语学习的英语并不是一种单一的、可随意转换的、在全球范围内通行无阻的语言。

虽然在一定领域存在,恰当的、以目的语为导向的翻译实践不一定都要尽力贴近全球语言的主流/都市形式;相反,需要一种二次翻译过程:母语→全球语,全球语→地域变体。双重转换揭示出移民团体在翻译中面临的难题,在诸多层面以相同方式凸显了爱尔兰文学复兴缔造者所面对的特殊性和当地身份问题:通过把欧洲大陆语言译成英语,他们在爱尔兰语-英语混合语的基础上创造出一种全新的文学语言(Cronin 1996: 138 - 143)。把外来事物译入目的语彰显了外来者的差异,(因为)差异引发新的不同,焕发了乔伊斯的审美直觉。在《芬尼根守灵夜》里,他通过独具特色的文字展示出都柏林语言和话语的独特和奇妙之处。

在华裔翻译理论家欧阳桢看来,早期的罗马共和国、唐代的中国、伊丽莎白时代的英国、明治时期的日本有一个相同之处,就是大量引入外来文化。这种做法非但没有消减,反而增强了这些国家在语言和文化上的自我意识。乔伊斯让我们认识到,在翻译过程中除了接受,还有改变。在"The babbelers with their thangas vain have been (confusium hold them!) they were and went; thigging thugs were and houhnyhymn songtoms were and comely norgels were and pollyfool fiansees."(Joyce 1939: 15)这句话中,乔伊斯的英语融入了拉丁语、丹麦语、爱尔兰盖尔语和法语,印证了翻译所具有的颠覆和变革潜能。伴随移民的到来,他们的语言为当地语言(英语)注入了不同寻常的视点和表达方法。

尼日利亚英语、菲律宾英语、罗马尼亚英语会给爱尔兰英语带来何种影响呢?在爱尔兰这个岛国,移民聚居区也是翻译频繁发生的区域。各种不同的表达方式/俚语相互渗透,最终会出现一种什么样的英语?现在讨论这个问题可能为时尚早。就像玛丽娅·铁木志科所言,翻译并不是一种替代隐喻过程,即一种语言/文化完全替代另一种语言/文化(或者一种语言/文化完全屈从于另一种语言/文化),而是一种带有连续性和联结功能的转喻过程。她指出,

> 当然，不同的评论家会有不同的规范。把翻译看成替代会滋生一种二元的、对立的、非此即彼的话语模式。相反，用转喻法探讨翻译显得更为灵活，可以生成一种相互联结的方法，帮助我们发现特权级层的差异、完全或部分对应、共同存在的价值体系等。（Tymozcko 1999：282）

转喻性的微妙变化（而非隐喻性的完全侵占）形成了一个完全不同的习语，习语中内嵌多重翻译踪迹，所谓的“完全或部分对应”成为引发语言变革的场点。

当目的语为英语时，翻译同化的另一种情形和英语的移动性有关。之前我们曾讨论过当代全球化英语的“去疆界化”形态。在对濒危语言地区的描绘中，加拿大旅行作家马克·埃布里谈到了英语的掠夺性和扩张性，“现代英语简直就是语言世界中的沃尔玛：方便，巨大，难以抗拒，表面上友善，在不断扩张中吞噬着一个又一个竞争对手”（Abley 2003：56）。扩张意味着移动和替换。从某种意义上说，英语作为一门世界语言已经成为“一种过渡语，一种移动的语言”（Ganahl 2001：29）。英语不仅在理论上让移民得以融入英语国家，历史传播以及在多媒体和网络空间中的主导地位表明它是一个片刻不停的移动体。在文化产品（比如美国电视剧或美国都市特殊亚文化）全球化影响下，对那些希望通过（习得）语言融入爱尔兰文化的年轻移民或第一代移民来说，他们/她们所学会的英语将不再是具有爱尔兰特色的英语，而只是带有当地口音的英语全球流动体，也就是法国评论家所说的“全球语”[①]（Nerrière 2004）。越来越多的以英语为母语的人将说着一种错位的英语，而这种英语也让说话人感到无所适从，导致说这种语言的人（不管是当地人，还是外来移民）终究离不开翻译。

---

① le globish，global 和 English 两个词组成的合成词，由法国评论家 Jean-Paul Nerrière 提出，指一种枯燥、无习语、词汇贫乏的简化版英语。

翻译调适

尽管有可能在不同阶段出现，移民团体都要面对同样一个问题——对翻译采取何种态度？翻译到底应该是单向的、同化式的？还是在某些时刻（作为一种抵抗形式）拒绝被翻译进优势语言，或要求把当地语言译入移民语言，以维护移民使用母语的权利？在《公共文化》[①]杂志“全球市场中的翻译”特刊中，伊丽莎白·波维内利在编者按中提出，当我们谈论文化产品、文本以及意义的流通和传播时，不能想当然地认为越多越好、越容易得到的东西越有价值：

> 如同文化流动无处不在的观点一样，对于一项社会实践、文本或理想而言，要想触及受众、激励大众、获得评论，并以此重塑公共文化，就必须移动，通过一种开放形式实现最大程度的认同。在自由和资本文化中，规模和价值通常以一对一的方式彼此关联。但是，这种方式并不是一成不变的。许多文化形式恰恰通过明显地域性和有限市场而彰显其价值。(Povinelli 2001：X)

翻译调适与追求显著地域性的主张密切关联，反对把翻译活动当作一种普遍主义的放任形式。这种抵制采取了多种形式。以波斯尼亚社区为例。20 世纪 90 年代早期，大约有 770 名波斯尼亚难民到达爱尔兰，其中大部分人选择留在爱尔兰。如前所述，他们不仅可以收听每周一次的波斯尼亚语广播，而且孩子们还能在社区发展中心定期参加波斯尼亚语课程。为满足生活在爱尔兰的 20000 名穆斯林的精神和文化需求，2001 年成立的爱尔兰伊斯兰联盟面向穆斯林儿童开办了专门的阿拉伯语课程。在爱尔兰生活

---

① *Public Culture*，文化研究重要期刊，由人类学家 Carol Breckenridge 和 Arjun Appadurai 于 1988 年创办。

的俄罗斯人也有自己的团体[①]。如前所述，当地和全国广播电台面向他们开播了不同语言的多种节目。此外，都柏林还有定期出版的俄语、他加禄语[②]和汉语刊物。在波斯尼亚社区发展中心工作的信息官员明确表示，他担心波斯尼亚儿童最终会“被同化而不是融入”爱尔兰社会，所以大家才积极开办波斯尼亚语言和文化课程（Peters 2001：4）。除去文化/语言同化、“全译”等顾虑外，口译、传记翻译、宗教等领域也涉及翻译和维护母语。

蒙古人安拿·奥登被控犯有严重罪行。在开庭前，他在都柏林克洛弗山监狱等了足足 13 个月。在都柏林巡回刑事法庭对此案的审理过程中，陪审团试图做出无罪裁定。调查显示，奥登只懂一点点英语；在警局接受讯问时，译员没有告诉他所享有的权利。这显然违反了欧洲人权公约第 5.2 条的规定，即必须用当事人能理解的语言，告诉他们/她们在审讯过程中所享有的权利。翻译过的（英语）供词充满各种错误，没有人对此进行检查，也没有人在庭审前就供词内容和当事人交流过（Coulter 2003a）。在另一案例中，一个被指控犯有两起谋杀罪的中国人在接受讯问时，居然从警局处得到了译员的号码，并和她秘密约会（Coulter 2003b）。2003 年 7 月，爱尔兰全科医生与医务学院分管多文化社区医疗服务项目的菲利普·克罗利博士声称，“译员匮乏导致无法为少数族裔患者提供高质量医疗服务”，并建议在外来人口聚居地提供符合需求的、面对面的口译服务（Houston 2003）。在涉及家庭暴力、虐童、精神障碍、妇科病等案例中，由于缺乏译员，很多家庭/个体只能依靠家庭成员（通常是正在接受英语教育的孩子）充当这一角色，导致多起审讯出现问题。

为了改变上述情况，多方都在采取行动。公共卫生机构、警察部门、司法机构都参与其中。2004 年 9 月，都柏林城市大学创建了社区口译硕士学位教育。2001 年，难民申请署办公室安排了 12100 次面谈，难民申诉特别法庭举办了 3428 次听证会，其中

---

① Sorussi，缩略语，指 Society of Russian Speakers in Ireland，Dublin。

② Tagalog，菲律宾国语。

60%的申诉人来自非英语国家(Office of Refugee Application Commissioner 2004)。这些都足以表明口译任务的繁重。从不断增长的社区口译中,我们可以发现,母语为非英语的人有权享受各种公共服务,这种服务确保他们/她们和说英语或爱尔兰语的人处于一个平等的位置上。历史经验证明,在这个国家,即便对那些说爱尔兰盖尔语的人来说,维护自身权益的过程也不是一件容易的事(NíDhonnchadha 2000)。在社区口译中,翻译成为巩固或维护母语而不是摧毁它的工具。

除了培养合格的译员外,不同语言版本的文件也开始出现。在讨论爱尔兰英语教育时,沃德指出,

> 拥抱差异意味着要妥善应对和处理语言多样性。当前研究表明,培训机构很少把(英语)课程宣传资料或基本信息加以翻译。对于那些阅读能力有限的客户来说,把相关资料翻译成客户母语就显得至关重要。(Ward 2002:88)

基于(语言权利)原则和实际需要(信息如果不能被理解,交流就毫无意义),沃德提出了上述请求,并得到了积极回应。比如,北区卫生局制作了英、法、罗、俄四种语言的视频宣传节目——“我们关注您的健康”(Uzomah 2001: vi)。爱尔兰警察局下属的种族和跨文化办公室制作了英、法、阿拉伯、罗马尼亚、塞尔维亚-克罗地亚、俄语等不同语种的宣传册。尽管历史上翻译工作总是源于国家和语言之间的关系或多语言国家内部历史语言之间的关系,但现在我们所面临的翻译压力来源于内部,而不是域外,移民流动的多样性对翻译产生了越来越大的影响。因此,翻译研究者需要更多关注转喻意义上的和全球移民潮相对应的、复杂的、内部的翻译关系,而不是把注意力完全放在民族国家范围之外的语言或文化上。

和其他学者一样,斯图亚特·霍尔曾不断地提示我们,自地球运转以来,人类似乎从未停止过迁移(Hall 1991: 20)。当我们谈论翻译和移民的时候,把翻译的现状与过去联系起来将会很有价值。现状已经改变,未来仍未可知,这一点从两本关注爱尔兰多语

言历史的著作中反映出来。一本是由笔者和科马克·奥柯利兰共同编著的《爱尔兰的语言》[①](2003),另一本是由玛丽娅·铁木志科和柯林·艾尔兰编著的《爱尔兰语言与传统》[②](2003)。铁木志科和艾尔兰强调了传统的灵活性、适应性与创造性,与霍布斯鲍姆和其他人把传统约简为本质主义的、永恒的不变性(见第一章)形成鲜明对比。在《爱尔兰的语言》一书中,作者从多种语言详细探索了爱尔兰历史上的语言融合:

> 从前盖尔语和盖尔语侵略者所说的不同方言,到英国牧师迫使爱尔兰人改信基督教后拉丁语的渗入,从爱尔兰传教士在国外所遭遇的语言多样性到维京人带来的斯堪的那维亚方言,这一切都表明爱尔兰在历史上就是一个多语言社会。12 世纪末,诺曼征服又为爱尔兰注入了其他语言,外来军队和移民带来了法语、奥克语[③]、威尔士语、佛兰芒语[④]和英语。(Tymoczko and Ireland 2003: 1)

受 20 世纪 90 年代中期以来明显增多的多语言现象影响,研究人员设法通过爱尔兰历史上的多语并存现象表明语言变化是爱尔兰语言传统的一部分,并不会给这个国家的基本语言[⑤](借用加拿大术语)带来威胁,这一传统主要表现为(但也不全是)英语和爱尔兰语之间的竞争。当前的多语言发展态势表明今后爱尔兰将重现历史上丰富多彩的多语言现象。作为庆祝爱尔兰成为 2004 年欧盟轮值主席国的系列活动之一,诗人兼评论家彼得·斯尔在欧盟委员会布鲁塞尔总部大楼策划了以"多语言传统"为主题的

---

① *The Languages of Ireland*

② *The Language and Tradition in Ireland*

③ Occitan,是印欧语系罗曼语族的一种语言,主要流行于法国南部(特别是普罗旺斯)及 Loire 以南意大利的阿尔卑斯山山谷,以及西班牙的 Val d'Aran。

④ Flemish,比利时荷兰语旧名,是比利时北部弗兰德地区的方言。荷兰语属印欧语系、日耳曼语族西支。

⑤ 在加拿大,原住民、法国人、英国人通常被视为 founding peoples,他们说的语言成为 founding languages。

展览。

铁木志科和艾尔兰把爱尔兰称作“翻译的岛国”(Tymoczko and Ireland 2003:20),历史上曾彼此分离的两种文化传统——英语文化和爱尔兰语文化,如今重新融合到一起。从这层意思上说,爱尔兰是一个更宏观的全球移动的缩影,这种移动让不同语言和文化之间发生了亲密接触。早在十多年前,罗伯特·韦尔奇[①]就指出,“文化和传统问题最终都可以归结为语言问题。在处理重大问题的危急关头,一个人所使用的语言,无论是口头还是书面语言,将起决定作用”(Welch 1993:32)。在这个国家不断发生的转换中,身份、翻译和移民成为关注的焦点,转换以碎片、间接的方式出现在各种记述中,主要有以下两种形式。

第一种是把爱尔兰融入复杂的英语语言体系中。澳洲艺术家兼评论家雷纳·加纳尔指出,语言“并不只是交流的产品,它同时也鼓励交换以及其他事物的产品化”(Ganahl 2001: 27)。不管是英语、德语、法语,还是约鲁巴语,无论科学、技术或商业话语用何种语言进行,都会“对大学教育、科研、公司投资,以及各种各样的决策或规则产生影响”(同上,28)。近期一份报告显示,2003年,美国在爱尔兰的投资额比它在中国的投资额超出2.5倍,“大量的、会说英语的劳动力”是影响美国科技公司投资决策的关键因素(O'Clery 2004)。值得注意的是,在所有关于爱尔兰和欧洲及北美关系的争论中,人们都忽视了从语言层面关注这个国家与世界其他地方之间的关系。英语语言体系之强大导致高等学校对外语教育的兴趣不断提高;伴随欧盟的不断扩张,爱尔兰对欧洲其他地区语言的学习兴趣却在降低。

具有讽刺意味的是,第二种与第一种情形造成的积极经济格局相关,即爱尔兰内部语言的复杂化。相对稳定的经济状况把世界各地的移民吸引到爱尔兰来,导致人们不再把语言视为一种障碍,而是把它们看成文化与美学资源。苏格兰诗人肯尼斯·怀特[②]

---

① Robert Welch,1947—2013,爱尔兰著名作家和学者,曾任阿尔斯特大学英语教授。

② Kenneth White,1936—,苏格兰诗人,首创地理诗学概念,为艺术家、科学家和哲学家开启了一个新的研究领域。

提到了地理诗学意义上的探索：在世界语言与文化的丰富宝藏中穿行是一种特殊形式的旅行（White 1978）。这种地缘诗意的互动正在本土发生，同为官方语言的爱尔兰语和英语进入了共存的新阶段，但互动过程的张力和冲突依然存在。在《但丁俱乐部》①中，马修·波尔通过那个不受重视的译者皮亚托·巴奇，道出了移民内心的痛苦和怀疑：

> 在美国有什么自由，你们毫不费劲地把我们送进工厂，让我们奔赴战场，被毁灭，不留痕迹。你们眼看着我们的文化被践踏，语言被吞噬，穿上了你们订制的衣服。你们满面笑容，从书架上掠走我们的文学。（Pearl 2003：315－316）

要想避免移民成为语言侵占和文化窃取的炼狱，翻译理论家必须为人们指出一条具体而便捷的出路，走出种族和语言自我主义封闭之塔。为了实现这个目的，我们有必要把爱尔兰的经历与那些更加成熟的移民社区经历联系起来，并把这些经历与本章开头讨论的理论问题联系起来。

20世纪90年代，大约有40万移民来到加拿大温哥华市定居。和设想有所不同（传统上移民喜欢居住市中心狭小空间而不是郊区），很多移民都选择到郊区居住，并且形成了一定规模，比如聚居在里奇蒙的华裔加拿大人，聚居在萨里的印度裔加拿大人，还有聚居在城市北部的伊朗移民（Hiebert 2002：214－215）。大卫·赫伯特对温哥华大区五个不同社区的移民定居和融合过程进行了调查。他发现，在移民初期，“移民与聚居区之外的人联系非常少，有限的联系都是为了找工作或住房这些必须解决的问题”。大部分移民都不会说英语，“成为日常交往中的最大障碍”（Hiebert 2002：215）。通过小组座谈形式，研究者发现初期与主流社会的隔离给移民带来了巨大压力。

---

① *The Dante Club*，美国作家 Matthew Pearl 的处女作，这部作品让作者一跃成为美国文坛“博学且富于挑战精神的新生代作家”。

移居爱尔兰的移民经历显示，学会优势语言（英语）不仅是必要的，而且令人期待。但是，由于一些明显因素，这种把自我译入他者语言的过程变得错综复杂。对新来者而言，社区可以提供住处、生计和各种建议，在初期为他们/她们提供巨大支持。最重要的是，居住在此的人说相同语言，可以把新环境"译入"移民能听懂的语言。在温哥华，华裔社区居民数量超过了30万，种族聚居区形成的飞地[①]规模日益扩大。因此，从贴近目的语言和文化角度看，社区可以通过支撑结构或对当地社会的"翻译"帮助新移民开启最初的对话模式。但研究显示，现存移民社区也可能阻碍或抑制语言融入，很多华裔终身生活在华裔社区里，寸步不离。之所以出现这种情况，一方面和就业有关系，无法找到一份稳定工作迫使移民依赖社区获得生计（Hiebert 2002：217）；另一方面则和全球化世界中重要性日益显现的跨国网络相关。跨国主义[②]的本质就是在同一时刻依附或体验两地（Glick-Schiller et al. 1992），这一过程显然离不开现代大规模旅行，广播、纸质媒体和（网络、电邮、短信等）新技术支持。在对德国境内土耳其社区的研究中，爱尔斯·卡格拉发现：

> 在德国居住的土耳其后裔中，70%的人通过卫星天线收看多种土耳其电视节目，比如ATV，Kanal Dand Star等；超过85%的家庭可以接收到土耳其广播电视总局[③]国际频道的节目。（Caglar 2002：181）

不管是身体上的迁移（比如找工作或回国探亲访友），还是象征意义上的迁移（比如频繁接触原文化产品），在原文化和目的语文化体系移动中发生的跨国性都加强了移民和原语之间的联系与

---

① enclave，指（在某国境内而隶属另一国的）飞地，在一国境内的外国领土，被外国领土包围的土地。

② transnationalism，论述全球化的一种方式，集中讨论现今世界上非国家组织的跨国活动，强调正在快速增长且纵横交错的跨世界网络及其作用。

③ Turkish Radio and Television Corporation，土耳其广播电视公司。

熟悉程度，让它们在某种程度上意识到自己在翻译中生存。几个世纪前，由于经济、交通等原因，移民都清楚（一旦离开）自己不太可能回到故国，但现在情况有所不同——回归方式发生了变化。高额旅途费用让很多人放弃了回去的想法。但是，通过卫星频道或互联网，他们/她们有可能"看见"故土或听到那里的声音。

在当前跨国时代中，移民有可能（但却不容易）在翻译之中"迷失"自我，他们不仅可以从日益国际化的种族社区中得到支持，现代高科技手段更是让原语言与文化始终近在咫尺、触手可及。用之前引用过的迈克·费瑟斯通和斯科特·拉什的话来说，跨国主义中暗含着当代移民必须进行更多翻译，当他们/她们在同一时刻依附或体验两种不同的语言空间时，翻译就变得更明显、更频繁。正是由于这一点，传统设想中的翻译同化将不复存在。在调查中，赫伯特发现很多孩子从小就融入加拿大教育体系中。但随着年龄增长，他们越来越被原语语言和文化吸引，而不是像人们所想象的那样在这个典型的大熔炉中放弃自己最初的身份。在焦点小组访谈中，一位受访者说：

> 在小学和中学阶段，除了在家，我几乎不说中文，也没有什么中国朋友。但后来我发现，不单是我，很多华裔到了成年或上大学后，人生开始转变。他们开始寻根。我也一样。尽管大一时我还全说英语，但现在我的朋友大多是中国人。很多时候我都说中文。（Hiebert 2002：221）

不断增加的跨国移动、新移民的到来以及进入人生的重要阶段，所有这一切都激发了文化自省。事实上，如果说移民子女在人生某个阶段显示出"翻译同化"，他们/她们在那之后很快就会转向"翻译调适"。同样，在"寻根"渴望驱动下，移民儿童所经历的翻译也表现出从一开始家里的原语言到学校的目的语，之后再回归母语的态势。这种新的文化自我意识（回归意识）表明了一种彰显翻译，而不是让它遁形的愿望；在生活中同时存在着两种语言和两种文化（而且各自都自成一体），决定或影响着移民者及其家属的内心世界——在两个体系之间不断穿梭的对话自我。迭戈·赫若拉·阿拉贡研究了巴塞罗那地区学校中的摩洛哥儿童，发现“大多数家长鼓励孩子掌握西班牙语及文化，同时也希望他们忠于母国文化”（Herrera 2004：73）。研究显示，许多孩子遵从父母教导，在翻译中实行调适而非同化，就像之前爱尔兰波斯尼亚社区发展中心信息官员所倡导的那样。此外，欧洲其他地区研究显示，在学校里取得好成绩和完全依附优势文化之间没有必然联系（Suarez-Orozco 1991；Crul 2000；Lindo 2000；van Niekerk 2000）。换言之，处于一种不间断的翻译状态绝不是一件令人惋惜的事情，相反那种为了追求所谓的解决方案，而把自身/移民主体完全同化于移居国语言/文化体系，把不再需要翻译视为理想结果的做法令人遗憾。值得注意的是，温哥华地区调查显示，移民把由地方或中央政府提供的口笔译服务看成为一种积极因素，不仅可以促进世界主义价值观，而且还能鼓励移民和当地社会加强交流与互动（Hiebert 2002：216－217）。

发　声

在一些人看来，出现在上述或其他地区的口笔译服务需求在某种程度上反映出斯图亚特·霍尔提出的“发声”概念：事物之间不仅通过相似性，而且通过差异性而彼此联结。通过“发声”这一概念，他进一步提出，“把主体和主体立场有效地缝合起来，不仅要求主体‘被响应’，而且主体也要投身到立场之中”（Hall & du Gay 1996：6）。也就是说，我们必须在有所差异的前提下关注个体的兴趣或责任，正是这些差异让个体成为具有不同身份的主体。恰如霍尔所言，最成功的政治并不是要让每个人都相信政党领袖所言，效仿其所为，而是要针对具体情境和需求来帮助个体解决实际问题。不管这种差异化的关照真诚与否，但是有一点是肯定的，即如果我们感觉自己没有在一定程度上得到关照或响应，那么我们就不太可能去支持或相信这件事。从这一点来看，差异把不同的个体联结到一起，而不是把他们/她们相互分开。参照希拉·本哈毕博[1]的观点,“民主公民权需要一种义务,而义务取决于一种责任和深层次的归属”(Benhabib 2002:183),义务和责任因此可以通过具有联结功能的差异而得到强化。因此,从移民角度来说,把口笔译纳入公共服务体系,实际上是赋予个体发声的机会,让他们通过自己熟悉的、(语言)差异的方式,得到关照和响应。如果当地社会把移民视为有特殊身份的主体,而不是普通意义上的语言/文化差异被完全忽略的他者,移民就有可能在跨文化接触中作为主体而显现。把口笔译服务纳入更为宽泛的“发声”概念中,是因为这一概念可以准确地传达出相似性和差异性之间的动态关系,而这恰好是翻译的核心所在。

不单是公共服务者意识到在翻译中尊重差异可以带来合理的回报,私营领域同样注意到国际化与本地化在身边发生,跨国网络意味着中文产品网页既有可能被居住在多伦多的邻居看到,也有可能引起远在上海的客户的兴趣。通过20世纪90年代一项颇有影响的、针对土耳其裔德国人消费习惯的调查,爱尔斯·卡格拉发现,在185万土耳其后裔的年净收入中,约有97%用于在德国当地消费。此外,移居德国的土耳其后裔更喜欢购买高品质和时尚产品,颠覆了移民喜欢买便宜货的刻板印象(Caglar 2002:182)。在德国人口构成中,土耳其后裔更年轻化——82%的土耳其裔德国人年龄都在14岁到49岁之间,而当地人只有56%分布在这一年龄段。土耳其裔更是商业广告的目标群体,因为年轻人中更容易形成消费习惯,成为忠实于品牌的消费者。针对这种情况,很多大公司都努力并联手推出了土耳其语广告、促销资料和客户服务体系,其中包括直接用土耳其语撰写的资料以及从德语译入土耳其语的资料(同上,182-184)。

为了帮助移民获得相应的服务,爱尔兰银行于2005年决定提供多语言服务,表明移民收入与预期社会流动性之间的关系得到重视。这一服务并不是针对新世纪中出现的多语现象而故作姿态,完全是由经济利益所驱动。爱尔兰银行零售战略和市场总监

---

① Seyla Benhabib, 1950—,耶鲁大学政治学与哲学教授。

布莱丹 · 奈文明确表示：

> 我们发现，移民工作者中受高等教育的人①比例相对较高，在很多情况下，他们从事的工作都低于其自身资质。随着时间的推移，当越来越多的人开始经营自己的事业，这种情况将发生改变。未来，这些潜在的生意人将会给我们带来巨大收益。（Lally 2005：11）

在很多网点，移民在新开户者中占到 70%。该行已经雇用了 5 位新员工，每人至少精通汉语、俄语或波兰语中的一种外语。此外，从 2005 年 8 月起，爱尔兰银行 287 家分行将提供汉语、俄语以及波兰语版本产品资料。耐人寻味的是，爱尔兰最重要的工会——职业与技术产业服务联盟②在同一时刻也开始招募熟练掌握俄语和波兰语的工作人员，以保护移民工人免受压榨或不公正待遇。

外部翻译与内部翻译

发生在德国和爱尔兰的例子再次表明，翻译正在经历由外向内的转变，即翻译主要发生在公司运营地范围之外到翻译成为公司内部运营活动的一部分。移民意味着不能简单地把翻译视为"公司海外运营的一部分，翻译越来越在'内部'显现"。当前我们面对的正是一种去边界化的翻译，翻译不再总是和"外部"地域关联或者在"内部"显得无关紧要。相反，不论是在公益领域还是在私营领域，由移民引发的翻译颠覆了特定国家对应特定语言的传统观念。当然，这一观点可能遭到反对，原因在于事实或法律上的多语制已经让很多国家处在一种翻译状态中，外来移民不会让这种状态发生根本性转变。但是，即便在那些多语制已经深入社会肌理的国家中，移民的翻译需求也不一定得到充分理解或满足。

---

① third level qualifications，爱尔兰高等教育也称第三级教育，包括大学、理工学院、教育学院以及私立大学/学院等，大部分由政府资助。

② SIPTU，Services，Industrial，Professional and Technical Union

比如，毕斯科夫和卢丹发现，在瑞士这样一个多语言国家，语言差异也会带来问题，专业语言服务不能得到保障。对于这种矛盾情况，他们解释如下：

> 大多数瑞士人都会说几种语言，并且能熟练运用这些语言进行交流。而移居到这里的移民基本上来自拉丁语（意大利语、西班牙语、葡萄牙语）国家，导致语言障碍弱乎其微。但近二十年来，随着大批移民从其他国家/地区移入，新移民语言和当地语言相差甚远，让日常交流变得困难，口笔译服务供求关系矛盾日益凸显。（Bischoff and Loutan 2004：191）

在面向瑞士全国医院的口译服务调查中，毕斯科夫和卢丹发现对译员需求较高的语言依次为：阿尔巴尼亚语、斯拉夫语（塞尔维亚语、克罗地亚语、波斯尼亚语、斯洛文尼亚文语、马其顿语、保加利亚语）、土耳其语、泰米尔语、库尔德语、阿拉伯语、俄语、西班牙语以及葡萄牙语（同上，191）。如果将这种情形与爱尔兰相比较，可以发现：在这两个国家中并不存在毕斯科夫和卢丹所说的同语系之间的重叠或相似之处，比如早期移民工作者大多来自拉丁语国家。移民聚居国语言日益多样化，这一情况对翻译在未来几十年中政治和教育中的作用将产生深远影响。

首先需要注意的是，不管相近语言使用者做出何种调适，当语言迥异的移民来到同一地区后，翻译就成为一个亟待解决的突出问题。联合国人口司数据（参见原著44页）显示，伴随全球移民数量显著上升，对社区口译的关注和需求明显增多，二者绝非巧合。遍布各地的移民和多样化的移民方式意味着来自远方的语言将和本地各种语言发生接触；离开译者/语言中介者，交流将无从谈起。

其次，激进的语言差异观可能滋生“身份政治冷酷的本质论”（Kundnani 2004：105），过分强调差异容易导致彼此之间的冷漠。为了说明这一点，可以参考理查德·塞内特的观点。在他看来，新经济模式对人们所居住的城市环境产生了巨大影响;弹性化[①]和冷漠有直接关联,城市以及居住在城市中的人群反映出经济结构的各种新形式。现代资本主义制度变革的一个方面表现为:

> 从事结果不确定的工作,风险也随之提高。对于特定工作任务,很多人只愿意在短期内和那些不认识或无从认识的人一起共事。(Sennett 2002: 45)

这种变革中的一个重要方面是:不管是对同事还是具体场所,任何意义上的认同感或归属感都是临时的,随环境变化而变化。一个项目/工作可能持续一段时间,但很快就会出现新的项目/工作,随之而来的是新地点和新同事。对某一地点或同事的过度依赖最终可能导致内心崩溃和/或人浮于事。在新自由经济中,弹性化办公场所要求工作者不要投入过多情感,同时还要防止(他们)有任何特殊的个性化要求。

在全球房地产市场上我们可轻松进行房屋交易。身处新加坡,你也能购买伦敦一处1000平方英尺的办公场地。但是,这处场所必须得到新加坡、悉尼、华沙等地某个人的理解:"换言之,你创造了工作的弹性化,即临时居住在某一处的人在临时的办公场所为你工作。弹性化促成标准化"(同上,46)。由此产生的标准化环境不仅表现在它所依附的建筑体中,而且形成了一种特殊的社会经济环境,导致工作者青睐策略性冷漠,而不看重长期归属。这可能导致"缺乏互动的冷漠机制"(同上,47)。也就是说,如果弹性化工作不提倡与他人建立长期关系,随着而来的危险可能是这种关系模式延伸到日常生活中。要想建立深入或长期的关系,就必须了解并学会一种迥然不同的文化或语言,而这显然不符合弹性化的短期主义理念。

---

① flexibilization,指在人力资源管理中,通过灵活调整人力结构、员工数量、工作内容、工作时间、员工薪资等因素,来满足企业对不同层次、不同水平和不同模式的人力资源需求的管理方式。在提高员工对企业向心力、凝聚力与归属感基础上,采取信任—指导—归属—自控方式,把组织意志变为员工自觉行动。

参照塞内特对差异性和他异性的区分,即“二者之间的区别在于把陌生人视为差异还是可以理解的他者”(Sennett 2002:43)。在此基础上可以发现,应对移民语言多样性带来的挑战,翻译可以采取两种不同方式。一种是前文(参见原著48页)提到的“差异性多元文化主义”,它强调对差异的识别,并把移民归入不同的语言族群,通过提供恰当的翻译服务来接受并应对差异。在某些情况下,差异还被视为“文化多样性”的表现。在政治领域中,这种方式基于希拉·本哈毕博“语言差异不应阻碍民主参与”的理念(Benhabib 2002:148)。然而,如塞内特所言,在弹性化短期主义流行的时代,危险在于“由于地域、教育甚至是休闲生活中存在的分割,导致人们在城市中采取一种回避的方式对待阶级、民族或种族差异”(Sennett 2002:47)。

另一种方式是将语言差异视为“未知他者”的一部分,并随之产生了两种形式的他异性,即消极他异性和积极他异性。积极他异性将“未知”看成是对发现和探索移民语言他异性的召唤,尽管有可能被异域化。在这种情况下,主体可以选择翻译他者语言,或者把自己译入这种他者语言。这样做并不是仅仅识别差异,而是采用吉川宗男①提出的“双向秋千模式”:强调双方在交流或跨国互动过程中不断发生变化(Yoshikawa 1987)。消极他异性指不加分辨地把未知等同于不需要,将其视为一种威胁而非前景。这种消极模式把他者语言的非透明性视为一种威胁,并且把各种情境下的交流失败都归咎于它,还把各种匪夷所思的臆想强加到那些所谓“缺乏(所在国)基本语言能力者”(Jensen 2004:88)身上。听不懂的语言以及不同的服饰、饮食习惯、社交举止等成为移民不受欢迎的标志。在某些情况下,语言“缺陷”甚至被视为缺乏人性,语言上的他者也随之被当作异类。

---

① Muneo Yoshikawa,1938—,夏威夷大学日裔教授,主要从事跨文化交流和人力资源管理研究。

无论是笛卡尔的《方法论》[①]（1637），还是麦克思·穆勒[②]的《语言科学讲话》（1861），抑或是克洛德·海然热[③]的《语言人》（1986），甚至是乔姆斯基（1965）对非连续性[④]的讨论，都把语言视为人类的典型特征。如果把一种语言归入不可翻译的语言，就等于把说这种语言的人贬抑为动物。经过观察，达尔文把火地岛人的语言描述如下：

> 根据我们的理解，这些人的语言不能算作语言。库克船长认为他们发出的话就像我们清嗓时发出的声音。但是，欧洲人在清嗓子时显然发不出这么多沙哑的、低沉的咔嗒声。（Darwin 1986：17）

在《原始文化》（1871）一书中，爱德华·泰勒[⑤]指出殖民者之所以猎杀塔斯马尼亚岛上的原住民，可能是听不懂他们充满咕哝和尖叫声的语言。由于语言和文化遭到剥夺，塔斯马尼亚原住民被帝国主义者视为异类，成为猎杀的对象。当移民在一定程度上感受到消极他异性带来的压力，他们/她们开始像之前所说的那样，充分认识到学习移居国语言的必要性。

更具积极意义的做法是把语言他者视为发展的空间；通过这

---

① 著名哲学论著，对西方人的思维方式，思想观念和科学研究方法产生了深刻影响。

② F. Max Müller，出生在德国的英国语言学家，曾任牛津大学教授。翻译梵语和东方古典文献多种，重视未经加工的俗言、俚语在语言研究中的特殊价值。持自然主义语言观，把语言归为自然现象；区别语言学和语文学，认为前者属于自然科学，后者属于历史科学。

③ Claude Hagege，法兰西学院理论语言学讲座教授，通晓和调查过的语言之多，世所罕见；已出版10多部专著和大量论文，涵盖介词、汉语语法、语言类型学、法语史、语言政策、濒危语言保护、生成语法批评等领域。

④ 语言起源理论可以根据它们前提假设的不同划分为连续性假说与非连续性假说两类。连续性假说的基本思想认为语言不可能突然之间就形成其最终的形式，它一定是由人类灵长类祖先的早期前语言系统演变而来。非连续性假说则持相反的意见，认为语言有着独一无二的特征，只能是在人类演化历程中的某一时间点上相对突然地出现的。不同理论间的另一区别是，有些认为语言是一种先天的能力，由遗传因素决定，另一些则认为语言具有文化性，是通过社交接触而习得的。乔姆斯基是非连续性假说的代表。

⑤ Edward Tylor，1832—1917，英国著名人类学家，古典进化论学派的代表人物，被称为人类学之父。

一空间,新的观点、精神、传统和表达方式得以进入特定社会/机构。但是,这种做法也带来一个问题:面对当代移民过程中的语言多样性,如何才能实现这种积极他异性?在此,翻译将发挥重要作用,并且通过城市规划和教育这两个领域表现出来。塞内特指出,致力于世界主义视角的城市规划师面临的最大问题是"如何促进而非抑制社会互动"(Sennett 2002: 47)。一种方法就是把多语言、多种族城市空间首先视为一种翻译空间。换言之,翻译在本质上是一种和其他语言/文化进行互动的方式(这种互动也反过来影响自身语言/文化)。如果要防止出现塞内特所谴责的、缺乏互动的冷漠场所,我们必须求助于翻译,从当地剧院演出的各种译自移民语言的剧本,到无线网络中依靠语音合成技术生成的谨慎译文,到为社区口译提供的系统客户培训,再到工作场所多样管理流程中的翻译工作坊,所有这些都可以把移民社会的公共空间转变成一个翻译空间。城市规划者尚未与翻译学者展开对话,反之亦然。但是,面对移民带来的各种挑战,对话势在必行,任何一方都不能等闲视之。

除城市规划外,另一个与翻译有传统关联的领域是教育(Tennent 2005)。翻译在传统上被视为学习(古典或现代)语言的辅助手段。因此,直到最近,人们在翻译教学中都致力追求以一种最妥当的、最有效的方式向翻译专业学生传授各种技能。但是,移民导致移居国语言构成发生了巨大变化。在翻译专业教学中,学生到底要学会翻译哪些语言?如何才能让他们/她们学会这些语言?在很多英语国家,翻译专业教学主要侧重法语、德语、意语、西班牙语等西欧语言之间的互译。翻译主要以外部翻译为主,课程体系主要涉及历史、文化、政治、贸易、旅游等方面内容。如果从内部翻译角度来看,由于"外来"和"内部"之间的界限日益模糊,导致英语国家社会翻译空间中有待翻译的语言比想象要多出很多。事实上,作为一种致力于在当代生活和工作空间中创造翻译空间的活动,翻译教学要想取得成功,就必须纳入更多种类的语言。

为了做到这一点,语言和翻译教学可以参照移民流动过程中的跨国主义范式。换言之,移民输入国大学应当和移民输出国大学紧密合作,能够共同推动多种语译员教育。互联网技术的运用将极大地推动这一合作。在某种意义上,难点在于改变对大学或高等教育机构的认识,要把它们看成是一种跨国机构,而不是一种国有机构。从根本上说,要想在不断变化的社会中实现真正意义上的“对话自我”,翻译不仅是必要的,而且至关重要。换言之,如果在交流过程中听不懂对方的话,对话将毫无助益。在这种情况下,只有倾听而没有对话,“对话自我”将无从谈起。因此,无论是别人把他们译入自己能听懂的语言,还是自己把自己译入他人能听懂的语言,抑或是依赖口笔译员这样的语言中介者,在移民环境中实现“对话自我”都离不开翻译。因此,从移民角度看,从都市中的翻译空间,到大学重新定位为跨国机构,再到通过翻译而实现的“对话自我”,这些因素构成了一个连续统一体。

前文(参见原著 48 页)提到,在后结构主义对实用主义者跨文化主义观的批评中,一个要素即权力问题被忽视或边缘化。早在 2002 年,联合国注意到,世界上超过 40% 的国家都有旨在减少移民输入的政策。在这些国家中,尽管发达国家占了大多数,但不少发展中国家也开始呈现出类似趋势(United Nations Population Division 2002)。在全球化时代,我们已经实现了物资、服务和信息的流通。但是,人口移动还有很多问题有待解决。在一些国家(比如澳大利亚、丹麦、法国、荷兰、奥地利等国)的政治进程中,很多政党发表或利用移民带来的不安定因素言论寻求选民支持。应对各种反移民情绪,很多国家提出优化筛选过程,对移民进行更细致的选择。因此,“移民是否受欢迎,个人素质是主要衡量标准,而这主要由经济因素决定”(Lentin 2004: 102)。在威尔·金里卡[①]看来,多元文化在加拿大较为成功,原因在于把移民视为经济纯贡献者相关,具体如下:

> 将移民视为纯贡献者还是负担取决于诸多因素。加拿大将其视为贡献者,主要是因为该国在挑选移民过程中,十分看

① Will Kymlicka,1962—,加拿大女王大学教授,著名哲学家。

> 重教育背景、技能和经历。就业能力是移民能否被接纳的决定因素，移民在加拿大社会中的高就业率不足为奇。(Kymlicka 2005：84)

但金里卡本人也承认，这种方法也有潜在问题，“外来工作者”可能导致工具性的短期主义：外来人员不仅不受欢迎，而且最终也很难融入当地社会。

社会需要工作者，但它得到的却是“人”。融入一个新的国家和文化需要时间，也要求不同程度的语言习得。从当前研究角度看，更重要的是移民工作者正在被新的经验所塑造；从某种意义上说，他们正逐渐成为“被翻译的人”。无论是否希望回到故国，他们都无法保持之前对故国所持的态度，因为距离让他们反思并重构过往的经历。邀请工作者来到某个国家，而当不再需要其服务时就试图排挤他们，在某种程度上就是抹杀了翻译过程，伊娃·霍夫曼①(Hoffman 1991)对此有精彩描述。当局者没有意识到的是，与其说移民工作者在翻译中迷失，不如说他们/她们被翻译抛弃，或者输给了翻译。一旦有了在另一个国家、另一种语言和文化中生活的经历，身上就烙下了翻译的印记，不可能轻易洗刷。事实证明，翻译不仅是一个极其重要，而且是改变人生的过程！轻视或无视翻译对移民生活的影响就是粗暴地消除了人类特有的同理之心。

公民身份

移民和经济工具主义的不相容还体现在另一方面，与自由民主制度中公民身份的定义有关。这一定义对移民环境中翻译的作用和构成有重要意义。希拉·本哈毕博指出，公民身份和人性密不可分：

---

① Eva Hoffman，波兰裔美国作家，著有回忆录《在翻译中沉迷：新语言里的生活》(*Lost in Translation：Life in a New Language*)。

> 对现代人而言，个人作为人所享有的道德平等与其作为公民所享有的平等是交织在一起的。当代民族国家中社会契约合法性基于这样一个原则：正是由于居民是“人”，他们作为权利拥有者理应获得平等待遇；公民权更是基于这一根本的道德平等，即个体作为人所享有的权利。（Benhabib 2002：175）

公民权主要基于人权，即作为人类成员所享有的权利。然而，正如本哈毕博所说，“‘我们人类’这个说法天生就是矛盾的——既有对人权的普世性尊重，又要主张特殊性的主权，这是人类无法摆脱的两难之境，其中暗含着经济工具主义的局限性”（同上，177）。换言之，自由民主制不能仅从“特殊性的主权”范围内审视经济利益问题，还必须考虑关注并尊重基本人权。如果做不到这一点，将在很大程度上影响公民身份的合理性。

此外，随着全球行业重构，国际金融市场指数式增长，全球旅游市场不断拓展，而劳动力严重短缺，让各国经济“增长无法沿着罗尔斯[①]关于‘民主社会就是一个完整且封闭的社会系统’这一反事实假设而继续发展，政治公正理论必须包含国际公正理论”（同上，168）。和极权主义国家对旅行的限制不同，如果把离开一个社会的权利视为自由民主制社会中公民的基本权利，就意味着这一社会也应提供相应的进入权。换言之，人类身体上的可移动性暗含了内心的可变性；离开/进入某一地域的权利暗含着离开/进入该地域语言的权利。在全球化时代，如果一个民主社会不再是完整且封闭的社会系统，那么这一社会的一种或多种语言也将不再是完整且封闭的表征体系。其实，这样的表征体系从未真正出现过，相反只是那些自欺欺人的语言规范癖者的想象而已。因此，政治正义理论并不仅仅需要国际公正理论，还需要翻译理论的支撑。

这一需要源自普世人权与地域和特殊表达之间不断出现的张

① John Rawls，1921—2002，美国政治哲学家、伦理学家、哈佛大学教授，著有《公正论》、《政治自由主义》等，是20世纪英语世界最著名的政治哲学家之一。

力。在普遍性和特殊性之间转换,同时也是对这种转换进行思考的一种方式,翻译处于当代自由民主制两难处境的中心。在将人类联结到其他地域或表达方式的过程中,翻译作为普遍主义冲动的一个重要环节,为"拥有权利的公民"这一概念奠定了基础。依靠转换过程中的调适,翻译让人们认识到自身语言和文化形式的特殊性及其价值,从而确保在多元性中实现进入、参与和公正。

如果把翻译当作政治思想和实践的中心环节,我们有可能超越身份政治的文化整体论(将文化视为统一的、封闭的整体)和普世理想主义的文化霸权论(差异并不重要,我们在本质上都一样)。当然,这种做法还有一个更理想的层面。就像移民引发的翻译需求让我们对爱尔兰这个岛国的历史和文化产生了不同的全新理解,我们也要从移民语言及文化对社会的贡献方面来强调翻译的创新作用。正如霍米·巴巴[1]所言,"文化工作的边界性要求与'新事物'——并非过去或现在的延续——不断遭遇。这种遭遇让文化转换作为一种颠覆性行为给人们带来新鲜感"(Bhabha 1994: 70)。

翻译不仅要考虑新事物或不同事物出现的可能性,更要考虑到翻译本身意味着跨越差异进行对话的可能性。如果社会要摆脱基于身份的恐怖主义所产生的破坏性分裂以及相应的压迫策略,这种对话至关重要。换言之,假设社会由不同团体构成,或者由他们(移民、难民)和我们(当地人)组成,不同团体的思维和说话方式存在不可调和的矛盾,就意味着一种彻底的不可通约性或不可译性。在这种情况下,人们不必奢望能够理解他人的话或他们的意思,因为彼此概念框架或话语类型截然不同。但是,本哈毕博指出了这一假设的矛盾之处:

> 彻底的不可通约性和不可译性是不连贯的概念。如果将一种思维模式、语言乃至文化认定为复杂且有意义的人类行为和意指体系,我们首先要用自己能理解的方式选择并描述

① Homi Bhabha,1949—,现任哈佛大学英美文学与语言讲座教授,是与萨义德和斯皮瓦克齐名的当代后殖民主义理论三巨头之一,在学术界享有盛誉。

> 他者系统（思维模式、语言、文化）中概念、词汇、习俗和符号的意义和所指，将其视为观念而非仅仅是感叹语。倘若彻底的不可译性确实存在，我们将无法识别其他语言中的话语，也无法看出这些话语在不同程度上受规则支配，并具有一定的可预测性。（Benhabib 2002：30）

在全球化时代，空间和符号的可译性并不是社会的显著特征。如果国家不想退化为一种由互相对立、以不可译和不可通约性为托辞的文化飞地构成的冲突之邦，或者依靠优势语言来设定秩序、排除异己的方法来实现所谓的统一，可译性就必须成为实现社会内部动态连贯的一个基本原则。

在前文，我们已经提到，当结构多样且差异明显的语言在移民国家内部日益增多，语言中介者的重要性就日益突出。这些中介者的社会地位如何？不断增加的移民让翻译和移民权力构成发生了哪些变化？塞西莉亚·瓦登斯约认为，

> 在译员调控的对话中，谈话进程及内容，交流各方的责任分配，以及互动中形成的相互理解，这些因素在一定程度上都取决于译员的言行。（Wadensjö 1998：195）

经过研究，坡拉保尔发现避难听证具有以下共同点：

> 官员和当事人都不会把译员视为“隐身”的、中立的调控者。译员行为和介入让他们/她们在听证过程中显现，在很多情况下像当事人一样参加到听证过程中。译员会缩短陈述，改述，解释，保全自己（有可能是他人）的面子，必要时还会介入交流。（Pöllabauer 2004：175）

瓦登斯约和坡拉保尔的评论凸显了译员在依托中介实现交流中的中心地位。随着移民数量不断增加，对社区口译服务需求将日益扩大，译员势必在移民过程中发挥更为突出的作用。

在移民环境中,我们不能只注意各种视觉或文本材料,关注翻译/译员是否被看见,而是要更多关注他们是否被听见。不管是在瑞士医院还是奥地利政治避难的审查过程中,起决定作用(当然不是唯一作用)的是译员是否能被听见,而不是译员的可见性。换言之,如果译员只是坐在现场,一言不发,虽然他/她是可见的,但他们/她们却没有进行任何翻译。在融入当地语言环境的过程中,就移民展现出的差异而言,从他们口中听到的一点都不比从他们身上看到的少。也就是说,当移民试图把自己译入当地语言时,他们/她们说话的口音经常带有母语或来源地语言的特点。从这些新到移民(同样也是译者)的口中或语言中,我们就能发现译者是可以听见的!通过明显的(听起来不一样)口音,当地人可以把他们/她们非常容易地识别出来,导致说话人在特定情境中遭遇各种歧视、虐待或其他更恶劣的处境。

听不到译者的声音,原因可能来自两个方面。一方面,在关于移民的争论中,翻译相对被边缘化。无论是充当译员的移民子女,还是在恶劣环境下工作的法庭译员,权力机构/当事人都很难听到他们发出的声音。另一方面,在盲目追求翻译同化的过程中,移民付出的各种翻译努力被视而不见。同化越成功,过程越听不见。因此,要强调译员的可听性,不仅要在任何关于翻译和移民讨论的口译过程中强调口头表达或话语的重要性;还要意识到优势语言在多语社区的主导地位更多通过"听"构建而成。因此,关注社区中"听"的现状,及由此产生的口头反应,将带给当地人和新移民对翻译更频繁、更直接的体验。考虑到当前移民讨论中众多悬而未决的问题,是到了让译员不但可以看见而且可以听见的时候了。在对抗性的情境中进行口译,译者要为身份付出代价。在下面一章,我们将把目光对准各种冲突情境,关注那些被听到或者没有被听到的译员及其遭遇。

第三章 释义身份

在普鲁塔克[1]看来,听讲座是一件非常严肃的事情。这位生活在罗马帝国时代的希腊先贤认为,在追求/探索真理的过程中,思想与身体要连成一体,不得分离,张着嘴发呆也就是精神上的懈怠。在他具有启发性的论文《论聆听演讲》中,普鲁塔克提醒学生们应当注意以下细节:

> 不要斜倚或趴着,应保持端正的坐姿;直视演讲者,集中注意力;表情自然,既不能表现出任何的傲慢或坏脾气,也不能显出若有所思或消遣的表情……不仅要避免皱眉、苦脸、眼神游移、坐姿歪斜、跷腿等不当姿态,也应尽量避免点头、交头接耳、微笑、打哈欠、低头等动作。总之应多加留意,避免出现诸如此类的举动。(引自 Goldhill 2004:188)

听众举止得体如此重要,与其说这是一种强制的尊师重教,不如说在古代作为"语言之城的说话主体"的公民之身体格外受到重视(同上,179)。显然,专注地聆听哲人授课、演说者演讲,或诗人吟诵可以帮助我们成为社会中受人尊敬的一员。因此,古时候的"文学"一词不能被列入美学范畴。这一范畴并不存在,而且正如戈德希尔[2]所述,"古代所谓'文学批评'并不只是针对某个具体的文本材料,而是为了塑造一个好的公民"(同上,177)。

---

① Plutarch,46—120,罗马帝国早期希腊传记作家和伦理学家,著有《希腊罗马名人传》。
② Simon Goldhill,剑桥大学国王学院希腊文学与文化教授,艺术、人文与社会科学研究中心主任。

作为普鲁塔克的追随者，戈德希尔强调的是人类表达的口头本质：作为文化互动中的主体，人的身体和思想密不可分，无法摆脱政治因素的影响。戈德希尔所强调的恰恰是翻译研究容易忽略的地方。如果参照詹姆斯·弗雷[①]用日历度量人类历史的观点，写作只是在新年降临前那一瞬间才出现（Foley 1984：2591）。在翻译研究中，对跨文化接触的关注不但要考虑口译实践中的历史记录，还要透过戈德希尔对演说的关注，看到翻译在跨文化交往冲突时刻中的复杂性。

与笔译不同，口译是一项口头活动。除了一些特殊情况，口译不会留存任何书面记录。的确，这项活动的口头性容易成为人们忽略它的借口。如大多数口述文化，一切历史性工作都必须使用"文字"形式的记录来重现"话语"的重要性。古往今来，人们通过书面（静止）形式和口头（流动）两种不同的方式与说不同语言的人交流，掌握多种语言的"话语"操纵者的重要性就不言而喻。为了探索几个世纪以来人类口译实践中的身份问题，本章对众多概念进行了研究，具体包括具身的代理、相对的忠实性、自主与他者之间的变换、口译过程中的传译机制等。

具身的代理

对翻译研究者来说，布莱恩·弗里尔[②]的《翻译》是一部绕不过去的经典之作，经常出现在各种关于翻译和政治的讨论中。然而，某种程度上从翻译角度而言，这篇剧作引发争执的地方并不是英国地形测量局[③]工作的内在动机，而恰恰是这篇剧作的名称。《翻译》其实和传统的形式——笔译无关，它讲述的其实是一个口译的故事。悲剧并不是由转换中的错误或不恰当的释义造成，而

---

① John M. Foley，1947—2012，对比口头传统研究专家，生前为美国密苏里大学教授，曾创建学术期刊《口头传统》。

② Brian Friel，1929—，爱尔兰著名剧作家，户外日戏剧公司（Field Day Theatre Company）创始人之一。主要作品有《费城，我来了！》、《翻译》等。

③ 英国地形测量局（the Ordnance Survey），英国的一个行政机构，非内阁部门，主要专责英国本土公共地图制作，也是全世界最大地图制作商之一。

是由于译员在现场而导致;正是因为没有口译,而不是翻译,导致说英语的约兰德中尉与说爱尔兰语的玛丽·沙塔克之间无法交流。

从这部剧开始,重回故里的欧文这一形象就不确定。当他和英国地形测量局小队初抵贝尔比格[①]时,他的哥哥马努斯就怀疑地问他是否被征召入伍,做了一名英国士兵。欧文回答得非常迅速,但并不十分令人信服:"我,士兵?我只是一个临时的、没多少报酬的平民译员。我的工作就是把你们坚持使用的离奇古语译成标准的英语。"(Friel 1981:29)

从这段话可以看出,译员已经开始对语境进行翻译。语言之间的不对称性和不同的时间定位得以显现。与"古老"、"离奇"语言相对的是"标准的"、"好的"英语。前者代表的是过去的语言,后者则是现今以及未来使用的流行语;前者是怀旧的抵抗者(从"坚持"可以看出)使用的语言,后者则是实用主义者的工具。在剧中,欧文作为一名译员,比其他任何人都更理解语言新秩序,并承担起构建这一秩序的责任。他就是一只"两栖动物",脚跨两种语言与文化;当他回到家乡贝尔比格小镇时,父亲竭力讨好奉承他,而哥哥则不断怀疑他。

在文化间穿行的译员经常被比作"浪子"[②]。他们(自愿或被迫)离开自己的家乡,学习另一种语言,然后重归故里。在殖民史上,他们通常扮演着他者代理的角色。显然,他们的回归令人不安。《翻译》剧中的这一幕有着深刻的宗教寓意:欧文既是回归的"浪子",又是一个天才少年(熟练掌握了两种语言)。得到父亲宠爱的同时,他也引起了哥哥的憎恨。语言双重性让他成为帝国统治的有力工具。但对本土语言和文化守护者来说,他又是一个危险的局内人。欧文的两难之境也是历史上译员反复遭遇的困境。译员无法避免口头代理所带来的影响,而这种影响鲜见于文字代

① 爱尔兰语 Baile Beag(意思是"小镇"),翻译成英语(Ballybeg)后,就失去了原来的意思。

② 《路加福音》中一个流传至今的故事,讲的是一个儿子拿走了父亲的遗产,挥霍散尽,然后又回到父亲身边,并得到宽恕。

理(笔译)过程。为了进一步阐明这一点,我们先看看另一情境中译员的遭遇,然后再回到弗里尔作品中来。

当普里莫·莱维[①]进入奥斯维辛这座人间地狱时,和其他东西一起被剥夺的还有他所熟悉的语言。在《如果这是一个人》[②]一书中,他描述了这样一幕:纳粹军官来到集中营,询问是否有人会说德语。一个叫弗莱什的男人应声而出,随即被命令用意大利语译出集中营法规。纳粹军官故意选择那些带有羞辱或挑衅的词语让弗莱什翻译,趁机来捉弄他。当上司进来后,他丝毫没有收敛:

> 德国人的话很简短,弗莱什开始翻译:"这位军官说你们必须保持安静,因为这里不是拉比学校[③]。"当弗莱什用意大利语译出这些难听的话时,嘴在痛苦中扭曲,如同吐出变质的饮料。当我们央求他问问接下来的安排、在这要待多久以及妻子的下落时,他拒绝了。他不想问。这个叫弗莱什的、50岁左右的犹太裔德国人被迫把纳粹军官冰冷的德语译成意大利语,拒绝把我们的问题译成德语——因为他知道德国人根本不会理睬,问了也等于白问。(Levi 1958: 21)

译员是德国人而不是意大利人,负责把德语译为意大利语。在口译时,他要用外语(而不是母语)发声。当狱友恳求把他们的话译成德语给纳粹军官时,他拒绝了。在这一情境中,德语是用来发号施令的语言,而非用来请求。弗莱什被自己的母语抛弃,而这一切只有莱维能看到,译员为完成传译而付出的高昂生理代价让他深有感触。弗莱什被当成一个工具、一个传声筒;发出厉言的嘴同时表达出厌恶之情,这个集进食与表达于一体的器官用特殊的方式表现出译员的痛苦——欲罢不能,被自己的一技之长所劫持。

---

① Primo Levi,1919—1987,犹太裔意大利化学家、小说家;纳粹大屠杀的幸存者,曾被关押在奥斯维辛集中营达11个月。

② *Se questo è un uomo*,莱维获释后出版的处女作,记录了他在集中营中的生活。

③ Rabbi,拉比,犹太人的一个特殊阶层,主要为有学问的学者、老师,也是智者的象征;但在反犹者口中,多有贬义。

哲学家查尔斯·泰勒[①]对人类探索中特有的局限性的表述和脆弱性在口译这种跨文化实践中表现尤为突出。在历史上，口译/译员被视为一个幽灵——缺乏思想，没有立场。泰勒试图用20世纪的方法来反思"无灵"或"没有立场"的主体。他发现，海德格尔和维特根斯坦采取了不同方式，来"揭示内嵌于文化中的、有思想的生命体——'卷入具体的情境'，来理解置身其中的代理行为"（Taylor 1995：61－62）。当泰勒提出"具身的代理"时，他的意思是我们对世界的认知方式由身体、文化、生活方式等决定（同上，63）。

置身于特定的时空之中意味着弗莱什的身体会指涉自身，在有意或无意间表达自己的立场。这种代理行为让他在一瞬间意识到口译可能带来的结果。作为发声者，他的话不仅事关其他狱友的命运/身体，而且作为一个代言人，如果不能让雇主满意，自己就要面临肉体上的惩罚或陷入更糟处境。对《翻译》中，当欧文无法摆脱置身其中的代理时，而不是掂量地名翻译的不同方法时，他陷入了相同的处境。被当地人绑架的英国人约兰德中尉下落不明，他的上司兰瑟威胁采取报复。面对一场不可避免的冲突，欧文在顷刻间意识到自己（作为译员）不断变换的忠实对象，这种变换让译员不断受到伤害：

> 兰瑟：24小时之后，我们将杀死贝尔比格所有的牲畜。
>
> ［欧文看了兰瑟一眼］
>
> 开始。
>
> 欧文：明天这时候起，他们要把拜利毕格的牲畜一头一头杀死，除非他们知道约兰德的下落。
>
> 兰瑟：如果不管用，那48小时后，我们将在下列地区采取进一步行动，驱逐村民，把房屋夷为平地……
>
> 欧文：你不能……
>
> 兰瑟：干你的活。翻译。（Friel 1981：61）

---

① Charles Taylor，1931—，加拿大哲学家、政治活动家，在政治、社会科学和哲学领域卓有建树，曾任牛津大学齐切利社会与政治理论讲座教授。

简单地说,如果欧文按兰瑟的话,照直翻译,就会很轻松。但他没有,因为他是一个口译。在这项工作中,转换和接受几乎在同一时刻发生:译员紧接着说话人开口,间隔短暂,很容易被当作说话人的替身或工具,与后者混为一体。

尽管因翻译受到迫害或殉难的人不计其数,如艾蒂安·多雷[①]、威廉·廷代尔[②]、萨尔曼·拉什迪[③],但笔译在时空上和原文存在距离总是可以为译者提供隐匿的机会。现代化技术如视频和电话形式让口译挣脱了空间上的束缚,但在人类历史上绝大部分时期以及当今世界上绝大部分地区,口译这项工作仍要求译员身临其境。话语的语境对译员来说至关重要,译员不能忽视说话人所处的语境。在上述情境中,欧文必须按照兰瑟的指令行事,而不能说出内心想说的话。

译员的证言

然而,译员在历史上并不总是堕落的天使,受人摆布,无所依靠。从叙事角度来看,对语言资源的掌控让译员在一定程度上享有和神灵或权贵一样的特权和威望。在《德莫特和诺曼伯爵之歌》这首即将译入爱尔兰的法国长篇编年体散文诗中,译员地位的提升得以显现。

这首编年体长诗写于公元1200年前后,歌颂了爱尔兰伦斯特王德莫特·麦克莫罗[④]与诺曼盟军之间的合作。1892年,威廉·奥彭负责编辑该诗时将其命名为《德莫特和诺曼伯爵之歌》。这一编年长诗的开头已经丢失,幸存部分由德莫特故事中通报人角色

① étienne Dolet,1509—1546,法国语言学家,西方近代翻译史上第一个比较系统地提出翻译理论的人,被指控为无神论者而处以绞刑。

② William Tyndale,1494—1536,英国宗教改革家和《圣经》译者,他翻译的《圣经》(未全部完成)是第一部直接译自希腊文和希伯来原文的英译本。

③ Salman Rushdie,1947—,出生于印度的英国作家;1989年,伊朗前精神领袖霍梅尼因其《撒旦诗篇》中有亵渎伊斯兰教先知和《古兰经》内容,号召穆斯林在全世界追杀他。

④ Dermot mac Murrough,为争夺爱尔兰王位,他不惜引入外部力量。1168年,威尔士诺曼伯爵理查德·德·克莱尔(Richard de Clare)率部进入。1171年,在教皇支持下,英格兰诺曼人国王亨利二世挂帆而至,宣称自己是爱尔兰的主人。

的回忆开始：

[有关他的事迹，
是通过他的译员得知，
我记录在此，
此人名叫莫里斯·里根，
曾和国王面对面说话，
他告知我有关国王生平，
有关的故事
莫里斯是国王的口译，
国王对他非常信任。
在这，我不再多说侍卫
因为我要开始讲国王。]（1.1－11）

法语中的“latimer”（译员、口译者）一词源于拉丁语“latimarius”，后演变为“latinarius”。这个名词性实词来自动词“latinare”，意思是“把……译为拉丁语”。让－米克·皮卡德发现，“1086年，当拉丁语‘latinarius’和‘latimarius’出现于《末日审判书》[①]中时，‘latimer’指那些专职秘书或口译，他们边听边译，以听写方式把不同语言中的话或信件译成拉丁语”（Picard 2003：71）。

莫里斯·里根来自爱尔兰南方。从“ke moult l'out cher”这句话可以看出他与国王关系密切。我们得知他被委以重任，去威尔士招募士兵和骑士为国王效力。里根还被派去和诺曼贵族雷蒙德·格罗斯进行谈判；国王愿把胞妹许配给雷蒙德，以得到他的支持：

于是伦斯特王派他的译员
漂洋过海

① *Domesday Book*，指《土地赋税调查书》，又称“最终税册”。1086年，英王威廉一世（征服者）下令进行全国土地调查情况汇编，目的在于了解王田及封臣地产情况，以便收取租税，加强财政管理，并确定封臣义务。由于调查严密且苛刻，让被调查者感觉如同接受末日审判，因此把结果称为《末日审判书》。

与雷蒙德·格罗斯商谈
并答应
把自己的胞妹——
许配给他为妻

谈判所用语言并未说明，但我们可以推断，要么是法语，要么是拉丁语。里根参与的历史活动不仅限于和诺曼人的谈判。根据1626—1661年的相关记载，1170年，都柏林被包围时[①]，他参加了劝降守军的谈判。城中被围的国王叫埃斯卡夫·马克·特科尔，谈判语言可能是双方都会讲的爱尔兰语。

在编年长诗中，译员并不是一个无名的、隐藏在背后的形象。译员不仅有名有姓，而且在爱尔兰历史上的重要事件中发挥了举足轻重的作用。从某种程度上看，里根所扮演的通报人角色不仅没有危害他的形象，反而提升了其声誉。在《翻译》中，欧文的哥哥马努斯怀疑他并不是一名单纯的公务员，而是为帝国当局服务的通报人，这导致兄弟反目。把译员视为间谍或潜在的告密者，导致人们对译员产生怀疑，甚至是敌意，比如人们对科尔特斯的译员玛琳切[②]（Mirandé and Enríquez 1979：24）就是这样。但是，在《德莫特和诺曼伯爵之歌》中，译员参与叙事，因此译员可以强调自身在所处事件中的中心地位。

作为信息提供者，他并未背上两面派的骂名。对编者而言，译员扮演了一个值得信赖的证人角色。此外，值得注意的是，通过莫里斯·里根这个角色，《德莫特和诺曼伯爵之歌》的叙述者突出了口头文化的双重功能。我们被告知，"这个人叫莫里斯·里根，**曾与德莫特国王当面交谈**"（作者强调）。口译最突出的特点是口头性，这种属性引申出第二个功能，即证明功能。口译活动的本质

---

① 指爱尔兰国王洛里·奥康纳（Rory O'Connor）率领军队抵抗来自威尔士的诺曼人，在都柏林将其包围。

② la Malinche，现代墨西哥民族的起源，往往被看成一次带有色情意味的征服：西班牙男人闯入"新大陆"腹地，强奸了原住民女人，并且在她的肚子里留下后代。在历史题材艺术表现中，这个男人形象往往是西班牙征服者埃尔南·科尔特斯（Hernán Cortés）；被强奸的女人则是玛琳切（Malinche），科尔特斯的翻译兼情人。

决定译员必须在编年长记录中的重要时刻亲临现场斡旋，作为信息来源，扮演着重要角色。口译内在的口头性要确保文字记录真实可靠。

在《历史上的译者》[①]一书中，“铸造历史的译员”一文作者指出，

> 话语出口即逝。历史上，有关译员表现的信息大多是从译员本人提供的信件、日记、回忆录、自传中获取，还有各种各样的文件，很多都是稍稍或碰巧触及口译活动。（Delisle and Woodsworth 1995：245）

通过《德莫特和诺曼伯爵之歌》，可以看出上述说法不无道理。正是通过历史记事，我们才得以了解里根的口译活动。但是，另一方面，假如我们预设一个层级关系，让口头语言从属于书面语言，因短暂性而忽视它的价值，这种做法是错误的。

这部13世纪的文本突出了里根作为一个历史人物的影响，这种影响通过口译得以实施。通过口译，他在12世纪后期接触到掌控爱尔兰命运的重要历史人物，不管他们是当地人、斯堪的纳维亚人，还是盎格鲁-诺曼人。正是译员的口头参与，而不是编年史的文字，从根本上决定了一系列历史事件的结果。里根是一位对爱尔兰历史产生深远影响的译员：一方面，具身的代理行为让他极易遭受对身心的各种限制或迫害；另一方面，在得到被代理人授权前提下，他运用语言优势，在关键时刻改变了爱尔兰的历史进程。《翻译》一剧揭示出译员在历史转变时期的重要作用。令人不解的是，在形形色色的剧评中，评论者关注的焦点是翻译或文本，完全忽视了作者对口译及其特殊作用的关照和探索（Peacock 1993；Dantanus 1988）。

---

① *Translators through History*，一本通过译者对翻译史进行研究的书籍，由 Jean Delisle 和 Judith Woodsworth 编著，John Benjamins Publishing 公司于 2012 年出版。

外交家、间谍和官员

掌握拉丁语让里根享有特殊地位。到了都铎王朝①时期，懂得这门语言却让口译活动变得更为复杂。在写给盖尔族长奥卡罗尔的信中，爱尔兰总督②贝灵汉姆③暗示了英国人和爱尔兰人使用拉丁语进行交流的不便：

> 如果你想用拉丁语回信，别忘你是生活在英国国王统治之下，出于礼貌，你应该设法找到一个诚实的、信得过的人代你用英文回信，这也能增加我对你的信任。（引自 Jackson 1973：21）

拉丁语受到猜疑和它本身作为一种语言无关——在英国公立学校和高等院校中它仍是主要科目。之所以不受信任，原因在于熟练掌握拉丁语的人很多都是天主教牧师，他们对新教的忠诚令人怀疑。如果“用拉丁语回信”，回信者可能是一个“不可靠的人”，极有可能是个牧师，给皇室利益带来危害。总督的怀疑不无道理。受过教育，加上在欧洲大陆的生活经历，让16世纪、17世纪的爱尔兰天主教牧师有可能在冲突中担任斡旋角色，这些冲突小到日常行政事务，大到和国家利益息息相关。

圣芳济会④的休·麦克卡威尔就是这样一位牧师。1626年4

---

① 1485—1603年间统治英格兰王国及其属土的王朝。历时118年，共经历了五代君主。始于亨利七世1485年入主英格兰、威尔士和爱尔兰，结束于1603年伊丽莎白一世去世。

② Lord Lieutenant of Ireland，是英国君主官方代表暨爱尔兰政府首脑，在1171年创设，在1922年废除。爱尔兰总督另外一个更广为人知的名称是副王（英文：Viceroy）。爱尔兰政府的事务截至17世纪，都由爱尔兰副总督（Lord Deputy of Ireland）打理。政府事务后来又交由新创设的爱尔兰布政司（英文：Chief Secretary for Ireland）。担任这个职位的人通常是英国贵族，爱尔兰人很少获得委任为总督。

③ Sir Edward Bellingham，1506—1549。

④ Franciscan，或译为“法兰西斯会”、“佛兰西斯会”，是天主教托钵修会派别之一，严格遵守基督耶稣教训。会士着灰色会服，亦称“灰衣修士”，提倡过清贫生活。

月27日，他被任命为（爱尔兰）阿马区①大主教，但是当他仍在罗马等待启程去爱尔兰时，却突然于同年9月22日死去。在罗马圣芳济会驻地——天坛圣母堂，麦克卡威尔是著名的神学家和演说家，拉丁语造诣深厚（Giblin 1995：64）。1571年，他出生于唐郡的一个爱尔兰家庭，著有《忏悔圣事集》，该书爱尔兰语版本于1618年由位于南尼德兰地区鲁汶的圣芳济会出版。麦克卡威尔还是爱尔兰盖尔人首领蒂龙伯爵②两个儿子的老师、伯爵的密友，并于1599年以特使名义，代表蒂龙伯爵，与他的儿子一起出访西班牙。在萨拉曼卡③期间，麦克卡威尔参加了各种传教活动，并且学会了西班牙语。

正是在萨拉曼卡期间，麦克卡威尔决定加入圣芳济会（Ó Cléirigh 1985：48）。1610年，他接任多纳·穆尼，成为鲁汶地区圣安东尼学院监护人（之前他于1607年6月就已抵达鲁汶）。1609年，麦克卡威尔代表蒂龙伯爵和英国政府及国王谈判，表明他已掌握了英语。1614年7月3日，萨默塞特郡④伯爵罗伯特从白厅⑤寄出一封信，敦促在布鲁塞尔的英国议员威廉·特姆博尔终止和麦克卡威尔的联系：

> 国王陛下希望你不要和托钵修会修士或任何与蒂龙伯爵有联系的人签订协议，除非他们对国王陛下宣誓效忠并帮助收回爱尔兰的土地。倘若和他们保持联系，就有可能导致国王陛下长期以来试图统一的努力毁于一旦。（Jennings 1964：354）

---

① Armagh，北爱尔兰南部一市区，据说由圣帕特里克创建，是爱尔兰罗马天主教和新教主教所在地。

② Hugh O'Neill，1540—1616，爱尔兰盖尔族领袖，蒂龙伯爵，后成为爱尔兰国王。

③ Salamanca，位于西班牙西部，萨拉曼卡省首府；老城镇于1988年入选联合国教科文组织世界遗产，市中心的马约尔广场是西班牙和欧洲最美丽的城市广场之一。

④ Somerset，萨默塞特郡，英国英格兰西南部的郡，北临布里斯托尔湾。此郡有两个城市，巴斯是最大城市，而韦尔斯则是另一城市。

⑤ Whitehall，是英国首都伦敦西敏内的一条道路，位于英国国会大厦和特拉法加广场之间。除了是旅游热点，也是英国政府中枢所在地，是英国政府的代名词。

出色的语言天赋让麦克卡威尔在和英国政府谈判时，能为法兰德斯[①]教廷大使基多·本蒂沃格罗提供爱尔兰事件真相，为西班牙王室提供各种信息。1608年5月30日，在给红衣主教伯格斯的信中，本蒂沃格罗提到了这位信息提供者：

> 据我所知，蒂龙伯爵此刻应该在罗马……我确信他被迫离开英国。就像之前我多次给您所提，我能得到这些信息，都多亏那位圣芳济会教士。（引自 Giblin 1995：84）

尽管记载本蒂沃格罗与麦克卡威尔谈话的备忘录从法兰德斯辗转到意大利罗马教廷，但从备忘录的内容来看，他们在谈话中使用了西班牙语和拉丁语。1613年，当麦克卡威尔与都柏林大主教尤金·马修、法国杜埃[②]爱尔兰学院校长克里斯托弗·库萨克一道向本蒂沃格罗提供了一份有关爱尔兰原住民军事需求的文件时，这份文件是由拉丁语起草而成（同上，304—307）。译员角色有多重内涵。在17世纪早期爱尔兰人四处流散的情况下，身为**译员**的麦克卡威尔兼具语言转换和诠释的双重任务。他不仅要在爱尔兰语、拉丁语、英语、西班牙语、（后来在罗马时）意大利语等不同语言之间传递信息、概念和情感，同时为英国议员特姆博尔、教皇特使本蒂沃格罗、蒂龙伯爵、西班牙王室成员以及所有依赖他的人提供口译服务，以便他们能掌握具体事件或计划意图。

然而，值得注意的是，麦克卡威尔的口译并不局限于国与国之间，他在不同领域发挥自己的特长。1610年，西班牙公主将她的神父送往鲁汶，打算把拉特兰宫内的英国律修会[③]修女赶走，代之以新的一批修女。麦克卡威尔奉命担当神父的口译。英国修女感到命运难卜，恳请麦克卡威尔替她们在神父面前求情，让她们能够留下。麦克卡威尔向她们保证，将会说服神父出面向公主求情，最

---

① Flanders，比利时北半部的一个地区，人口主要为说荷兰语的弗拉芒人。

② Douai，法国北部城市，在里尔以南约29公里，斯卡尔普河畔。

③ The Canons Regular of the Lateran，简称 C. R. L，之前称为 Canons Regular of St. Augustine of the Congregation of the Most Holy Savior at the Lateran，律修会教士国际组织。

终为她们带来了令人激动的消息——可以继续留在宫中(Hamilton 1904: 75)。1616年2月18日,麦克卡威尔参与游说杜埃市政局,说明在该地区建英国圣芳济会教堂不会给当地以及周边居民带来额外负担(Lepreux 1875: 266-268, 270-271)。

在这两例中,麦克卡威尔在帮助英国教友时发挥了举足轻重的作用,作为一名译员/斡旋者,他对宗教的虔诚超越了种族和语言差异。麦克卡威尔的过人之处不仅表现在语言能力上。如果想要像他那样从事口译,就必须充分了解爱尔兰冲突各方的政治和文化。麦克卡威尔通过用爱尔兰语写作以及支持鲁汶地区同事用出版刊物的方式来复兴爱尔兰语,这表明他对爱尔兰文化的理解和深厚感情(Cronin 1996: 59-65)。正是由于这个原因,他的别名得以出现在1935年托马斯·奥克利尔的作品《Aodh Mac Aingil和鲁汶现代爱尔兰学派》中。

麦克卡威尔对英国政治的稔熟还可从罗马英国学院校友乔治·利格涅斯事件中窥得一斑。1615年,利格涅斯搬到鲁汶,与耶稣会教士一起居住;他决定写一本书,揭发英王詹姆斯一世对天主教徒的迫害。当利格涅斯带着书稿准备启程前,耶稣会教士害怕受牵连,把他拘捕并没收了他的书稿。利格涅斯于是向布鲁塞尔的罗马教廷公使求情,请求教廷派一名出色的神学家来鉴定作品内容。他点名要麦克卡威尔,认为他不仅是虔诚的神学家,而且熟悉英国国情(Giblin 1995: 90)。像利格涅斯这样的局外人都知道麦克卡威尔对英国政治生活了如指掌,可见把他视为合适的政治斡旋者并与之合作的人绝不仅是特姆博尔一个人。

通过诸多有名有姓、为殖民者(以及后来为被殖民者)服务的译员,就能发现口译服务在16世纪、17世纪爱尔兰殖民化进程中的战略价值。当都铎王朝试图重新占领爱尔兰时,爱尔兰人中只有极少数人会说英语;在征服和被征服过程中,爱尔兰成为语言"战场"。如果被统治者听不懂统治者的话,统治或臣服将无从谈起。1567年,奥康纳·斯利格到伦敦拜会伊丽莎白一世,情景被描述如下:

> 他说爱尔兰语，通过译员告诉女王陛下，此行的目的是亲眼看看这位繁忙而握有重权的女王，与之交谈，并承认之前很长一段时间他与他的祖先都生活在粗鲁、野蛮和未开化的状态之下，对上帝缺乏了解，也不清楚对英王应尽的义务。(引自Jackson 1973：22)

从统治者角度来看，必须首先理解那些愿意臣服者。但是，相比于愿意臣服的人，理解那些不愿意臣服的人（或抵制者）显得更为重要。由于盖尔族领袖和下属说爱尔兰语，因此有必要雇佣一些译员或信息员从事古已有之的间谍或情报收集工作。当然，这些人不能和麦克卡威尔相提并论。在口译工作的演进过程中，很多都是通过跨种族婚姻的方式进行的。1580年，西德尼总督写信给继任者格雷·德·威尔顿，敦促他要不遗余力地招募间谍，并且提到了三个重要人物，分别是托马斯·马斯特森、罗伯特·皮弗和罗伯特·哈特波尔，这三人无一例外地都娶了爱尔兰当地人为妻（Egerton 1847：71）。

娶会说爱尔兰语的当地人为妻，英国人就能利用她们的语言优势来获取他们所需的政治情报和军事动向。这就是我们在本书之前部分（参见原著40－41）提到的依附型口译策略，即殖民者可以雇佣当地人，通过他们/她们来完成传译。与之相对的另一种情形是自主口译策略，殖民者本人可以通过和当地人发生关系，并学会他们的语言，在间谍活动中加以运用。在第一种情况下，总是会有风险：当地人有所觉悟后，回归本土/本族团体，重拾对他们的忠诚。正如威廉·琼斯[①]在《波斯语法》（1771）中所述，对英国官员而言，“雇佣当地人作为口译员非常危险，因为他们往往靠不住”（引自Niranjana 1992：16）。伊丽莎白女王时期的冒险家托马斯·李船长也许会赞成琼斯的看法，尽管他所遭遇的背叛更像是

① Sir William Jones，1746—1794，英国东方学家、语言学家、法学家、翻译家、外语学习天才，最早正式提出印欧语假说，揭示了梵语、希腊语、拉丁语、日耳曼语、凯尔特语之间的同族关系，成为历史比较语言学的奠基人，也有人认为他是语言科学的奠基人。他还是英国第一位汉学家。

家务事。李原来打算在可尔代尔[1]和威克洛郡[2]的交界处建立一块属于自己的“领地”。他先是娶了爱尔兰当地一户人家的女儿为妻，然后通过驱赶或消灭的办法把附近的英国人和爱尔兰人赶走。唐纳德·杰克逊认为，李利用妻子做口译，结果难以预料：

> 他让会说爱尔兰语的妻子作为联络人，密谋除去当地一个最危险的叛乱者；压根没想到，妻子居然背叛了他，把消息透露给那个人。(Jackson 1973：24)

付出了巨大的代价之后，李发现，在为对抗中的双方做口译时，译员忠实的对象在双方之间不断转换；所谓忠实只是相对而言，不会对任何一方保持永久的忠实。

要确保译员的忠实，就必须调整译员的工作情境，给予这项工作一定的公共接受度，对译员进行监督。这也正是西班牙王室在拉美采取的策略。根据《印第安法律纲要》，从1529年到1630年，王室在拉美颁布了十五条有关口译工作的法律。1529年的法律认定译员为总督（地方长官）和法官的助手。1563年，从法律上规定了译员的不同职业等级，译员所获报酬由口译工作的难度和重要性决定，而且颁布了译员职业伦理规范。为殖民政府效力的译员被严令禁止索要或接受当地人的珠宝、服饰或食品（Delisle and Woodsworth 1995：262－263）。在爱尔兰，口译职业化最早可以追溯到16世纪中期，殖民政府设立了为总督服务的爱尔兰语官方口译。在伊丽莎白统治初期，由威廉·唐内担任此职。根据1570年的文献记载，“这句话由蒂厄姆[3]大主教克里斯托弗·鲍德金和唐内先生翻译”（Hughes 1960：24）。1588年，这一职位则由托马斯·卡希尔担任。

在爱尔兰，要想长期保留官方译员职位非常困难，原因在于岛上各语种之间存有不均等的地位。尽管爱尔兰施行的英语语言政

---

① Kildare，爱尔兰的一个郡，位于爱尔兰岛中部，历史上属伦斯特省。

② Wicklow，爱尔兰的一个郡，位于爱尔兰岛东部海岸，历史上属伦斯特省。

③ Tuaim，位于爱尔兰中西部，旅游胜地高威市北面。

策在不断调整，在福音派新教本土化以及王位争夺文化冲突中存在着巨大张力。到了17世纪末，爱尔兰语最终被挤出官方及政治层面（Cronin 1996：47－90）。在这种情况下，我们看到，尽管法庭仍提供口译服务，但新政体不再保留口译。通过出色的情报和谈判工作，译员帮助殖民者实现了统治目标，但遭到了弃用，成为自己技能的牺牲品。当新政体形成后，以官方名义设立译员一职，就会赋予一度被视为煽动叛乱和不忠的语言以合法地位。倘若官方译员在爱尔兰再次出现，就意味着爱尔兰语和英语一样享有合法地位；事实上，在这个国家，爱尔兰语早已被英语取代，后者成为官方或通用语言（Daltún 1983：12－14）。

在罗斯·罗兰德所著《作为外交家的译员》一书前言中，让·德利尔[①]指出，"语言不仅是一种交流工具：它是国家声望的标志，通过译员在国际舞台得以显现"（Delisle 1999：2）。安排译员并不仅仅是为了方便交流，因为译员的出现表明赋予某种语言特殊地位，保证了政治关系的对等与平衡，这对都铎王朝时代的爱尔兰来说显得尤为重要。英国人不仅通过占有领土、摧毁军事设施来实现对这个国家的侵占，而且还通过不断涵化[②]达到征服的目的。通过消除语言障碍，口译活动促进了交流，译员的存在确立并且维系了不同语言文化之间差异的空间。尽管爱尔兰盖尔人领袖蒂龙伯爵会说英语，但仍通过译员与英王伊丽莎白进行交流，这种对话方式表明了双方不同的文化和政治立场，以及由此带来的差异，让口译成为一种集互动与抵制于一体的活动。从17世纪到18世纪，口译这种布鲁斯·安德森所说的"交流竞技场"在爱尔兰发生了显著变化（Anderson 1976：209）。在16世纪和17世纪，口译在爱尔兰政治和法律生活中仍占有一席之地；进入18世纪后，尽管法庭仍雇佣译员，口译逐渐淡出政治领域；译员从国家政治领域的消失也暗含着爱尔兰语命运的变迁：当她从国家权力和权势机构中被剥离出来后，也给这个民族带来了长期的、灾难性的后果。

① Jean Delisle，加拿大渥太华大学翻译系主任、国际翻译界知名学者。
② acculturation，不同文化群体因持久地相互集中的接触，两者间相互适应、借用，其结果使一方或双方原有的文化模式发生文化变迁或部分渗透。

冲突的转喻

由于政局发生的剧烈变化，口译于18世纪末重新出现在爱尔兰政治军事博弈的前沿。1798年，在法国支持下，联合爱尔兰人①发动了武装暴动。由亨伯特将军率领的一支法军在梅奥郡②的基拉拉登陆。在远征前，法国人就已经预见到语言不同的问题，有人强烈建议招募一名既懂法语又懂爱尔兰语、还懂一些英语的译员。最后，经人介绍，亨伯特将军从军中找到了一位会说爱尔兰语的军官亨利·奥卡恩，这个人一开始被称为"MacKeon"（Bertaud 1990：225）。

这名军官其实是出生在梅奥的爱尔兰人，后来移居到法国。他曾于1788年在布列塔尼半岛南特省附近的圣埃尔芒教区担任助理牧师。在18世纪末法国激进思想影响下，奥卡恩加入了爱尔兰共济会组织（Keogh 1993：182；Hayes 1945：48）。在亨伯特军中，奥卡恩被任命为法国远征军的参谋和随军翻译。在康诺特战役中，无论是作为士兵，还是译员，奥卡恩都表现出色；他的机智勇敢让亨伯特将军在1800年的一封信中称他为"公民亨利·奥卡恩"（Beiner 2001）。暴动最终被英国军队镇压，奥卡恩以叛国罪被带到卡斯尔巴的军事法庭接受审判。他被判处死刑，但与同伴不同的是他被缓期执行。后来，他辗转回到法国，先后参加了共和战役和拿破仑战争③，因表现出色被授予荣誉军团勋章，于1815年光荣退役。

和莫里斯·里根一样，亨利·奥卡恩的故事也在诗中出现，后被作为歌曲传唱，在19世纪和20世纪的爱尔兰梅奥郡西部广为流传。盖伊·贝纳把这首唯一幸存的歌曲转写、翻译出来

---

① United Irishmen，成立于1791年，是爱尔兰争取民族独立和政治宗教改革的组织，主要领导人为沃尔夫·汤恩（Theobald Wolfe Tone）。

② Mayo，位于爱尔兰西部，属于康诺特省（Connacht）。

③ 指拿破仑执政（1799—1804）和法兰西第一帝国（1804—1815）时代，法国资产阶级为了在欧洲建立政治和经济霸权，同英国争夺贸易和殖民地，以及兼并新领土而与奥、普、俄、英为核心的反法联盟进行的一系列战争。

(Beiner 2001),首节如下:

法国人从海上集结而来
盖尔人得到他们长期的帮助
挺起你的胸膛、高昂你的头
和卡恩下士一起迈步前进

这首歌被传唱,是为了鼓动梅奥郡本地和附近的人加入法爱联军(Hayes 1979: 243)。和《德莫特和诺曼伯爵之歌》一样,译员作为主角成为颂扬的对象。姓名不详的作者把亨伯特将军的译员,而不是他本人,视为爱尔兰人联合会的化身,如同人们把盎格鲁-诺曼人的胜利归功于莫里斯·里根一样。在冲突过程中,译员总是暗中进行转喻,而非隐喻式的挪用。换言之,人们习惯用女性形象来暗指几个世纪以来爱尔兰对外来侵略和压迫的抵抗,这种抵抗主要以隐喻的方式进行。海盗格雷丝①、班巴②、凯瑟琳③都属于这类在艰难处境中顽强抵抗的形象(McPeake 2001)。

和她们不一样,译员通过主动参与,成为冲突的化身。置身其中的他们成为冲突的转喻。但是,口译任务内在的双重性,即在不同语言/文化之间斡旋,让结盟概念变得复杂起来,通过对手对1798年战争的记录中显现出来。比如,忠于英国王室的理查德·马斯格雷夫爵士认为这个来自梅奥的译员是"仁慈的,在各种场合反对对天主教徒的血腥处置";马斯格雷夫进一步提到,"奥卡恩没有那种暴动者常见的嗜血性,不止一次阻止反叛者杀害被虏获的新教徒"(Musgrave 1995: 546-547, 560-561, 565)。

提到奥卡恩时,新教主教斯托克说:"他的话语强硬且霸道",但主教也意识到奥卡恩阻止法爱联军对当地新教徒的迫害(Freyer 1982: 58-60)。奥卡恩让敌人感到宽慰,却让他的爱尔兰盟友感

① Grace O'Malley,爱尔兰民间传说中的 Granuaile,有"康诺特海上女王"之称。
② Banbha,为爱尔兰命名的三女神之一,另两个是埃利欧(Eriu)和福特拉(Fodla)。
③ Kathleen Ni Houlihan,象征爱尔兰母性形象的神秘的、无家可归的妇女,和年轻的、离家出走的新郎一起,与偷走土地的压迫者进行抗争。

到担忧。梅奥郡穆格瓦夫市的多米尼克·麦克唐奈在叙述1798年民间传说时，称奥卡恩是一个“勇敢的战士”和“伟大的演说家”，很少有人“能像他那样在公众前发表演说”。但是，由于他到处征募士兵，有时采取威逼或恐吓手段，“当地人都很怕他，尽量躲开他”（Hayes 1979：219）。就像麦克唐奈描述的那样，为了躲避奥卡恩，大约有50个人藏在麦克纳尔蒂的一处大宅里；奥卡恩来搜查时，开枪打死了一只狗。

考虑到可能遭遇英国军队及其随从的处罚，当地人不愿卷入暴动的心理情有可原。在冲突中，对被俘法国士兵和军官的处置都参照战争公约进行，而爱尔兰人则一律以叛国罪名被处决（O'Donnell 1998）。会说爱尔兰语，让奥卡恩成为“伟大的说客”，具备了译员的基本素质；而驾驭听众的能力展现出他不同一般的交际能力。这种能力让他作为随军口译得到了亨伯特将军的认可。但是，这种能力也让他在当地人心目中的形象变得矛盾和含糊不定。一方面，他是人们歌颂、赞扬、仰慕的对象；另一方面，当劝说无效，会说爱尔兰语的他就会软硬兼施，用胁迫手段逼人就范，比那些不会说当地话的法国军官更具蛊惑和破坏性。会说爱尔兰语的奥卡恩让当地人变得更加脆弱。他们藏身于屋内，恰恰是因为他们无处可藏，因为奥卡恩对他们的想法和行踪了如指掌，这让他们感到恐惧。在歌曲、民间故事和当地历史中出现的译员形象其实就是当地人内心的写照，反映出他们在冲突和战争中的艰难处境。

评判译员

如同前文所述，当盖尔人政权垮台后，译员虽然从政治领域淡出，但他们仍在法律体系中发挥作用（Ní Dhonnchadha 2000）。在19世纪初的爱尔兰社会，大多数人都说爱尔兰语，推行一种人们听不懂的语言既不实际，也有违民意，但这种事不能避免。无论是在文学还是在法律文献中，关于口译实践的一个永恒话题就是译员经常作为干预/介入者的本质，这和现代法庭口译实践所推崇的公平、克己的“传声筒”规范相去甚远。

一个典型的例子发生在19世纪上半叶，即爱尔兰律师和政治家丹尼尔·奥康奈尔在南部参加巡回审判的一则轶事。一位老人用爱尔兰语恳求奥康奈尔为他的独生子辩护，并允诺如果他愿意，自己愿拿出十畿尼的毕生积蓄给他。奥康奈尔拒绝了，告诉老人自己和同事另有安排，并且说这样做有违职业道德；但是他把同事詹姆斯·里昂推荐给老人，建议老人把报酬付给他。奥康奈尔告诉老人，里昂在庭审中会像自己一样尽全力为他的儿子辩护。听到这话，老人哭了起来，只好回到和他一起等待结果的家人中间，在焦急中等待。当庭审结束后，奥康奈尔走出法庭，发现马路对面一群人围着一个英俊的小伙子欢呼不已，在这群人中间他一眼就发现了早上来求他帮忙的那个老人。律师大步走上前去，握住老人的手。

> “儿子没事了吧？”
>
> “是的，感谢上帝。”
>
> “哦，你听了我的建议，把十畿尼给了里昂？”
>
> “不，上帝，根本没有！我没有白花钱——我把它们全给了译员。”（McArdle 1995：55）

通过这件事，我们就能发现译员不仅会接受贿赂，并且他（女译员直到20世纪末才在爱尔兰法庭出现）还会利用自己的双语知识以及法官不会说当地语言来得到自己想要的结果。

在杰拉德·格里芬19世纪出版的著名小说《大学生》①（1834）中，当明明会说爱尔兰语的法庭书记员荷拉翰先生声称自己不懂爱尔兰语时，直性子的丹·达利挺身而出，当庭宣誓出任译员，插手庭审。但是，在这个案子中，译员的介入却帮了控方的忙。当他询问一个名叫菲利普·诺滕的被告，是否认识死去的埃里·奥康纳，被告却答非所问，这一下子惹恼了丹·达利：

---

① *The Collegians*

> “他说，”译员说道：“他年轻时曾向克莱格镇的欧康纳先生租了一小块农场，在特拉利附近。法官大人，这家伙太不老实，像兔子一样狡猾；我宁愿像个铺路工人一样身无分文，也不愿意再问这种流氓任何问题。”(Griffin 1944: 379)

由于19世纪爱尔兰法庭没有笔录，所以不可能找到证据来证实译员是否有偏袒行为。但是，在庭审过程中，译员作为介入者或操控者的形象发人深省。这可能有两层原因：一方面，与语言和权力有关；另一方面，取决于书面文化和口头文化之间的张力。

17世纪，英国殖民者在爱尔兰利用法律手段来推行土地征收，到了18世纪，又推出了对大多数人带有歧视的法令，让信奉天主教的当地人对法律产生了怀疑。尽管人们仍会通过法庭寻求补偿，但对这个体系还是心存怀疑。站在失去土地、流离失所的当地人立场上来看这种不对称的体制，语言可以变成反抗的工具，为那些在法庭以及其他公共生活领域处于劣势的人谋求利益，或维护他们的权益。译员成为失势/弱势群体的潜在代言人或维权者，这种情形不仅在爱尔兰，而且在世界其他殖民地也不断出现。我们特意用了“潜在”这个词，是因为译员可能见机行事，利用自己所处的特殊位置，讨好雇主，不但有可能和雇主形成共谋，还有可能随机应变，并借机向服务对象索要钱财。

无论是狡猾的译员，还是明明能听懂(会说英语)却坚持要译员的被告，这些反复出现的形象折射出19世纪爱尔兰存在的政治-语言焦虑。不管是在岛内还是岛外，当爱尔兰人逐渐放弃自己的母语，把自己译入英语时，那些被告或证人对译员忠实性以及自身英语能力的担心反映出后联邦时代①人们对政治体系和操控的忧虑。在某种程度上，法庭口译提醒人们爱尔兰人的生活和经历并

---

① 随着爱尔兰民族独立运动的高涨，英国政府同爱尔兰于1921年12月签订了《英爱条约》，允许爱南部26个郡成立“自由邦”，享有自治权。北部6郡(现北爱尔兰)仍归英国。1937年，爱尔兰宪法宣布“自由邦”为共和国，但仍留在英联邦内。1948年12月21日，爱尔兰议会通过法律，宣布脱离英联邦。1949年4月18日，英承认爱独立，但拒绝归还北部6郡。爱尔兰独立后，爱尔兰历届政府均把实现南北爱尔兰统一作为既定政策。

不是英语言说的对象。更为重要的是，对口译的依赖会加剧人们对译员/口译的怀疑，把它视为英国化/殖民化的标志。离不开译员，表明当事人没有融入英语，正是这些需要口译服务的人（两面性的当地人），而不是译员的雇佣者，不断遭到置疑。

20世纪初期，克莱尔郡①律师迈克尔·麦克纳马拉在法庭上的表现经常被提及。有一次，他作为译员参加一起债务诉讼，为被指控欠债的爱尔兰人做口译，帮助被告宣誓：

> 律师用爱尔兰语对他说："现在仔细听好誓言的内容，然后跟着我重复——'如果我在本案中没有说实话——'"
>
> "如果我在本案中没有说实话——"
>
> "那么就让我的牛染上瘟疫——"
>
> "您说什么，律师？您确定这是誓言里的话？"
>
> "继续，重复你的誓言：'那让我的牛染上瘟疫——'"
>
> "哦！上帝！'让我的牛染上瘟疫——'"
>
> "让我所有的羊都掉下悬崖——"
>
> "啊，律师，你在让我发什么誓？我从来没听过有这样的誓言！"
>
> "继续，先生。不要和我争辩，重复你的誓言：'让我所有的羊都掉下悬崖——'"
>
> "噢！上帝，帮帮我们吧！'让我所有的羊都——'律师，您确定这誓言对吗？"
>
> "继续，先生！"
>
> "噢！上帝！'让我所有的羊都掉下悬崖——'"
>
> "让我的孩子都染上顽疾——"
>
> "天哪，律师，请告诉法官大人，我是欠了债，我只不过想有多一点时间来偿还它！"（Healy 1939：152－153）

抛开控方律师兼任译员这一有违常规的做法不谈，这个故事

① Clare，位于爱尔兰中西部，属于蒙斯特省。

的可笑之处在于译员在法定的正式场合中使用了一种不规范的宣誓方式。通过宣誓这个环节，译员迫使那个可怜的被告拿自己熟悉的东西来发誓。麦克纳马拉“担心被告抵赖或不承认欠债”，改用了一种比正式法律宣誓文本更有效的、未成文的口头誓言，让被告就范。

和笔译不同，口译在本质上来说是一种口头遭遇行为；由书面文化决定的口头传统和保留口头文化特色的口头传统二者之间存在差别，在口译中有清楚的标记；对这种差别的忽视是导致 19 世纪、20 世纪口译故事中爱尔兰人被遮蔽的原因所在。在列举以口头方式保留的思想或表达特点时，沃尔特 · 翁[①]提到了口头话语/交际的“冗余”和“过量”本质。在写作中，借助书面符号对已述信息的提示，思想能够以线性方式不断向前推进。但是，口头交流却是另一回事，说出的话瞬间即逝，除了大脑能记住的信息，别的无从追溯。因此，在口头交流中，“思想必须慢一些，才能紧扣输出信息的关键。多余或重复是保证听说双方相互理解的必要手段”(Ong 1982：40)。此外，面对大量听众时，音响设备还可能出现问题，需要不断重复以确保每个人都能听清楚；由于心口不一，导致说话过程中经常出现要命的支吾，“口头表达追求的是流利、完整和不间断”。在克莱尔案例中，译员正是通过不断重复的诅咒，让被告就范：如果他在慌乱中负隅抵抗，咒语就会以不同形式反复出现，直到他认罪为止。

在那些处于权力位置的人看来，他们通过法律、法令和法治手段建立了合法的书面文化体系。那些主要依靠口头表达、缺乏文字作证/支撑的话语，经过口译后，简直就是“花言巧语”、“胡扯”、“啰嗦”或“臆想”的遁词。受过教育的人会认为(日常)话语根本不可能做到完整或不间断。在口译中，如果译员**忠实**于说爱尔兰语的当事人，把他们喋喋不休的话语都翻译成英语，就会给人造成一种**不真实**的印象。在这种情况下，人们期待译员能够进行二次

---

① Walter J. Ong，1912—2003，生前任美国圣路易斯大学教授，传播学媒介环境学派第二代核心人物，以研究中世纪人文学者和口语文化著称；提出了口语文化 - 书面文化的两极性概念，首创原生口语文化和次生口语文化的分野，界定了原生口语文化的九大特征。

翻译，即把一种语言译成另一种语言时，同时也把一种形式的语言（口语）译成另一种形式的语言（书面语）。

在《翻译》中，当情况陡然严峻，欧文要从相反的方向翻译，把兰瑟发出的威胁（一种非常正式的、书面体的语言）翻译成更为口语化的形式，尽管（出于剧情安排）是在同一种语言内。译员陷入了双重制约。如果他们不能在口头/书面形式之间进行切换，来自口头/弱势语言的人就无法真正理解说话人的动机或目的；而一旦他们实行了这种切换，就有可能陷入另一种不忠的境地，即未能展现出原语说话者的真实意图（Sturge 1997：21－38）。因此，跨文化间交流存在双重困境：一方面，要把信息和情感从一种语言传达到另一种语言；另一方面，要在以口头或书面为主的两种不同文化之间进行斡旋。

把书面文化视为口头传统的威胁是错误的，如同我们在本章开头所提到的，普鲁塔克在其著作中关注的是雄辩口才的重要性，以及它在缔造帝国臣民方面的作用。翻译研究的一项任务就是揭示翻译问题总是在意想不到的时候出现；采用一种翻译或跨文化视角来审视经典文本，能引发新的解读，尤其是能够凸显翻译、身份和权力之间的重要关系。在一项宏大的、关于英语语言史的分析中，小说家梅尔文·布拉格①毫不夸张地把莎士比亚视为语言天才：

> 他不仅被公认为世界上有史以来最伟大的作者，同时也是世界上已知的被评论最多的作者。要想得到所有这些文献，史学家和评论家必须翻阅德语、意大利语、西班牙语、法语、荷兰语、俄罗斯语、日语、印度语等多种语言文本。他的作品被译入五十多种语言。他不仅属于一个时代，他是不朽的；他是我们的骄傲，是我们的预言，而且已经显现。（Bragg 2003：141）

---

① Melvyn Bragg，英国资深播音人和小说家。

在某种程度上，布拉格的评价印证了德里达在《巴别塔》[1]中的直觉，即翻译是创作之源（Derrida 1985：165－248）。循着德里达的思路，可以发现文学的一个悖论：正是那些以不可译著称的作家（如乔伊斯、普鲁斯特、莎士比亚等）反而激发了翻译的尝试，诱使人们通过翻译来化解不可译。但是，我们在本章关注的并不是翻译对经典作家（比如莎士比亚）的改变，而是力图展示出莎士比亚作品中的翻译问题。更确切地说，我们将采用一种文内翻译法，透过翻译来显现莎士比亚作品在跨文化交流中来表达英国或进一步说欧洲对语言、权力、身份、变形、接近、操控等问题的关切。翻译问题注定与大不列颠这个"独一无二"的岛屿将自身译入世界的方式有关，这个岛屿国家的可译性通过莎士比亚这个世界上被翻译最多的剧作家的作品展现或预示。

16世纪和17世纪早期，发生在英格兰和爱尔兰的口笔译实践，以及它们在这一时期双方政治、军事冲突中所起的作用，为研究这类问题提供了素材。首先，我们将勾勒出口才的古典和文艺复兴理论背景，继而探讨莎士比亚剧中呈现出的翻译与英国民族主义和帝国主义之间的关系。这种研究具有双重目的：一方面，通过本章我们对口译的讨论，揭示出翻译中的身份问题有着悠久的历史渊源，并不是到20世纪末才出现的；另一方面，对文学翻译的研究既要从文本之间进行，也要深入文本内部，针对翻译现象产生的与历史无关的或片面的理解将不可避免地造成学科的褊狭和研究的短视。

口　才

欧洲文艺复兴中的一个永恒的话题就是"教养"这一概念。一个人有了教养，才得以进入文明团体，成为城市国家的公民（Bryson 1998）。自然而然，人们不惜通过各种辩论或手段来确定

---

① 德里达于1985年发表的《巴别塔》被视为《圣经》解读影响最大的一篇文献。文章探讨了翻译的不可能，但在不可能的同时揭示出翻译不可或缺。

教养是什么以及如何培养它。语言在教养的形成或展现中占据中心地位，这已成共识；语言和口才之间关系密切。口才不仅在这个世界产生，而且具有改变这个世界的力量。因此，文艺复兴革新理念的一个核心在于坚信好的演说（言词的巧妙组合）具有改变听众思想、习惯和性情的潜在力量。

从皮尔·保罗·韦尔杰里奥①的《适合自由年轻人的性格和研究》（1402—1403）一书中，可以找到一个范例。韦尔杰里奥列出了那些能够帮助年轻人培养教养、提高经济和社会地位的学习内容，除历史和道德哲学外，他特别强调了第三项：口才。

> 哲学让我们形成正确的观念，这是待人接物的基础；雄辩的口才让我们说话掷地有声、文采飞扬，这是我们征服听众思想最有效的技能。（Vergerio 2002：40）

韦尔杰里奥并没有创新，只不过是借用了古代范例，点燃了文艺复兴思想。在《论发明》一书中，西塞罗塑造出殖民化的原始场景——殖民者通过雄辩口才把粗俗、未开化的野蛮人变得更有教养。在《论最优秀的演说家》一书中，他阐明了语言与交友以及影响他人之间的关系：

> 伟大的演说家能够通过演说来教导、愉悦、感化听众。口才包括语言和思维两方面。我们必须保证纯正精确的措辞——标准拉丁语——选择恰当及内涵丰富的词语。所谓“恰当”，是指我们要做到用词优雅；在使用比喻时，更要小心谨慎，避免出现牵强的、不恰当的对比。（Cicero 1997：7 –8）

西塞罗的观点暗含了古典修辞学传统。一旦说话者抓住了拓扑斯——**位置**②，他就有可能赢得争辩。伟大的演说家成为独一无

---

① Pier Paolo Vergerio，1370—1444，意大利文学家、政治家和教会律师。

② Topos，源自希腊语，意思是“位置”。

二的主宰者，其他人则被逐出或由于言辞拙劣而被迫放弃冲突区域。从这点可以看出口才的竞争性和意在占有的本质。通过引导我们思考演说者所能利用的资源，昆体良[①]在翻译和口才之间建立起关联：

> 由于希腊作家著述丰富，对口才的研究别具匠心。对他们进行翻译时，我们要尽可能使用优美的词，来丰富我们自身的语言。对于辞格，即用来修饰语言的手段，我们必须发挥创造性，才能加以传译，因为罗马语和希腊语之间存在着巨大差异。（Quintilian 1997：20）

如果口才与权力的饯行有关，翻译也是，它让（政治上的）强势文化得以挪用那些被帝国吞并或处于从属地位文化的"丰富本质"。昆体良认为，优秀演说者的权力在于巧妙利用了他译，即"我们所用的就属于我们"，而不是自以为是、傲慢的自译。无论是发生在古代还是在文艺复兴时期的重新挪用，西方一直有把杰出演说家视为权威的传统。能言善辩者不但可以劝说听众采取行动，还能说服他们放弃先前的土地；通过雄辩实现的掠夺让言说者变得更加强大。

在莎士比亚剧中探寻翻译、口才和帝国之间的重要关联，首先要考虑莎翁历史剧中的内在转换。让·马克·沙德拉揭示出从《理查二世》[②]到《亨利五世》[③]、《凯撒大帝》[④]和《科利奥兰纳斯》[⑤]的关键转变：

---

① Marcus Fabius Quintilianus，约公元前100—公元前35，古罗马最有成就的教育理论家，也是著名的演说家。

② *Richard II*，写于1595年，描写了理查二世被波林勃洛克（夺位后成为亨利四世）政治上击败、军事上围困、最后被囚被杀的过程。

③ *Henry V*，写于1599年，故事基于英格兰亨利五世国王的人生，着重描写百年战争期间阿金库尔战役的前后事件。

④ *Julius Caesar*，写于1599年，围绕罗马历史上公元前44年恺撒遇刺的前后事件，对政治阴谋以及群众被轻易操弄的描绘深刻，是莎剧中对群众暗讽最有力的作品。

⑤ *Coriolanus*，莎士比亚晚年的创作，讲述罗马共和国英雄马歇斯（被称为科利奥兰纳斯），因性格多疑、脾气暴躁，得罪了公众而被逐出罗马的悲剧。

> 在权力扩张主义本质的作用下，这个关注过去、带有封闭和防御性质的社会开始发生变化，开始了向外拓展的征程。(Chadelat 2003：244)

于是，我们看到，这个国家开始从《理查二世》的他治世界转变为《亨利五世》、《凯撒大帝》和《科利奥兰纳斯》时期的自治社会：前者依赖神学体系，以形而上思想为指引；后者是追求自治与自主，让政治成为现实和象征意义上的变革场点。

在变革中暗含着一种理念，即权力可以在空间中不断增长，空间也可以借助权力而不断延伸。显然，莎士比亚开拓了英语语言资源和英语戏剧创作，这种开拓与英国在海外进行疆域扩张同步。当英国开始对内巩固君主制度、对外采取帝国主义扩张时，它也同时开始在境内提升英语的合法地位，并在此基础上把它推向海外。二者之间相互关联，绝非巧合，通过"都铎对爱尔兰的征服"[①]过程中一批军事冒险家和宣传者表现出来。比如费恩斯·莫里森[②]。作为英国在爱尔兰事业的狂热拥护者，他坚定不移地支持使用英语。他不但竭尽全力维护英语，并且声称：

> 那些中伤英语并将其视为乞丐破斗篷的人遭到驳斥；英语应当被视为开满芬芳花朵的诗篇。经过长时间完善，不管是散文还是诗歌，英语都趋于成熟，可以轻松、简洁地传达出各种意义。(Moryson 1903：437－438)

1579 年，曾在爱尔兰西南部芒斯特地区使用暴力手段镇压爱

---

① 16 世纪，在不列颠和爱尔兰群岛的历史语境中，英格兰与爱尔兰发生了更为直接的对话。史学家习惯称之为"都铎王朝对爱尔兰的征服"或是"都铎王朝对爱尔兰的再征服"。此后，爱尔兰成了英国挥之不去的梦魇，也开始了爱尔兰反抗英国争取独立的百年事业。

② Fynes Moryson，1566—1630，在 16 世纪最后十年中在欧洲大陆和地中海东部地区旅行，在此基础上完成《旅程》一书。

尔兰叛军的汉弗里·吉尔伯特[①]也积极倡导在岛内推行英语。他建议在伦敦建立一座学院，并将其命名为伊丽莎白女王学院，和牛津、剑桥形成鼎力之势。学院将针对演说提供全面训练，并且和其他大学有所区别：在教学过程中将使用英语，而不是拉丁语。此外，吉尔伯特建议学院的每位老师每三年应当“将一些名著翻译成英语并出版”（Gilbert 1869：3）。

英语变得越有表现力，就越有可能成为帝国的语言；花束中的花越多，就越容易被采摘并占有。作为“16世纪的昆体良”，吉尔伯特认识到，语言自身不可能去掠取，他要求口才培训师同时成为译者。作为军人和教育理论家，吉尔伯特对翻译的兴趣不足为奇。正如帕特丽娅·帕默在《现代爱尔兰初期的语言与征服》中所述：

> 在这个时期，许多翻译高手，如布里斯基特、芬顿、古奇和哈林顿，都亲自参加了征服爱尔兰的行动，印证了在抵御英语入侵与扩大英语使用范围之间存在的巨大张力。（Palmer 2001：111）

莎士比亚正是在通过翻译实现的语言/疆域扩张这一语境下进行创作的。

透过莎士比亚作品，我们可以看到，翻译成为国家建立以及帝国形成过程中众多因素的一环。而且，翻译也展现出这个国家在扩张过程中所经历的各种焦虑。在莎士比亚作品中，翻译的政治涉及法语和爱尔兰盖尔语。我们将关注《亨利六世·中》[②]和《亨利五世》，因为它们提供了丰富的视角，帮助我们观察都铎王朝时期由必要而又麻烦不断的翻译引发的怀疑和困惑。

---

① Humphrey Gilbert，1539—1583，英国军人、航海家、探险家和海盗、纽芬兰岛征服者。

② 莎士比亚早期创作的历史剧，内容概括亨利六世24岁到34岁（1445—1455）的英国史，主要是国王所属兰开斯特家族（红玫瑰为家徽）的衰落和约克家族（白玫瑰为家徽）的逐步兴起、在玫瑰战争期间的人民困苦、发生了以杰克·凯德为首的民变情况。

两面派

在《亨利六世·中》里，叛军首领杰克·凯德与国王的拥护者斯塔福德展开对话，前者说他对赛伊勋爵表示怀疑。凯德对塞伊的态度和语言问题有关，确切地说，是和后者所担任的翻译——在英法两种语言之间从事语言中介——这一角色有关。

> 凯德：……众位王爷，我告诉你们，赛伊勋爵阉割了联邦，把它变成一个太监。更有甚者，他会说法国话，可见他是个卖国贼。
>
> 斯塔福德：哎，多么粗俗而无知！
>
> 凯德：嘿，有本事，就回答我的话。法国人是我们的敌人，那么，我请问你：一个会说敌人语言的人会是好的大臣吗？
>
> (IV. ii. 178 – 186)
>
> *此处及以下各处对莎士比亚作品的引用都出自 W. J. 克雷格所编《莎士比亚全集》(牛津：牛津大学出版社，1974)，作者注。

我们不能像斯塔福特那样，把凯德的话看成"粗俗且无知"的表现。事实上，凯德只是道出了伊丽莎白时期普通英国人的心声，即会说外语的人不太可能对自己的国家/母语保持忠诚。埃德蒙·斯宾赛①在《论爱尔兰现状》中提出了与凯德大体相似的观点，主张彻底废除爱尔兰语："说的是爱尔兰语，心必定属于爱尔兰，因为言由心生"(Spenser 1970：68)。

当塞伊被叛军抓获并带到凯德面前时，他为自己的语言中介行为进行辩护道："为了你们的利益，我曾竭力游说外国君主"(IV. vii. 82 – 83)。正如塞伊所言，作为一种通过语言斡旋，翻译在冲突中不仅是必须的，而且具有战略意义。可惜的是，凯德意识

① Edmund Spenser，1552—1599，英国文艺复兴时期伟大诗人，代表作有长篇史诗《仙后》，田园诗集《牧人月历》，组诗《情诗小唱十四行诗集》、《婚前曲》、《祝婚曲》等。

不到这一点,塞伊也因此无法保全自身性命。凯德对塞伊的申辩无动于衷实在出乎意料,因为他自己曾和凯德一样,不仅握有重权,而且还亲自介入翻译,简直就是塞伊的翻版。通过约克的描述,我们了解到凯德在爱尔兰战争中的杰出军事才能。约克突出了凯德的骁勇和不屈不挠:

在爱尔兰,我曾见到执拗的凯德
与一群爱尔兰标枪兵鏖战,
直到大腿上中满飞镖
好似刺猬一般。
最后他被救出来,我看见
他又蹦又跳犹如跳着莫里斯舞,
把带血的飞镖像铃铛一样摇来摇去。
(III. i. 360 – 366)

但是,约克接下透露的信息成为我们了解凯德的关键:

他经常装成蓬头卷发的枪兵,
去和敌人交流,
在敌人发觉前安全返回,
向我报告敌人的恶行。
(III. i. 367 – 370)

约克的描述展现出凯德充当了译员——把爱尔兰盖尔语译成英语,彰显出凯德作为士兵和盟友具有不可估量的价值。的确,如果凯德不懂爱尔兰盖尔语,肯定无法和爱尔兰"标枪兵"进行交流,而且他的爱尔兰语要非常地道,才能"遮人耳目"。和忠于国王的塞伊一样,反叛者凯德扮演了双重代理角色;恰恰是英国王室的扩张行为把他们变成了译者。透过约克的描述,我们可以发现,英王室的政治野心直指法、爱两国。约克直言,自己"心系英格兰、法兰西和爱尔兰"。人们对他既害怕又敬重,用萨利斯伯雷的话说，“在爱尔兰，你为当地人带来文明秩序”（I. i. 195 – 196），和“在法兰西，你战功卓著”（I. i. 197）。在爱尔兰和法国两地辗转，都离不开语言和翻译；无论是身处他乡，还是在国内，只要是和翻译打交道，注定要遭遇无处不在的风险与危险。

有趣的是，在戏剧中，翻译这一主题不仅从口译实践的直接描述中表现出来，而且通过各种隐晦的方式表达出来。在《亨利六世·中》里，凯德这一人物的突出特点就是不断使用双关语。不管是内心独白，还是与他人交流，他总是喜欢玩文字游戏，以至于双关语成了他的标志。凯德对双关语的过度偏爱可能暗示着内心深处的不安，出于对之前贵族主人恶作剧般的、机智的、不加掩饰的模仿，抑或是莎士比亚赋予下层人物特有的滑稽语调。但是，我们也可以把凯德的双关语情节视为一种双语形式：作为语内翻译中的双语（双关语）折射出跨越（盖尔语 – 英语）的语际翻译行为（Delabastita 1993）。凯德的“双语”有双重含义：在爱尔兰他是一个穿梭于盖尔语和英语之间的译者，在英格兰他是一个爱说双关语的人和篡权者，经常话中有话。

通过描述凯德的政治野心和他在爱尔兰的活动，可以发现他的译者身份。约克告诉我们，凯德在爱尔兰充当了信息提供者，他乔装改扮：之所以能够“遮人耳目”，是因为他和爱尔兰步兵一样“蓬头散发”。盖尔原住民的穿着和都铎王朝统治者的服饰有很大差别，如果不这么穿，肯定立马被发现（Dunlevy 1989：43 – 64）。凯德本人原本就是个裁缝。当部下乔治·培维斯试图找到一个合适的形象来描述他的政治抱负时，他从凯德这个叛军首领的本行中得到了灵感：“服装师凯德打算把联邦装扮起来，翻过来，给它加上一层新绒毛”（IV. ii. 6 – 8）。

西奥·赫曼斯[①]曾评论过文艺复兴时期翻译话语中盛行的“服装隐喻”，服装师凯德最终成为译者凯德，具有非同寻常的意义（Hermans 1985：106）。拿衣服打比方，是因为衣服有装扮和掩

① Theo Hermans，英国伦敦大学学院（UCL）荷兰语与比较文学系教授，著名翻译理论家，操纵学派的代表人物。

藏的双重功能。如果说在爱尔兰凯德的穿着是为了在当地人面前掩藏他的真正意图,那么在英格兰这种穿着就显露出他的社会处境:不管是贵族盟友,还是政治对手,一方面把他当作工具加以利用,另一方面要防范他煽动叛乱。这导致他最终被排除在政治体系之外。作为译员,他在战场上左右逢源,但在宫廷中却没那么幸运,和他怪异的装束不无关系。

马西森[①](1931)把翻译看作是典型的伊丽莎白艺术,在某种程度上促成了16世纪和17世纪早期英国文学的繁荣,在这一时期发生的翻译影响并推动了英国社会的发展。当凯德细数塞伊的罪名,准备置他于死地时,其中有两条:一是塞伊积极推广印刷机("你叫人使用印刷机"〔IV. vi. 39 – 40〕),另一个是他提高语言意识("你周围经常有人谈论什么名词、动词以及这一类可恶的字眼,这是任何基督徒无法忍受的〔IV. vi. 43 – 45〕")。通过对译者塞伊的指控,可以看出凯德对翻译的情境和后果有充分认识,至于他强加给塞伊的不赦罪行,显然是为了不让观众对塞伊产生任何同情之心。在都铎王朝,印刷机把翻译的成果四处流传,尤其是圣经英译本的传播与这一革命性技术成果息息相关。

正如之前所述,在那个时期,作为一种有效的表达方式,本地语(英语)能否得到认可成为关注的焦点。发生在不同文化和历史时期的翻译有一个共同之处:增强了语言上的自我意识。经由翻译,英语和现代及古典语言之间发生了持续不断的接触,导致"有关名词及动词的讨论"越来越多,英语逐渐意识到自身的特殊性,并且通过语文学[②]了解它与其他语言的关系。通过对印刷机和自我语法认识的关注,凯德在无意中让我们意识到翻译在帝国推行"文明"使命中的关键作用:宣传、改变信仰、印刷,三位一体,实现扩张和殖民目的。

在推动历史进程的同时,翻译也遭遇到不少问题,从凯德之后

---

① Francis Otto Matthiessen,1902—1950,美国教育家、文艺评论家,擅长美国文学和美国史研究。

② Philology,是从文献角度研究语言文字学科的总称。它以文献评审为主,目的在于解释、注疏和考订。

的经历就能看出。在那个时期，伴随帝国扩张过程的是焦虑和脆弱，翻译也不能幸免。在亨利·沃顿爵士[①]（当时英国最著名的外交家）寄给好友诗人约翰·多恩的一封信中，我们可以找到一例。沃顿曾担任埃塞克斯伯爵沃尔特·德弗罗[②]的秘书。当时，伯爵正与爱尔兰盖尔人首领休·奥尼尔进行谈判。沃顿发现了爱尔兰译员的不忠，对其毫不客气。

> 不论我们做过什么，或打算做什么，只要是通过他们，结果都可想而知。译员是最可怕的敌人。我宁愿多一些奥尼尔、麦奎尔、奥唐内尔、马克马宏这样的人，少一些译员。(Pearsall Smith 1907：308)

无论是广义的翻译，还是发生在一定情境中的口译，都和控制有关。在谈及译员时，安德森认为，"居间的译员可以在特定位置上控制交流各方无法企及的资源"（Anderson 1976：218）。在前面一章，我们已经看到，在避难场所，译员施行了比设想中更多的权力；对权力的接近既让人渴望，又让人害怕。前者源于期待控制或操纵一种局面；后者是由于雇主/服务对象害怕被（当地）译员误导，或者（随行）译员改变立场，弃主投敌。

在选择译员时，帝国构筑者经常陷入两难：自译还是他译。选择他译，意味着在当地招募译员，教他们学说英语，招募方式可以是强征，也可以是诱使；自译方式则是指殖民者让本国臣民学习殖民地的一种/多种语言（Cronin 2002：55 – 56）。两种方式孰优孰劣？在写于1500年5月1日的信中，佩德瓦兹·德·卡迈恩有过讨论：葡萄牙舰队司令问部下是否该抓两个图皮人[③]来当译员或信息员时，绝大多数部下认为：

---

① Sir Henry Wotton，1568—1639，英国作家和外交家。

② earl of Essex，Walter Devereux，1541—1576，1573年秋在爱尔兰野蛮屠杀了上百居民，导致爱尔兰对英国的怨恨。

③ Tupi，居住在巴西和巴拉圭部分地区的南美印第安人。

> 没必要用武力抓当地人，因为那些被抓来的人，不论是什么问题，他们都会给出肯定回答。如果我们找两个流放者来，比起那些抓来的原住民，他们会提供更好的信息；没人能听懂那些当地人的话，要让他们学会我们的语言，像（陛下发落到此的）流放者那样提供我们所需的信息，将是一件费时的事。(de Carminha 1947：49)

“流放者”指那些触犯法律的葡萄牙人，作为惩戒被发配到新掠取的殖民地，和原住民混居在一起。

葡萄牙军官也许应该知道，那些回归的流浪者不太让人放心。回到故土意味着有可能被接纳、对往事的回忆、出走之后的团聚。但是，我们看到，在布莱恩·弗里尔剧作《翻译》中，欧文就是一个令人不安的形象，如同回到伊萨卡岛的尤利西斯①一样引起了一场屠杀。《圣经》和荷马史诗都暗示回归容易搅乱安定的社会。在殖民语境中担任口译的译员经常陷入两难之境：回到故里的他/她还是**原来**那个人吗？在写给多恩的信中，沃顿表达出自己不愿雇佣当地人/原住民做译员，以及这种做法在冲突语境中可能引发的控制问题。

显然，自译模式中的译员也容易遭到怀疑，不断感受到来自语言能力或政治忠诚度方面的压力。比如说凯德，当他从爱尔兰返回英格兰，一方面他自己内心感到不安，另一方面也令周围的人感到不安。这个过去和敌人对话的人现在被视为敌人。政治对手把对王室效忠的凯德看成敌人，因为其举止跟他之前乔装打扮试图诱骗的爱尔兰人一样。同样，塞伊这个为帝国效力的本邦译员最终也难逃被当作两面派的厄运。由于会说法语，他和法国人（敌人）交情不一般，遭到了凯德及其部下的严惩。

塑造新国家

若把目光投向莎士比亚早期的历史剧《亨利五世》，我们就会

① 荷马史诗《奥德赛》中的主人公，史诗记述了尤利西斯从特洛伊城陷落，到返回希腊西海岸伊萨卡岛的家，历时十年的旅行和冒险故事。

发现，翻译、民族和帝国之间的关系在另一种情境中展示出来。剧中有这样经典一幕：在组建联合王国进程中，来自不同民族的士兵有一段言词激烈的交锋：

弗鲁艾林：麦克莫里斯上尉，我想，你瞧，说得不正确的地方还请指正——你们这个民族并没有多少人……

麦克莫里斯：我们这个民族！我们这个民族怎么啦？是恶棍、杂种、奴才、流氓？我们这个民族怎么啦？谁敢对我们的民族说三道四？

弗鲁艾林：你瞧，可能你误会了我的意思，麦克莫里斯上尉，或许你有欠思考，你瞧，没有依照应有的亲切方式对待我。无论是打仗，还是出身，甚至在其他方面，我和你一样，都是一条好汉。

麦克莫里斯：我可不认为你和我一样是条好汉！上帝保佑，我要砍掉你的脑袋！

戈文：两位先生，你们相互误会了。

杰米：恩？没错。

(III. ii. 136 – 52)

在这一场景中，威尔士的弗鲁艾伦、苏格兰的杰米、爱尔兰的麦克莫里斯都忙着把自己译入大不列颠的新语言环境和新政治体系中。麦克莫里斯的那个经典问题“What ish my nation?”（我们这个民族怎么啦?）中，“ish”带着浓重的爱尔兰口音，因此麦克莫里斯这个形象和之后舞台上其他爱尔兰人一样，成为翻译或误译的典型。但是，在这里我们想要探讨的是翻译和虚构之间的关系，以及这种关系在塑造新民族身份中不可忽视的作用。

正如我在之前一部作品中暗示的那样，翻译这种活动本身是否包含某些含糊的欺骗性（Cronin 2003：129 – 130）？历史上确实发生过很多伪译[①]案例：从18世纪麦克弗森[②]对奥西恩[③]的“翻译”，到20世纪匈牙利版本的“英语科幻小说”（其实并不存在）。对于那些不懂原语的人，如果要求译文“读起来像原文”，可以说译者被要求展现出对原语的稔熟，或者说能够复制出一种赝品。

在此基础上，我们可以推断“翻译与铸造”以及“翻译与重塑民族性”之间有重要关联。后人不断提出，在英国都铎王朝时期、法国古典主义时期和德国浪漫主义时期存在一个共同点，即通过积极参与并大力支持翻译，为新兴的民族国家提供文化身份或合法性（Delisle and Woodsworth 1995：39－76）。在这个巩固政治和扩张国土的关键时期，翻译和译员所做的正是**丰富和塑造**本地语，让它言说新民族国家的抱负，成为后者的载体。换句话说，塑造一种全新的民族身份意味着要通过翻译进行改造，在某种程度上把译文视为原文。换句话说，弗鲁艾伦、杰米和麦克莫里斯这些被翻译的人物必须变得像英格兰人，更确切地说，变得像有大不列颠纯正血统的英国人。他们必须像英国人一样说话，成为戏剧冲突的焦点。他们必须把自己的新身份——为这个不断扩张国家效力的盟军士兵——视为自己的固有身份。如果做不到这点，他们就会回归到各自的原始身份和语言，用英格兰人戈文的话来说，就是“相互误会”，由此产生的分歧或敌意就会对这个新的民族和帝国造成威胁，导致相互间无法辨认或认同。

“我们这个民族怎么啦？”这个问题肯定会反复出现，主导欧洲政治，并将贯穿整个帝国时代。通过回归到构成帝国的“原始”语言和文化，19世纪兴起的文化民族主义揭开了帝国的“人为”本质。以爱尔兰为例，到19世纪末，翻译的印记不是耻辱的滤渣（退化的原语），反而成为爱尔兰文学复兴运动中新兴语言（英语和爱尔兰语混合语）的核心。

---

① 根据图里（2007）的定义，伪译是“假译真作”，即在翻译的表象下进行的创作。

② James Macpherson，1736—1796，苏格兰诗人，因成功将盖尔语诗人奥西恩的诗歌“翻译”成英语而出名。

③ Ossian，凯尔特神话中的英雄，爱尔兰著名战士和诗人。

从莎士比亚对政治冲突时期的翻译行为及其结果进行的讨论中我们可以看出帝国的形成和衰落。翻译内在的二重性意味着象征文明的雄辩口才总是受到回归原始状态的挑战；在被强占的殖民地，失去自身语言和文化的当地人在内心渴望回归；在（民族统一主义①）新认同方式的召唤下，他们越来越渴望回归未经翻译的、属于本民族特有的语言和文化，并对其保持忠诚。通过不同方式，莎士比亚提醒我们，翻译是个令人难堪的过程，不仅是地位卑贱的奴才，还是主人，都要学会说两种语言。作为莎士比亚的信徒，乔伊斯可能在无意识中道出了一个政治和翻译真相，他通过斯蒂芬·迪达勒斯②发出了自己的誓言："我准备不厌其烦地反复尝试，直到我能从内心深处感受到一直感受不到的民族意识"（Joyce 1977：228）。布拉格认为，对翻译的戏剧处理让莎士比亚不仅成为一个时代，而且是跨越人类历史的伟大作家。这种观点不无道理，因为莎士比亚意识到，在重塑民族意识的过程中，作为民族和帝国的缔造者，译者的书写/言说必将穿越时代，成为旷世经典。

隐喻和关系语义学

作为民族和帝国扩张行为的一部分，翻译不仅激活了莎士比亚与和他同时代的人的头脑，也成为他们所使用的语言（英语）的核心；通过这一语言，他们创造了新的秩序。在"帝国诗学：《暴风雨》和《泰山》中的翻译与殖民化"中，埃里克·谢菲茨③对16世纪出现的隐喻有如下评述：

> 对欧洲人来说，隐喻在域内和境外、荒蛮和文明之地都有其

---

① Irredentism，又称"收复失地主义"，指根据传统、文化、语言等，将（因入侵或割让而）失去的故土收回的民族主义运动，是身份政治、地缘文化及地缘政治的特征之一。

② Stephen Dedalus，乔伊斯小说《一个青年艺术家的画像》中的主人公，作品表现其成长过程中对环境的冷漠、家庭生活的平庸、宗教的压力和民族的闭塞所进行的斗争，最终摈弃了天主教信仰，脱离祖国，远走欧洲探索艺术事业。这部作品被认为具有强烈的自传性质。

③ Eric Cheyfitz，美国康奈尔大学教授，主要从事美国文学、美洲原住民文学研究。

> 位置，它在自然和文化中也占有一席之地。它是最自然的语言形式，也是语言所处的最自然状态，同时也是最有教养、最有文化的语言。隐喻即自然；它把自然译入文化。（Cheyfitz 1991：121）

然而，都铎王朝文化评论家面临的根本问题是，在把自然译入文化时，文化是否变得“不自然”了？更令人担忧的是，“非民族”和“不自然”经常被视为一体——一种在文化民族主义鬼魔学中常见的主题——成为都铎王朝时期描述（翻译显现出来的）差异的惯用修辞。考虑到在这一时期，人们对语言的认识正在经历从指称语义学到关系语义学的转变，问题就更为突出。洛伦佐·瓦拉[①]和胡安·卢斯·维韦斯[②]是文艺复兴时期语言学范式变革的先驱。

在研究拉丁语随时间推移的变迁时，瓦拉指出，语言从根本上说是由言语社区创造的社会历史产物，而不是与历史无关的、现成的东西。维韦斯则认为，人们感觉相似的单词，比如“人属”（homo）和“人”（anthropos），实际上都有不同的含义。不同单词在语义内涵上显而易见的不同让我们认识到，不存在完全相同的或以相同方式表意的两种语言（Waswo 1987）。因此，他们和其他学者的著述在文艺复兴时期引发了语言认识上的根本转变：从语言仅仅指向事实（指称语义）转向语言塑造/生产现实（关系语义）。这种转变对如何看待翻译以及翻译对文化交流产生何种影响等问题提供了新的视角。

首先，关系语义学对天真或一厢情愿地追求翻译对等的观点提出质疑。自西塞罗和哲罗姆以来，翻译理论家就一直对一对一、指称对等的可能性表示怀疑；语言学者的发现为这种怀疑提供了佐证。尤其是比喻的翻译，经常被用来证明从字面上追求对等是盲目且行不通的，同时也揭示出指称语义学的局限。在很多人看来，比喻是一个语言/文化团体的天才和创造性的标志，这种具有鲜明民族特色的语言无法轻易移入/译入其他语言/文化团体。

---

① Lorenzo Valla，1407—1457，意大利人文学者、雄辩家和教育家，神职人员，曾任职教宗秘书。

② Juan Luis Vives，1493—1540，西班牙哲学家和人文学者。

翻译的(关系)语义学转向还带来了另一个后果,即无论是在原语,还是译文中,词都可以对现实产生作用,或改变现实。倘若语言能塑造现实,比喻通过非同一般的艺术形式,表达出完全不同的意义或对世界的认知方式。指称语义学通常坚持语言的起源论,即语言被视为能指,指向现实世界中的各种具体事物,为普遍存在的意义提供了依据。换句话说,被语言命名的事物本身排除了可能存在的差异。随着关系语义学的出现,情况发生了变化。在某种程度上,我们可以认为莎士比亚作品《暴风雨》所塑造的恰恰是一个崭新的世界,一个顺应了关系语义学生成效应的世界。

当语言和现实的传统关系发生了改变,翻译就获得了新的能量。现在,译文中的词能够塑造我们对现实的观点,给我们带来不同的体验。如果卡利班能学会主人普洛斯彼罗①的语言,通过关系语义进入主人所处的世界,他从母语带入新语言的东西就能像普洛斯彼罗富有想象的沉思一样,改变这个世界。因此,译员作为变革的代理人,不仅能够激发变革,而且还能在这一过程中被彻底改变。不管是特殊性的隐喻,还是普通意义上的比喻用语,其本质就是在自身与他人、已知与未知、本地与外来之间,通过相似性建立关联。这样来看,翻译在本质上就是一种隐喻化过程,把差异汇聚其中;而隐喻在本质上也是一种翻译过程(Cronin 1995: 227–243)。如果翻译和隐喻/比喻过程一样,依托不可或缺的转换力,那么剧烈的文化冲突给置身其中的译员带来了怎样的影响?

变 形

在《奇幻的变形:他者世界》中,玛丽娜·沃纳②开篇就引用奥维德③的《变形记》,并不出人意料。她接着点出了书的主题:

---

① Prospero,莎剧《暴风雨》中的主人公,一个在宗主国处境狼狈、在殖民地却能呼风唤雨的西方父权政治形象。

② Marina Warner,1946—,英国小说家、历史学家和神话作者。

③ Publius Ovidius Naso,公元前43—公元17,古罗马诗人,与贺拉斯、卡图卢斯和维吉尔齐名,代表作有《变形记》、《爱的艺术》和《爱情三论》。

> 变形是有机生命的根源，也是艺术的脉搏。这个概念是古典和其他神话的核心，主宰着魔法实践和范围；它显然有别于犹太－基督教传统特有的关于完整个体的概念。（Warner 2002：2）

但是，地点对于变形并不是无关紧要的。根据自己对奇幻文学的解读，沃纳总结道："变形故事通常发生在跨文化交流（时间、地理、心理等）空间的交叉点：接触区和复杂连接点上"（同上，17）。

对16世纪的英国来说，爱尔兰就是这样一个跨文化地域、处于新旧两个世界的交汇点上，旧世界被卷入新世界的军事和殖民扩张主义行动中。本章的一个主要观点在于，爱尔兰为莎剧中的变形及由此产生的焦虑提供了一个背景和原型；翻译揭示出爱尔兰人在都铎王朝时期寻求新身份的变形过程。这一观点至少可以得到评论家普朗凯特·巴顿爵士①的支持，他认为，"在创作《皆大欢喜》②这部作品前，莎士比亚一定到过爱尔兰"（Plunket Barton 1919：66）。

很快，我们就发现，这个世外桃源同时也是多种语言的交汇点，森林王国中可以听到英语、法语以及爱尔兰语。杰奎斯、阿米恩斯、勒·波和奥兰多向我们展示出其他文学和语言的声音；绿色森林中的这片乐土并不是只说一种纯正的语言，而是多种语言共存。确切地说，如果要使森林成为多种变化的场景——神奇变形的舞台——那么就必须把它塑造成一个特殊的地方。在这方面，被放逐的公爵作为守护者出现显得至关重要，因为他设法把放逐的不幸转换成救赎的好运。他一出场，就迫不及待地说服他的下属，让他们明白流落至此并不是件坏事：

> 逆境厄运也有它的好处，
> 就像丑陋而有毒的蟾蜍，

---

① Sir Dunbar Plunket Barton，1853—1937，爱尔兰政治家、作家和法官。

② *As You Like It*，莎士比亚于1599年创作的喜剧，主要剧情描述了被流放的公爵女儿罗瑟琳到森林寻父和她的爱情故事。

头上却顶着一颗珍贵的宝石。
生活在这里，我们可以远离尘嚣，
聆听树木的对话，感悟溪流的声音，
接受岩石的训诫，益处多多。
我甘愿如此。
（II. i. 12 – 18）

阿米恩斯认为伯爵可能弄错了，为了营造森林天堂般的形象，他改变了一切：

殿下真是幸福，
能把命运的玩逆
说成这样恬静而可爱。

通过翻译，公爵和新环境融为一体。他把艰苦的乡村生活变成富有教养的文学世界（书籍、布道），通过新的语言，让追随者在面目全非的艰苦环境中得到慰藉。在一个多种语言共存的世界中，阿米恩斯试图描述主人富有创造力的言辞时，想到了翻译，这一点也不奇怪。翻译通常被视为两种语言间的转换，一种语言变成了另一种语言。其实，在《皆大欢喜》中，双关现象无处不在，比如同一个名字却有两个人，像奥列弗、贾奎斯，还有（对开本）都叫弗莱德里克的两个公爵。

但是，这个世外桃源般的放逐世界也有不光彩的一面。在下面这个例子中，我们同样发现了"translate"一词的意思和之前却有不同。试金石，也就是小丑，极力劝阻威廉向奥德蕾求爱，并用冗长的词语来迷惑这个可怜的家伙。于是，倘若威廉再继续纠缠奥德蕾，"你就要消失；或者说得更明白点，会死；这样说吧，我会杀了你，把你挪开，把你这条小命'带走'，让自由之身陷入万劫不复"（V. i. 57 – 60）。

试金石跟其他的傻瓜、小丑一样，通过语言操控，道出了可能令人不快的事实。正如老公爵所说，"他把傻气当作了烟幕弹，在其掩护之下射出机智的利箭”(V. iv. 112 – 114)。公爵自己的翻译策略显然是善意替换,把亚登转变为伊甸;而试金石的翻译具有明显的反乌托邦特色:卸下面具,通过日常的语言直示威胁。翻译蕴含着变化,这种变化显然更糟:生命“转向”死亡,自由“变成”奴役。在这部充满二重性的戏剧中,这种转变到底意味着什么?在凸显对立关系的过程中,变形到底发挥了什么作用?

要想回答这个问题,有必要借助两个背景文本来解析莎士比亚戏剧。一个是沃尔特·雷利爵士[①]的《发现广袤、富饶、美丽的圭亚那王国》,该书描述作者为寻求传说中的黄金国,于1595年去圭亚那的探险活动。丽莎·霍普金斯[②](2002: 1 – 21)认为,《皆大欢喜》从某种程度上受到了雷利这本书中的影响。对我们而言,更重要的是,雷利对新世界的探索是从旧世界——爱尔兰开始的,在那里他积极投身于16世纪末英国推行的领土扩张军事活动。从普朗凯特到霍普金斯,许多评论家都注意到,这部剧中充满了爱尔兰印迹,从名字罗瑟琳(参考爱尔兰名字罗莎琳)到爱尔兰的狼、老鼠、打油诗人、(早熟的)女人;杰奎斯歌中“特达米”这个词可能也源于爱尔兰语,出自16世纪著名的爱尔兰歌曲“艾琳·阿伦”。《皆大欢喜》包含两种不同的旧世界:一种是英王室的盎格鲁–诺曼祖先,另一个是隔海相望、由吟游诗人、歌曲、娼妓、叛乱等元素构成的爱尔兰。如果说其中一个已经被改造,即受到法国影响的英格兰,另外一个正期待被改造。

另一个与翻译和变形有关的文本当然是奥维德的《变形记》。这部作品在16世纪的英国享有盛誉。仅在16世纪60年代,《变形记》就出现了三种不同版本的部分或者全译本,它们分别是1560年匿名的《奥维德水仙寓言》、1565年托马斯·皮恩德的

---

① Sir Walter Ralegh,1552—1618,英国伊丽莎白时代著名的冒险家,同时也是位作家、诗人、军人、政治家,以艺术、文化及科学研究的保护者闻名。

② Lisa Hopkins,英国谢菲尔德哈勒姆大学教授,主要从事文艺复兴时期戏剧和马洛研究。马洛(Christopher Marlowe),生于1564年,1593年去世,是英国伊丽莎白一世时代的戏剧家、诗人、翻译家,他在悲剧创作上的成就在当时仅次于莎士比亚。

《赫马佛洛狄忒斯与萨耳玛西斯的寓言》和 1567 年亚瑟·戈尔丁①的《变形记》(Oakley Brown 2001: 48 – 84)。《皆大欢喜》中当然提到了奥维德，试金石对奥德蕾说："我在这里陪着你和你的羊群，就像羊群中那最富幻想的诗人、忠实的奥维德"(III. iii. 7 – 9)。这部剧中出现一系列世俗变化，男孩变成女人，失去财产的人重新获得合法继承权，还有贾奎斯所说的被神灵感化的"从良妓女"。因此，文学变形的教父、"最富幻想的诗人"奥维德被提及，一点都不意外。乔纳森·贝特②(1993)认为，莎士比亚深受奥维德作品影响。与之不同，我们将从帝国和翻译政治的角度来探讨奥维德文本对莎士比亚创作上的影响，在这之前很少有人涉足。

《变形记》第 5 卷中的厄玛提翁是一个热爱正义、崇敬众神的老人，他年岁已高，无法亲临战场，但他"用舌头战斗"*。当他被克罗米斯斩首后，作者描述了厄玛提翁的头颅："直接落在祭坛上，但舌头似乎还有意识，仍不停咒骂"。第 11 卷描写了俄尔甫斯的死亡，几个遭人鄙夷的奇科涅斯女人将他的身体肢解；根据描述，俄尔甫斯的头颅和七弦琴漂浮于水中，"失去生命的舌头还在悲伤中抱怨"。第 6 卷中记录了特柔斯强暴菲洛墨拉的可怕情景，为了掩盖罪行，特柔斯割去了菲洛墨拉的舌头。由此可见，变形不是一种温和的、状态上的改变，一种顺应了大自然仁慈时令的蜕化，而是通过暴力残忍地改变人的现有状态。

《变形记》描述了单一民族国家罗马无处不在的愤怒与暴力。从这方面说，田园牧歌式的《皆大欢喜》看起来与之截然不同。然而，如果我们更深入研究这部剧作的语言，就能挖掘出诸多与奥维德所述动荡世界相似的或更为激烈的景象。奥兰多的开场白就有这样一幕，因在哥哥奥列弗手中遭受不公待遇，他说道："你若不是我的哥哥，我这只手一定不会放开你的喉咙，直到另一只手拔出你

---

① Arthur Goulding, 1536—1605，由他翻译的《变形记》在伦敦出版后成为当时最具影响力的书，对包括莎士比亚在内的作家产生了深远影响。

② Jonathan Bate, 1958，英国利物浦大学教授，擅长莎士比亚和浪漫主义研究，生态批评领域最有影响和代表性的人物。

* 译文来自 F. J. 米勒(译). 奥维德.《变形记》(第 2 卷). 伦敦:哈佛大学出版社. 作者注.

的舌头为止”（I. i. 63 – 66）。摔跤手查尔斯被奥兰多摔倒，可能丧命。弗迪兰德公爵询问他的情况，勒·波回答：“他说不出话来了，殿下”（I. ii. 236），这个不幸的跤手随即被弄下台。老公爵描述他的田园生活时说：“可以听到树木在说话”（II. i. 15），奥兰多对罗瑟琳表达爱意时反复提到“我要让每株树长出舌头”（III. ii. 136）。假扮成盖尼米尔的罗瑟琳与奥兰多谈论妻子与才智的话题时说：“她总是有话可说，除非你把她的舌头拿掉”（IV. i. 181 – 182）。考虑到整个戏剧以驱逐和占有为背景，不论是篡夺公爵爵位，放逐罗瑟琳，威胁征用奥利弗的土地，或密谋剥夺奥兰多继承权，在绿色森林外来民平静的对白中涌动着巨变，一种对言说/话语的抑制。

现在让我们重回莎士比亚早期剧作《亨利六世·中》这部具有爱尔兰特征的作品。给人留下深刻印象的便是令人震惊的人头。萨福克被斩首，从此再不能开口说话，塞伊勋爵、詹姆斯·克罗默爵士也相继被斩首，最后叛军首领杰克·凯德也是如此。脑袋滚地不只是书本中才出现的情节，伊拉克反政府分子在新世纪采用的方法与历史剧中人物所言相差无几。剧中两位女性为我们提供了例证。在第一幕第二场中，葛罗斯特讲述他的梦境。他看到萨福克和萨穆塞特公爵的脑袋挂在他折断的手杖上，而他满怀仇恨的妻子埃丽诺把未来想象成：

> 如果我是一个男子、公爵、英王的嫡亲，
> 我一定要把这些讨厌的绊脚石挪开，
> 踩在他们的无头尸上前进；
> 作为一个女人，我也不甘落后，
> 要在命运的舞台上展现自己。
> （I. ii. 62 – 66）

第四幕，第四场，第五行到六行中，玛格莱特王后在悼念死去的萨福克时说：“把他的头放在我跳动的胸前，我想抱住他的身体，它现在何处？”

值得注意的是,《亨利六世·中》里被斩首的四个人中萨福克、塞伊和凯德三个人都曾与敌方进行各种形式的语言接触,凯德和塞伊还做过译员。借助本章之前探讨的“具身的代理”这一概念,对理解莎剧中的翻译、权力和变形具有重要意义。

处在特定的时空中,凯德或者塞伊的身体会在有意或无意之中表达他们的观点。但是,具身的代理意味着他们在瞬间意识到口译行为的后果。如同《皆大欢喜》中爱人们饱受折磨的身体,当他们互相亲近时,总是设法把爱慕之情用对方能理解的语言表达出来。可在冲突情境中,译员作为说话者,不仅对其他人的身体产生影响,而且作为一个具身的代理,一旦无法让上司或雇主满意,就会陷入劫难,甚至丧命。在口译中,传译的动作和话语的接受几乎在同一时刻发生,几乎没有时滞,导致译员被误认为说话人。离开了情境,话语的意思就无从谈起。

话语的条件和情境把我们带回冲突区域。在《战争的预演》中,托马斯·邱吉亚德描述了一场发生在芒斯特省(爱尔兰最南部省份),由伊丽莎白时期的学者、翻译、军人汉弗里·吉尔伯特爵士领导的平叛战争中发生的极端暴力行为。根据作者描述,吉尔伯特把“当天被杀死的士兵的脑袋”排列在“通向他帐篷的道路两旁”。败兵过来投降,沿着那条“首级之路”,“在去与吉尔伯特上校谈判的路上,看到死去的父亲、兄弟、孩子、亲属和朋友的脑袋排放在道路两旁”(Churchyard 1579: iii. v)。但是,砍掉脑袋并不能保证叛军归附新的政治和军事体系;必须通过言辞,才能让这种暴力变形合法化。

帕特丽娅·帕默认为腹语术[①]象征着失败一方在文本上的屈从。正如她所言,“腹语让人认识到16世纪爱尔兰语言殖民主义中的悖论,头可以砍下,舌头也要移植?”(Palmer 2001: 58)。比如,在《爱尔兰形象》(1581)中,约翰·德里克向读者展现了这样一幕:爱尔兰盖尔人首领罗利·奥格·欧默被抓住、斩首后,脑袋

① 腹语起源于古中国,后流传到古埃及,距今已有3000多年历史;腹语并不是真的在用肚子说话,而是经过一定的专业训练后,改变了发音方式。

被挂在在都柏林城堡上,用以警告他的追随者不要再掀起叛乱。德里克写道:

> 假使你看到一个可怕的恶魔,无头的躯体被藏在遮蔽物和粪堆里,没有肢体的脑袋则被高高挂起,放在杆子上(上帝,令人震惊的一幕),在都柏林城堡的最高处,用简明的爱尔兰语讲述发生的一切。(Derricke 1883: 92)

这个无生命的脑袋开始讲述它的悲惨故事:

> 这些事情为了证明,我就是那个罗利,
> 某段时间曾被高高挂在空中,
> 命运眷顾我,
> 让我越来越高,直到可以飞起来
> ……
> 所有听到的人,引以为戒。
> (同上, 95 - 97)

罗利·奥格·欧默只会说盖尔语,但是他死后的声明虽说是"简明的爱尔兰语",却早已变形成英语。用试金石的话说,罗利·奥格被斩首,不仅意味着生命"转向"死亡,而且对他和他的追随者来说,他死后发生的一连串翻译行为意味着政治和文化自由也将"变成"军事和语言枷锁。

因此,把《亨利六世·中》和《皆大欢喜》置入爱尔兰政治语境,奥维德作品中的暴力变形、丰富的意象、两部戏剧中围绕舌头和脑袋的评论及(或)戏剧冲突就不再显得突兀。关注脑袋和舌头,不仅可以让我们深刻领会莎剧这一通过口头形式展现的艺术瑰宝,而且通过割断的舌头(一种隐喻的方式)揭示出政治和军事冲突给爱尔兰语言带来的劫难,从被逼失语,到被胁迫或暗中进行翻译,再到具身的翻译和代理行为。

谈到人类对自然景观含义的关注时，西蒙·沙玛[1]指出，对英国人而言，森林和自由有一种天然的联系。说到《皆大欢喜》中的亚登森林，他认为，“这片森林和但丁的黑森林不同——置身其中就会陷入地狱之门；相反，人们在亚登森林中可以发现并找到自我”（Schama 1995：141）。

但问题是，当你进入这片变化的空间，究竟能找到怎样的自我？在老公爵的翻译中，你希望得到什么？或舍弃什么？对都铎王朝时的冒险家而言，这片森林就是16世纪爱尔兰本土最坚实的壁垒，如同20世纪60年代越战中的丛林。爱尔兰人被视为蛮夷之族，在一定程度上和他们居住的空间——沼泽或林地有关。这些地方的突出特点就是让人搞不清到底身处何处。英国人在罗诺克[2]建立了新大陆的首个殖民据点，这里的头目拉夫尔·莱恩当年曾在（旧世界）爱尔兰负责清除从莱伊什到克莱尔莫里斯的摩尔人[3]。

他抱怨爱尔兰的生活，称之为“陷于混乱的旧王国，四分五裂，沉闷且无聊”（Calendar State Papers 1869：482）。之前提到的汉弗里·吉尔伯特爵士同母异父的兄弟沃尔特·雷利爵士积极参加了16世纪80年代在芒斯特省的讨逆行动，他说“在刚刚安定下来的这个离奇国家”，自己感觉如同“一条被扔到陆地上的鱼，呼吸困难，双腿站不稳，肺更不中用”（引自 Hennessy 1883：143）。亨利·沃顿爵士赴爱尔兰之前，他的好友诗人约翰·多恩提醒他当心“爱尔兰式的疏忽”和所谓的“懒散”（引自 Hadfield and Maley 1993：9）。

亚登森林可能是象征着“失去的王国”，不仅因为老公爵确实丢掉了他的王国，还因为这个王国的一切，从睿智的小丑到女人盖

---

① Simon Schama，英国历史学家，哥伦比亚大学艺术史讲师，BBC纪录片解说，纽约客文艺评论员。

② Roanoke，位于美国弗吉尼亚州西南部工业城市，临罗阿诺克河。

③ Moore，中世纪伊比利亚半岛（今西班牙和葡萄牙）、西西里岛、马耳他、马格里布和西非的穆斯林居民。历史上，摩尔人主要指在伊比利亚半岛的伊斯兰征服者。历史学家认为，摩尔人是一个阶级和文化的统称。尽管非洲摩尔人占大多数，摩尔人中其实并没有人种和种族上的区别。

尼米尔,都不可貌相。在一定程度上,通过美妙的联姻和及时恢复继承权,罗瑟琳用不太高明的魔法消除了“混乱局面”。但是,亚登森林展现出的与其说是持久的自由,不如说是一种脆弱性。就疯狂的领土扩张野心而言,无论是处在旧世界的爱尔兰,还是美洲新大陆,相比那些被不断驱逐、追杀的当地人,那些希望住在森林中、“快乐的英格兰”[①]殖民者其实更为脆弱。如果说翻译对了解那个时期特殊的政治张力有突出作用,并巧妙地融入了莎士比亚作品中,那是因为翻译最深刻地揭示了我们所生活的世界。在这个世界中,身份问题长期居于中心;随着军队进入,(莎剧中)人头落地的景象就会在生活中续演。

可利用情报

在紧迫而危险的情境中,译员作为具身的代理处境艰难。2003 年,以美英为首的联军入侵伊拉克,一系列数据为此和之前的论述提供了佐证。多米尼克·麦瑟里[②]发现:

> 在美国劳工部聘用人员中,口译是最危险的工作。在伊拉克为美国政府服务的私人供应商总共提出了 300 多起死亡索赔中,超过 40% 的人为译员。(Maceri 2005: 1)

为了掩盖身份,为美军服务的译员戴上黑色滑雪面罩、太阳镜和帽子,穿起防弹衣、戴上头盔来保护自己免受攻击,他们还使用英文名字,连续好几个月躲在美军基地(Spetalnick 2004: 1 – 2; Maceri 2005: 1 – 2)。伊拉克军事行动所涉及的口笔译服务规模可以通过位于加州圣迭哥泰坦公司[③]的收入来衡量。根据与美国

---

① Merry England,在伊丽莎白统治下,16 世纪的英国国势强盛、社会稳定,被文学史家称为“快乐的英格兰”。

② Domenico Maceri,美国艾伦汉考克学院罗曼语教授,著名专栏作家。

③ Titan Corporation,主营信息和通讯产品,为情报部门和美国国土安全部(the Department of Homeland Security)提供服务。

军方签订的合同,泰坦公司为美军提供了4800位“熟练的签约语言专家”。2004年,公司和军方签订的合同金额高达6.75亿美元。公司2003年总收入为18亿美元,其中超过6%来自为美军提供的口笔译服务合同(Washburn 2004: 2)。

2004年10月,泰坦公司译员,伊拉克库尔德人卢克曼·穆罕默德·库尔迪·侯赛因,被伊拉克反政府武装人员抓获,然后遭到斩首的视频被传到网上(Krane 2005: 2),让我们重温了莎剧中惊心动魄的场面。同年8月,一名译员被游击队跟踪,在其位于巴格达北部萨马拉附近的家门口被子弹击穿头部致死,尸体旁留下的字条上写着誓杀“通敌者”(Spetalnick 2004: 1)。据说译员首级的悬赏金高达5000美元(同上,2)。美军预备役军士长斯蒂芬·韦利称:“有段时间,翻译每天都会遭到攻击,简直让我们防不胜防”(Krane 2005: 2)。一名伊拉克翻译道出了置身冲突情境中的工作代价:

> 多国部队和泰坦公司招聘翻译。当他们撤离后,却没有对译员采取任何保护措施,也不考虑译员的日常生活。译员提心吊胆,被迫把自己关在家中;译员由于职业原因(而不是犯法)而丧命,妻子儿女的生活也无人过问……我们经常秘密集会,或在后街窄巷里谈论安全与生计问题。美国巡逻兵经过,稍有风吹草动,立马举枪扫射……我自己,告诉你吧,我已厌倦了这种东躲西藏的生活。几天前,我偷偷去网吧,回家路上看到一辆车,顿时胆战心惊,晚上无法入眠[原话]。直到第二天,发现他们不是冲我而来,才松了口气。(Friel 2005: 4)

如果说“翻译”、“语言专家”和译员成为暴行袭击的目标,那么在21世纪这种情况并没有因为战争本身发生的变化而有所改变。通过伊拉克发生的军事冲突过程,就能清楚地看到这一点。全球安全网负责人约翰·派克认为,

> 军事情报机构在伊拉克面临的挑战是,这场战争和他们

> 平时所受训练、按常规组织、装备的战争并不一样。情报部门通常只是针对战役中的主要阶段/行动做准备,从未接受过平叛训练——他们一点都不喜欢,对他们来说平叛很无趣,并不是他们原本打算在伊拉克做的事。(引自 Taylor Martin 2004: 1)

传统冷战理论关于常规部队之间的大规模战斗已经越来越少见。在现代战争/冲突中,一个愈来愈显著的特征就是对参战人员的快速动员及遣派,这些人员往往并不属于某个国家或某个容易识别的军事组织(Kaldor 1999)。这种变化对战争产生的影响是,在帝国时代维持强国地位的情报和档案系统开始重新发挥其作用,成为翻译和权力关系中的决定性因素。平叛行动依赖"可利用情报"(Taylor Martin 2004: 1)。但是,情报首先必须被理解,才有利用的可能。

多米尼克·麦瑟里强调这种关系,认为翻译和译员在伊拉克发挥着"关键"作用,因为战争"不仅取决于武力,更关乎信息"。他引用了一名美军长官的话,大意是"如果没有译员的帮助,他的部下恐怕连2/3的工作都完成不了"(Maceri 2005: 1)。因此,如果说战争的后现代转向意味着情报搜集成为军事战略家的首要要务,同时也意味着信息化时代中的战争本身也成为信息争夺战。不管是在当前,还是未来,翻译及译员在冲突/战争中的作用会愈来愈重要。在伊拉克,译员作为"关键联结点"成为反叛分子的攻击目标。在苏丹,当英国政治家杰克·斯特劳①和美国政治家科林·鲍威尔②访问达尔富尔后,译员就被讯问,甚至面临更糟糕的处境(Friel 2005: 4)。我们有充分理由相信,在21世纪,口笔译员将会在新型信息或情报战中发挥关键作用。在充满风险的新型社会中,"要想获得安全感",要认识到"具备多种语言知识,而不仅是英语"的必要性(Maceri 2005: 2);从这一点看,口笔译员在现代

---

① Jack Straw,英国工党政治家,曾先后出任英国内务大臣、外交大臣及下议院领袖兼掌玺大臣之职。

② Colin Powell,美国第65任国务卿,也是美国历史上官位第二高的非裔美国人,仅次于美国第44任总统巴拉克·奥巴马。

社会中“不可或缺”(Beck 1992)。但是,具有讽刺意味的是,当国家或机构为自身安全招募口笔译员为之服务时,却让他们陷入愈发不安全的处境之中。

由于口笔译员越来越多地参与到所谓冲突信息经济中,困扰口笔译实践长达几个世纪的问题会在21世纪重新出现,并呈现出新的关联性和紧迫性。正如之前所述,翻译,特别是口译,面临的核心问题是控制。一方面,人们期望获得控制权;另一方面,又担心为他人所控。之所以担心,是因为害怕被当地译员误导,或本方译员与对手结盟。这种可怕的双重性,或译员潜在的欺骗性,给帝国代理者带来了困难。比如,美军缺乏合格的译员,急需补充,“情报人员想要从阿布格莱布监狱的囚犯口中获取信息,不得不冒险雇佣当地译员”(Taylor Martin 2004:2)。

从史上出现的案例中,我们已经注意到他译模式让口译实践困难重重。人们试图通过多种办法予以解决。比如,尚普兰提出转向口译的自主模式,即设立驻地口译,在殖民地/当地招募年轻的法国探险者,让他们与法国有贸易往来的加拿大原住民部落居住在一起,学习他们的语言。同一世纪后期,参照科尔贝尔起草的一项法令,法国王室于1669年推出了“语言儿童”计划,安排在法国出生的孩子学习土耳其语、阿拉伯语和波斯语(St - Pierre 1995:16 - 17),把他们分配给法国驻外大使或领事,在出使国学习该国语言并完善语言能力。由此可见,帝国的外语教学/培训模式越来越倾向于口译的自主模式。位于亚利桑那州华楚卡堡的美军审讯和情报人员培训基地为受训人员开设了新的语言和文化课程;而美军也开始在国内招募会说阿拉伯语的新兵,这两项举措都表明口译在当代社会中日益趋向自主模式。

在冲突情境中,译员面临的一个两难在于他们是否能保持对母语及其文化的忠实。倘若他们真能做到这一点,就会非常危险。

1830 年,费兹洛伊[①]船长,也就是后来的“小猎犬号”[②]船长,首次去火地岛时抓回了一些当地人。船员给这些人起了容易记住的绰号,“纽扣”杰米·巴顿(用一颗珍珠母纽扣交换而来)、“大臣”约克·米尼斯特和“篮子”菲吉阿·巴斯克特。杰米在英国走红,以爱清洁和对穿着一丝不苟而出名。他不仅学会了英语,还和菲吉阿一起觐见了阿德莱德[③]女王。杰米并没有一直留在英国。1833 年,他和约克、巴斯克特一起返回火地岛,与他们同行的还有年轻的英国自然科学家查尔斯·达尔文。(Beer 1996: 38 – 40)

之所以把他们遣回火地岛,是相信他们所学的英语语言和文化知识能够推动和该地区之间的贸易往来。多年后,威廉·帕克·斯诺在其著作《两年巡游火地岛、福克兰群岛、巴塔哥尼亚、普拉特河:南部海域生活札记》中,描述了杰米的样子,他“几近赤裸,一头长发垂落两边,前面修剪整齐,眼睛被烟熏得厉害”(同上,69)。帕克·斯诺继续写道,杰米部落的人最不可靠,因为他们和英国商人交流时不仅会说当地土话,还会说英语。英国人发现,和其他部落相比,杰米所在的部落更为机敏,在交易中经常成为操控方,而不是被操纵的一方。

回归故土的原住民确实本地化了,但他和本地人又不完全一样,所以更为危险。事实上,遭到“绑架”的回归者再也无法回到过去,或者说早已不是过去的那个人。这显然有别于维多利亚时期的侦探小说,设定的线索帮助夏洛克·福尔摩斯沿着既定路径溯出案件起源。译员回归自己原本的语言和文化,从 B 语回到 A 语,但是本土性已发生变化,变得模糊不清,蕴含着双重性和欺骗。

在当代社会的口译自主模式中,“本地人的回归”还会遭遇另一种危险或困难处境。在冲突地区,外来军队频繁招募本地译员,

---

① Robert Fitzroy,1805—1865,英国海军军官、水文地理学家和气象学家,曾率考察船做环球旅行。

② Beagle,又译“贝格尔号”,英国海军考察船。1831 年 12 月,22 岁的达尔文以博物学家身份,随船开始为期五年的环球旅行。途中,他考察过火山,经历过地震,并采集了大量动、植物标本和化石。在南美洲西海岸加拉帕戈斯岛,各个岛屿自然条件相似,但所产的鸟和龟却大不相同。这种现象让达尔文萌生生物进化的思想,最终写出《物种起源》。

③ Queen Adelaide,1792—1849,英王威廉四世之妻。

当他们撤出后，被撇下的译员就会陷入悲惨境地。对此，译员兼法律专家埃伦·鲁斯·摩尔曼有过描述：

> 当军队、媒体或者人道援助组织进入一个新地区时，很少会考虑对译员的需求并提前应对。即便有类似计划，他们通常也只会考虑本地人，因为他们开价低。一旦任务完成，他们就会离开，丢下这些译员，很少或根本不考虑这些译员面临的危险。为外来"占领者"服务的本地译员经常被视为"通奸者"。在前南斯拉夫，许多译员被谋杀，类似的情况正在伊拉克重演，处决场面甚至还通过电视直播，导致译员只能和外来者待在一起，再也回不了家。在外来者退出后，译员在当地仍会被当作可疑的陌生人。(Moerman 2005：13)

正如我们所见，口译的他译模式引发了关于忠诚和控制的焦虑。说到"翻译"，驻伊美国海军陆战队第24远征队情报部长克林特·纳斯博杰上校认为，"他们是重要的生命线。信任十分重要"(Spetalnick 2004：1)。然而，在本地招募译员不仅是因为他们拥有"本地"语言、地形和文化知识，而且外来组织，无论是公共机构还是私人公司，可以不履行法定职责——即"译员根据人权法、一般合同法或者特定劳工法应享有的各种权利"(Moerman 2005：14)。此外，"外方也不用考虑译员的医疗保险、工作环境安全、伤残补助、养老金等，以及译员殉职后对其家属的抚恤金"(同上，14)。

现在的问题是，本地译员确实可以回家，但他们可能无法活着回来。一个伊拉克译员说道："我一直处在危险中，尤其是回家时最为危险"(引自 Spetalnick 2004：1)。译员的本地性可以被看作是一种语言、文化和"情报"资产，同时也正是这种本地性让译员在面对本地政治压力时显得格外脆弱。外来机构想利用本地知识牟取利益，却不愿承担相应责任，这种危险的脱节把全球-本地之间的互动变成一条"单行道"，或者更确切地说，变成"不归路"。齐格蒙·鲍曼把"流动的现代文化"描述成"**脱节的、中断的和被**

遗忘的文化”（Bauman 2004：117；作者强调）。在翻译保障和管理方面，置本地译员的生活与安危于不顾，任其面临驱逐、迫害或更糟的局面，折射出这种流动文化的特性。

译员显现

译员已惯于隐身。让他们/她们变得真实可见的地方是电影银幕。回顾电影发展历程，有关口笔译的场景有着悠久历史，只不过对这方面缺乏专门研究。但是，值得注意的是，在过去两年内，好莱坞相继推出两部电影，都把翻译作为主题，而不是普通意义上的关注，从片名即可看出：一部是 *Lost in Translation*（2003）①，另一部是 *The Interpreter*（2005）②。如果想要了解口笔译员在不同文化和社会中的作用，我们不仅要研究他们的真实工作环境、薪酬、职业教育或培训机会，同时也要关注他们在文化或艺术作品中的形象。事实上，在翻译理论和历史教学中，电影并未得到应有的重视，这种为人熟悉且贴近生活的艺术形式可以渗入本科或研究生翻译专业课程，因为学生们通常都具备了一定的电影知识基础和视觉鉴赏能力。

在西德尼·波拉克执导的《翻译风波》中，希尔维亚·布鲁姆（妮可·基德曼饰）在纽约联合国总部担任译员。下班后，她从耳机中无意听到可疑对话，内容涉及谋杀（虚构的）非洲马托博共和国元首，于是向上司报告了这一情况。美国特勤局参与调查。由于布鲁姆牵涉其中，自己也成为嫌疑人，探员托宾·凯勒（西恩·潘饰）向联合国安保人员询问她的背景，得知她在美国出生，在非洲长大，母亲是英国人，父亲是非籍白人，她曾在约翰斯丁堡主修音乐，在索邦③学习语言学，在欧洲不同国家学会了多种语言。联合国安全官员（克莱德·草津饰）说布鲁姆“就是联合国的

---

① 影片中文译名为《迷失东京》，看不到翻译和译者的踪迹，和作者所言相悖。

② 影片主人公系联合国口译，中文片名《翻译风波》造成了对口译的遮蔽。

③ Sorbonne，巴黎大学前身，巴黎大学成立后，变成巴黎大学中的一个学院；“索邦”亦成为巴黎大学的代名词。

化身”。从中可以看出，译员被当作一个文化复合体，一个具身的跨文化代理者，成为联合国的转喻。

但是，这些基本资料并没有让凯勒感到满意，他想得到更多信息，比如：她是否结过婚？有没有孩子？是否是某些组织/俱乐部会员？信奉什么宗教？支持民主党还是共和党？最后，他问道："她是谁？"从某种角度看，影片就是围绕这一问题，并试图给出答案。但是，直到接近片尾处，我们才明白想要回答这个问题该有多难。离开公寓后，布鲁姆消失了。为了找到她，探员费尽周折：去酒店查询、询问她的朋友，但似乎没人知道她的下落，因为他们“都不认识她”。探员惊叹“没人真正了解她”。布鲁姆的不为人知似乎印证了译员先天的不可知性，在她身上聚合的多种语言和文化（美国、马托博、南非、数种欧洲语言和一种非洲土话）把她变成一个联结点，但同时也让她陷入一种奇特的、无处可栖的离散状态。父母和妹妹都在马托博暴乱中丧生，她实际上就是一个孤儿——影片反复强调这一点。

当然，从某个层面上说，希尔维亚·布鲁姆与布莱恩·弗里尔戏剧《翻译》中的欧文相似。由于会说多种语言，她总独自一人或与他人隔离。从另一个层面看，与其说她不可知，不如说她超越了人们对民族、种族和性别属性的传统认识。她虽然是白人，却不断强调自己的非洲而不是美国或欧洲身份，就像她所说，“肤色政治”成为她与情人——马托博叛逆首领阿金·佐拉（柯蒂斯·库克饰）之间的障碍。她难以理解，不是因为她能在英语、法语、西班牙语和库族语（片中杜撰的非洲土语）之间轻松转换，而是因为她身上聚集了多重身份，颠覆了单一民族国家中的单语言或单文化成见。如同安全官把她视为联合国的转喻，我们何尝不能把她看成马托博的转喻——这个国家内部的复杂性和分裂性与联合国会议呈现出的景象别无二致。从这点来看，与其把译员看作一个不同寻常的（浪子）形象，不如把他/她当作掌握多种语言和多种文化形成亲缘关系的普通人；和那些单一性、单声音的纯洁主义幻想相比，布鲁姆代表了更为人性化、更为真实而常见[1]的语言/文化状态。

通过对译员的刻画，影片突出了与语言打交道的人物形象。在较早时刻布鲁姆与凯勒的一次对话中，凯勒想了解布鲁姆对马托博元首艾德蒙·苏瓦尼（厄尔·卡麦隆饰）的看法。布鲁姆表示就算艾德蒙“消失”她也不在乎，凯勒反问：“死掉？”，布鲁姆立刻回答：“死和消失不是一回事”，声称在联合国如果“把死译成消失”，自己“就会丢掉饭碗”。凯勒指责她“玩文字游戏”，她为自己辩护——我相信外交，相信联合国通过语言想要实现的理想。和凯勒相似，片中的另外一个人物——马托博叛军首领库曼·库曼认为联合国就是一个美化的文字游乐场。当他得知布鲁姆在联合国担任译员时，声称联合国“多种语言，毫无意义”。不久后，库曼在汽车炸弹袭击中丧生。他对联合国的斥责没有动摇布鲁姆的信念，正如她对凯勒所说，“虽然没有枪来得快，语言和同情却是更好的解决方法”。

在联合国情境下讨论语言和外交权利，人们就不能不想到它拒绝阻止多国部队进入伊拉克引发的争吵。但是，从总体上看，这部电影提出把口译与语言调解作为一种三角形式，或者用吉利安·罗斯[2]的术语“断裂的中间区”（Rose 1992：32），来防止通过暴力或教条方式形成的两极对立。口译正是通过话语的作用而显示出重要性。苏瓦尼政府安全部长尼尔斯·路德（加斯帕·克里斯滕森饰）质问布鲁姆离开非洲来到联合国的原因，布鲁姆说自己来这是为了寻求“安静外交”。对于这一回答，路德感到不解：“别忘了，你只是个译员”；布鲁姆接着说，“许多国家之所以开战，是因为他们误解了对方的意思”。布鲁姆的回答让我们意识到，在这部以联合国总部为背景的影片中，台前幕后的关键人物恰恰是译员，而不是那些政要。在遇害之前，布鲁姆的弟弟西蒙（雨果·斯皮尔饰）所从事的一项工作就是收集马托博政权统治下的受害者

---

① default value，计算机用语，是指一个属性、参数在被修改前的初始值、默认状态。

② Gillian Rose，1947—1995，英国哲学家和社会学家，作品涉及对新康德主义和后现代主义的批评。

名单，让人联想起姐弟俩在儿时玩过的一个游戏——把各种古怪的、不同寻常的事物记在笔记本上，比如在片尾出现的“739 个有趣的字”（“胆大包天、直角三角形的斜边、虫胶”）。这份记录不仅打破了当地文化中不能提及死者姓名的禁忌，也揭示出用反人道种族屠杀或犯罪来对付同胞的统治真相。换句话说，准确地表述、小心翼翼地使用术语（不要混淆“消失”和“死”）具有非同寻常的道德意义。在联合国这个“小世界”中，如果说译员是推动国家之间相互理解、建立紧密关系的纽带，那么他们/她们所使用的语言和文化策略在某种程度上预示出在多语世界进行跨文化交流的有效途径。

希尔维亚·布鲁姆面临的困境不仅在于没人真正了解她，而且更麻烦的是没人相信她。影片介绍中有这样一句话：“真相……不需要翻译。”可是，没有翻译，如何才能得到真相，后者让片中人物绞尽脑汁。布鲁姆把无意中听到的暗杀计划通报上司，凯勒对她进行讯问后，对另一个同事（凯瑟琳·基纳饰）说：“她是个骗子。”尽管测谎仪的结果并非绝对可靠，但布鲁姆仍免不了这一环节。布鲁姆之所以被怀疑，一方面是因为她会说多种语言，因此没有人相信她，这也是本章之前提出的、人们对译员通常所持的态度；另一方面，在苏瓦尼统治下，马托博人权状况日益恶化，布鲁姆只不过用了凯勒能理解的语言把自己亲眼所见的真相“翻译”出来。

由此看来，她显然不是一个中立者，她在情感上更贴近佐拉，并拿起武器反对独裁政府。在影片结尾，她拿起枪，威胁苏瓦尼要杀死他，凸显了她的立场。摆脱了既定的中立，并不意味着布鲁姆故意说谎。作为一个具身的被暴力统治夺去所有亲人的代理人，如何做到不偏不倚或无动于衷？马托博所发生的真相需要“翻译”（译员）的介入，尽管这种翻译可能有悖政府意愿。

显然，译员的任务首先是听懂别人的话，然后让他人听见自己的声音/传译。首次与凯勒交流时，布鲁姆就声称作为一名译员自己在意的是声音而非表情。这种说法是自相矛盾的，如果译员不需要关注表情、手势就能进行准确的传译，那么片中译员工作厢前面的透明玻璃就失去了意义。声音这个主题贯穿影片始终,布鲁姆辨别声音的能力一直受到挑战,并在与马托博元首苏瓦尼会面时达到高潮——她要求元首大声读出关于他在马托博自由斗争中自身角色的那段题词:

> 四周的战火让我们听不清楚。但人的声音和其他声音不同。它可以超越遮蔽一切的噪音,即便那不是大声疾呼,即便那只是耳语。只要言说的是真相,即便最轻微的耳语也能发出声音,胜似千军万马。

声音这一主题不仅对情节发展至关重要(布鲁姆从耳机中传来的库族语中听到了什么?),而且彰显了口头这个理解译员活动的重要维度。在冲突的情境中和双方互动,译员可能确实如苏瓦尼所言,依靠的不是武器、不是声音。正是由于声音的存在,以及它的真实性,让人们不能忽视话语发生的情景和语境。当传译停止时,当死去的人不再被提及,当声音消失时,真相随之被炮火和强权压制。

第四章　多样化的未来

在恩奇水神看来，胡言乱语会带来致命后果。在尼尔·斯蒂芬森[1]的小说《雪崩》中，化身为黑客的迦勒底神为阿瑟拉病毒的传播感到惊慌。令造物主高兴的是，这种病毒将让苏美尔社会停止进化。为了阻止病毒传播，恩奇水神创造了一个“纳姆群”，一种能够阻止人们说苏美尔语的咒语。由于阿瑟拉病毒系通过口头或言语方式传播，传染就此被阻断，不再有人感染。只说一种语言会导致发展停滞。为了安全起见，斯蒂芬森小说中叙述者选择了沉默不语，让我们想起了神秘的巴别塔；黑客的编程技能是一个精妙的暗喻，警告人们单一文化或语言可能造成人类的退化（Stephenson 1993）。

翻译通过口头或文字形式在不同社会与文化之间传播新的观点、见解、情感以及视角，因此常被视为“病毒”。几个世纪来，通过翻译这一媒介，臣民或信徒被异议或革命的新思想快速“虏获”，经常让当权的政治和宗教势力感到恐慌。从暗中威胁到把译者送上火刑柱，当权者通过各种形式的“纳姆群”，试图消除或压制异己的声音，阻止其快速传播，让我们联想起恩基水神的做法。自诞生以来，翻译最遭人非议的方面在于它潜在的颠覆力：不仅可以像病毒一样，通过代理行为摧毁人们长期固守的信仰，而且可以作为一座桥，把不同经历、信仰和文化实践联结起来，为人们开启一扇门，带来全新的感知和解释这个世界的方法。鉴于此，反思“桥”与“门”这两个概念，通过它们来思考翻译，可以帮助我们从跨学科角度理解翻译在促进人类社会文化和语言多样性过程中发挥的重要作用。

---

① Neal Stephenson，1959—，美国著名小说家，因推理小说而闻名全美。

桥与门

在《桥与门》这篇文章中，格奥尔格·齐美尔指出，实现联结或分离是人类具有的独特能力，二者互相依存，任何一方都不能脱离另一方而单独存在，一方总是以另一方为先决条件：

> 通过选取处于自然状态的、互不干扰的两个事物来指明"分离"概念，我们其实已经在下意识里把二者联系到一起，不管它们之间存在何种事物。换过来说，只有事先将两种事物分离开来，我们才能感受到它们之间的联系。无论是从逻辑角度还是从实际情况来看，把没有区分的二者联系到一起是毫无意义的，而把已处于分离状态的事物硬联系到一起同样没有意义。(Simmel 1997a: 171)

因此，任何联结或联结性文化都暗含着一定程度的分离；若是没有分离，联结就无从谈起。众所周知，翻译是一种联结(如同搭建桥梁)行为，如人们所述那样，消除了不同文化之间的隔阂。但是，我们不能忘记：和联结功能一样，独特性也是翻译致力追求和赖以生存的对象。换言之，在保护和推广多语的行动中，翻译学者应当走在最前沿。如果失去了联结的对象，作为联结的翻译将不复存在。正是由于不同语言和文化的存在，熟练掌握这些语言和文化的译者让联结/翻译成为一项可行的、有意义的工作。过分推崇把世界各地人联结到一起的全球村概念，就容易忽视联结性赖以维系的、不可或缺的分离状态，把人们带入歧途。

相反，联结会让处于分离状态的事物发生变化，分离状态构筑了联结的空间："对我们而言，河的两岸不仅应该隔开，而且必须是'分离的'，如果我们没有从一开始就通过思考、行动或想象将两岸联系起来，那么分离概念将毫无意义"(同上)。动物能够找到灵巧的方式，从一点到达另一点，但齐美尔把创建路径视为人类特有的成就。它把起点和终点联结到一起，并且让联结得以维系，是空间中特殊的运动方式。因此，我们只能用分离来形容不同的文化和语言，因为它们在某种程度上已经和其他语言或文化联结到一起，不管是19世纪初受法国政治野心影响的德语语言自我意识①，还是在地缘政治中诞生的巴西-葡萄牙语。如同没有分离的联结是不合理的结论，缺乏联结的分离将导致模糊不清，而不是分离。正是因为被甄别并当作联结的对象，事物也得以区分开来。否则，它们在某种程度上都不存在，都属于背景，不能成为图像②。

对齐美尔来说，门和桥一样，既能联结，也能分隔。不同的是：桥把有限的世界/视界联结到一起，而门联结的是有限之物（生命）和无限之物（世界）。由于门可以被打开，相对于墙而言，它们能够更好地发挥与外界隔绝的功能：

> 后者（墙）是无声的，但门会说话。对人类而言，这非常重要。通过门，人可以为自己设立一个边界，同时不乏自由，因为必要时可以把它移除，让自己走出门外。（Simmel 1997a：172）

在结构上看，桥可以从任何一方开始跨越；与之相比，"门的进出则具有明确的方向性和意图"（同上，173）。通过门，进入一个封闭的空间，表明人可以在众多事物中建立一种结构，形成一个有限的意义框架；从门里出来，则表明人可以选择"在任何时候摆脱其限制，并通向自由"（同上，174），进入潜在的无限领域。在对翻译的讨论中，以及对当代社会真实存在的身份困境的认识中，桥与门的概念将在何种程度上对我们产生影响呢？

---

① 在写《精神现象学》前后，黑格尔的政治见解和态度主要是：对拿破仑表示一定程度的尊重，称他为"马背上的世界精神"；对法国革命的"绝对自由和恐怖"，他当作客观精神所表现的一种意识形态予以辩证分析，指出其必然过渡的过程，并且对法国革命唤醒民族意识和个人从旧制度旧礼俗中解放出来有所认识；对德国，承认当时"德国不能够真正被称为一个国家"，主张德国不能单依靠风俗习惯、宗教、教育、语言的统一，要求在政治、军事、财政方面建立一个有领导、有权力的统一的君主政府。参见黑格尔《精神现象学》（贺麟、王玖兴译）1981年，译者导言第6页。

② 根据格式塔心理学，人们把不完全的图像感知成完整的图形，部分刺激主导着图像，而其他刺激退而成为背景。

尼古拉斯·蒂尔讨论了德尔贝洛[①]作品《东方文库》[②]一书的起源，他强调作者受到了卡迪布·彻勒比[③]书目式巨著《揭秘思想：书名和科学名称考释》的影响，这本作品包含了超过14000部分别来自阿拉伯语、土耳其语和波斯语的著作。蒂尔对17世纪的“中心”和“边缘”的概念提出质疑，他写道：

> （鉴于）伊斯坦布尔是整个奥斯曼帝国图书贸易的中心，这里的知识分子（像卡迪布·彻勒比及其学生赫泽芬）通过来自欧洲的旅行者，来学习、翻译欧洲科技文本，“中心和边缘”的概念并不完善。（Dew 2004：241）

蒂尔的基本观点是，伊斯坦布尔是一个桥梁城市，是一个翻译中心，住着一群像卡迪布彻勒比这样“跨界的人”（齐美尔语）。如同早期的开罗和巴格达（Abu-Lughod 1989），伊斯坦布尔把不同文化区域联结起来；在建立联结的程中，这一地区之前存在的各种身份被重新定义，东西也好，南北也罢，这些定义在某些程度上取决于城市所处的地缘政治环境（Bayly 2004）。帕斯卡·卡萨诺瓦[④]讨论了20世纪拉美作家在另一个“桥梁城市”巴黎遇到的类似情境：

> 拉美历史学家强调，这些作家在某种程度上被允许重拾[⑤]丢失的民族身份，他们在巴黎这座“中立”或“去国家化”的城市，或者推而广之，在欧洲这片土地上，找到了自己的“民族”身份。（Casanova 1999：52）

---

① Barthelemy d'Herbelot，1625—1695，17世纪法国语言学家和东方学专家。

② *Bibliotheque orientale*，由法兰西学院教授 d'Herbelot 创作的百科全书式著作，1697年在巴黎出版。

③ Katib Chelebi，1609—1657，历史和地理学家，17世纪时期奥斯曼帝国最伟大的科技作家。

④ Pascale Casanova，法国文学评论家，代表作是《文字的世界共和国》。

⑤ reappropriation，从挪用或文化挪用延伸而来，常用在人种学、社会学或文化研究中，指从非自身文化表达方式或人造用品中挪用而来，把外来文化要素整合进自身文化。

桥梁具有分离和联结双重作用。如同我们在第二章最后一节讨论所言,和联结性一样,分离性也是“桥梁城市”的基本特征。如果说翻译像阿瑟拉病毒一样,从一种文化传播到另一种文化,那么它同时也是“纳姆群”,通过不同文学、文化以及方言体系,来阻止病毒不断传播(Delisle and Woodsworth 1995)。当然,并不是所有的翻译都以同样的速度传播,译入同一种语言或从另一种语言译出,或者同等条件下传播。如同“门”一样,方向在构建意义的过程中至关重要。卡萨诺瓦指出了文化声誉、翻译量和方向性三者之间的关联。

> 在文学世界中,如果可以用“花卉拼图”来展现语言之间的关系,即在这一系统中通晓多语者或译者把处于边缘地位的语言与处于中心地位的语言联结起来,这样就有可能测量一种语言的文学性(诸如权力、声誉、语言、文学资本等)。这种测量不是根据使用这一语言的作家和读者数量,而是根据文学多语者(或文学界活跃者、出版商、全球中介、受过优质教育的星探)以及文学翻译者的数量,他们能够促成作品译入这种语言或从这种语言译出。(Casanova 1999: 37)

一种语言可能有成千上万的使用者和丰富的文学传统,但如果这种语言缺乏译者或译入其他语言的机会,那么对这种语言“文学性”的感知就无从谈起,或者说无法扩大自身影响。弗朗西斯卡·奥西尼[①]通过印度当地泰米尔语、孟加拉语、乌尔都语等语言,对此加以证明。正如奥西尼所述,虽然近几十年,非美裔或非英裔作家不断被译入英语世界,让英语“去中心化”,但是当出版商有意寻找一部关于印度的、极具市场潜力的作品时,他们只会将目光投向英语原版作品,因为“译著”在他们眼中通常都是“难懂的、过时的和地域性的”(Orsini 2004:331)。由于缺少卡萨诺瓦所说的文学基础,奥西尼注意到,“全球出版商非但没有吸收

① Francesca Orsini,伦敦大学亚非学院教授,主要从事印度文学研究。

印度文学,反而冷落了它”(Orsini 2004:331)。在印度,这些语言及其文学作品受到英语的挤压,英语丝毫不担心它们会挑战自己的垄断地位。

奥西尼的冷酷分析在皮埃尔·勒巴普[①]对“‘世界文学’独裁”的斥责中得到呼应。勒巴普指出,乔安妮·凯瑟琳·罗琳、温贝托·艾柯、保罗·柯艾略[②]等对世界出版界的垄断,和他们最初在英语世界的成功不无关系。在他所提到的三位作家中,后两位都是被译入英语的作者,而像他们这样用非英语写作的作家,能够有幸被译入英语并跻身世界文学出版市场,其作品出版量仅占全球英语图书出版总量的2%~3%。每年,在全球最重要的图书交易会——法兰克福书展上,世界各地作家和出版商参展的图书总量多达40万种(其中新书达到10万种)。相比之下,能够跻身世界出版市场的非英语国家作品少得可怜。

> 在法兰克福,来自亚洲、非洲和拉丁美洲国家的展位越来越偏离书市中心;年复一年,他们受到的关注越来越少。愿意从他们手中购买版权的出版商和经纪人数量每年都在下跌。(Lepape 2004:24)

出版商不愿冒险出版那些不为目标市场读者熟悉的作者的译本,这个问题我们在第一章曾讨论过。这个问题是由出版经济业的不断变化而导致。

德国贝塔斯曼出版集团下属的公司占据了美国图书市场40%的份额。它要求旗下出版商力争15%的纯利润,利润年增长达到10%左右。这大大超过了出版业的正常盈利水平。(Clark 2000)如果一本书不能引起读者兴趣,那么出版它就毫无意义可言。在英美图书市场的文学译本显然就属于这类图书。美国图书销售主要由巴诺(Barnes & Noble)、鲍德斯(Borders)和百万

---

① Pierre Lepape,1941—,法国文学批评家和作家。

② Paulo Coelho,1947—,巴西作家,作品被翻译成71种语言,在160多个国家和地区出版发行。

(Book-A-Million)三家连锁店控制,年营业额达80亿美元之巨,他们可以向出版商提出苛刻条件,向登上畅销书架的图书索要额外费用,拒绝接受那些流通缓慢的作品上架(Clark 2000)。

把世界文学景象视为不同国家文学之间的激烈竞争,卡萨诺瓦认为当前情形并不是要抵制出版大国(比如美国、英国或法国)的垄断,而是在于:

> 一种介于图书销售终端和独立机构之间的斗争,前者致力通过推广模仿一种具有独立特色的文学(在法国和在美国一样多),建立一种新样式,而后者正在遭遇越来越多的、来自美国、法国乃至整个欧洲的国际出版业带来的压力。(Casanova 1999: 235)

美国前卫派与欧洲人一样都对这种新的体制感到担忧。某种意义上,21世纪新的出版体制暗示着把翻译文学的出版困境归入一个更为普遍的文学生存问题,而这并不完全受商业利益驱动。

换句话说,把翻译与更大的文化和利润关系问题分开,就是把它从更宏观的、对文化多样性的追求中分离出来,而且有可能沿着"美国"对"非美国"、"西方"对"最佳"等简单的二元对立,让文学竞争"重现民族化格局"。全球化传媒(出版)集团工具主义的底线不仅是要彰显民族中心主义(贝塔斯曼是德国的,默多克是澳大利亚的),更要追求投资回报。和德里达试图开发边缘而盈利的想法不同,它们所关注的只有利润。

多样性的消减

文化多样性即将消失的意识并非最近才出现。早在20世纪60年代后期,埃里克·奥尔巴赫[①]就在文章中指出,

---

① Eric Auerbach,1892—1957,德国著名罗曼语语文学者,二战期间流亡伊斯坦布尔时完成了《模仿论:西方文学中所描绘的现实》(1946),享誉西方学术界。

> 当今世界，世界文学[1]领域正在逐渐缩小，并且正在失去其多样性。然而世界文学，正如歌德所想，并不仅仅指那些通常意义上关乎普世和人类的东西，而是把人性视为不同团体成员之间有效交流的成果。

他补充道，当现代标准化进程完成后，一个人

> 将被迫生活在一个标准化世界中，适应一种文学文化，只有少数甚至一种文学语言。世界文学概念得以实现的那一刻也是它被摧毁的时刻。（Auerbach 1967：301）

对特色文化生存持相似悲观的态度也见诸于战后法兰克福学派[2]理论家的著述当中。鉴于我们之前提及的经济因素限制，全球语言生态遭受的威胁（Maffi 2001：1－50），以及有大量文献佐证的关于译介贸易不均衡现象，无论奥尔巴赫、勒巴普，还是卡萨诺瓦，他们的悲观情绪确实是有依据的，并非空穴来风。然而，值得考虑的是，这种悲观和启示论是否能指引我们找到一种解决方案，而不是一味陷于批评家们的分析和谴责中，止步不前。

查尔斯·弗斯迪克[3]对20世纪法国旅行文学进行了分析，指出多样性的消失是文学界最为关注的焦点之一。旅行者到达边远之地，告诉读者，“异国风情”不过是一种幻想，因为现在每个地方变得都几乎一样，而他们作为最后的见证人发现所谓的差异将不复存在。

> 19世纪和20世纪早期以来，针对文化特色中多样性日益消减，人们的态度在某些极端情况下已几乎达到谴责的地步。一代接着一代，有关熵衰败的预言显示出一种普遍且保守的趋势——变革就意味着死亡或损毁。（Forsdick 2005：3）

---

① Weltliteratur，歌德于19世纪初提出了“世界文学”概念：“民族文学在现代算不了很大的一回事，世界文学的时代已快来临了。现在每个人都应该出力促使它早日来临”。参见爱克曼辑录：《歌德谈话录》，朱光潜译，人民文学出版社1978年版，第113页。

② 创建于1923年，由法兰克福社会研究所成员在20世纪30—40年代发展起来，是当代西方的一种社会哲学流派，以批判社会理论著称。

③ Charles Forsdick，英国利物浦大学法语教授。

为了证明自己的观点，弗斯迪克（Forsdick 2005：16）探讨了雷蒙德·威廉斯对英国乡村地区衰败主题的分析。在威廉斯看来，这种消减与其说是特定时刻的特殊事件，不如说是几个世纪以来英语写作中“内嵌的情结”。换句话说，多样化消失的概念可以依据情境不同通过不同方式表达出来，不管是福特式工厂流水线的成功，还是巨型商业机构极具掠夺性的全球化设计，我们都能感受到，正在消失的多样性这一主题与威廉斯所说的情结非常相似，而且反复出现（Williams 1979：156－165）。

事情总是变得更糟，像绝望旅行作家一样的文化评论家只能书写丧失自身特色的世界，把我们丢在一个他们声讨的“标准化世界”中。克里斯·邦杰①意识到克洛德·列维·斯特劳斯②《忧郁的热带》中的终极悲观情绪时，评论如下：

> 然而，这些可怕的幻觉，不仅在悲观思想方面，而且在习惯于延缓已经确认的事情方面，都非常相像。虽然人类社会正在进入一种“单一文化模式”，但它同时也**处在**，或**即将**进入一个“充满生机”的大众社会。（Bongie 1991：4，作者强调）

没有比现在更好的时刻来告诉我们这一切都将成为过去。当然，熵的魅力在于它可以清除历史。比如，托马斯·理查德将“熵”③这一概念的科学起源看作是一种清除历史痕迹的有效方式。

---

① Chris Bongie，加拿大女王大学教授，主要殖民和后殖民文学和文化研究。

② Claude Lévi－Strauss，1908—2009，法国著名社会人类学家、哲学家，结构主义人文学术思潮主要创始人。

③ 1850年，德国物理学家鲁道夫·克劳修斯（Rudolf Julius Emanuel Clausius）提出“熵”概念，用来表示任何一种能量在空间中分布的均匀程度，能量分布得越均匀，“熵”就越大。一个体系的能量完全均匀分布时，这个系统的“熵”就达到最大值。在一个系统中，如果听任它自然发展，那么能量差总是倾向于消除的。作为一个系统，宇宙“熵”随时间流逝而增加，由有序向无序，当“熵”达到最大值时，有效能量全数转化为无效能量，所有物质温度达到热平衡，宇宙中维持运动或生命的能量将不复存在。随着科学技术发展及文明程度提高，社会“熵”——即社会生存状态及社会价值观的混乱程度将不断增加。现代社会中，恐怖主义肆虐，疾病疫病流行、社会革命，经济危机爆发周期缩短，人性物化都是社会“熵”增加的表征。

> 作为一种(知识)神话,“熵”如同进化一样,似乎将历史排除在人类活动之外,因为它用物理原理取代了人的能动性,从表面上看它呈现出一种悲观的、对社会可控性的放弃。(Richards 1993: 103)

从上面可以看出,在我们这个时代,关注文化多样性消失的批评家并不是仅仅提出了对这一现象的物理(熵)解释。他们发现,经济和政治势力对文化和语言多元化造成了持续不断的威胁。不管怎样,从反复出现的针对身份丢失的挽歌中,我们感到一种令人揪心的、似曾相识的感觉,以至于我们可以说,在翻译中人要面对一种双重熵的处境。

所谓“双重熵”,是两种不同“熵”的组合:一种是普通意义上的、由多样性消减而导致的“熵”,另一种是特殊的、由翻译行为造成的“熵”。前者是一种特殊形式的翻译同化,指个体把自己译入“单一文化”或“单一文学语言”,抑或“单一文化”和“单一文学语言”被大规模译入其他语言和文化中,以至于其他文化或语言被丹·布朗①或乔安妮·凯瑟琳·罗琳这样的作者遮蔽或压制。如果广告大肆宣传一本书已被译入多种语言,并以此为噱头,那么其他任何一种语言都必须保持清醒,警惕这本书的“声名”及其后果,即隐藏在全球化背后的同质化、标准化以及平庸化。

与致力推广某一文化并助其大行其道的翻译相比,后者(后一种“熵”)更指向翻译行为本身或翻译内在的“熵”。在《对古老法语的保护和说明》一书中,约阿希姆·杜·贝莱②对翻译提出批评,其论调被后来者不断效仿。在他看来,翻译总是拼命模仿,这种做法对丰富语言而言毫无益处:

> 在夜以继日地粉饰和模仿过程中,他们有没有意识到自己到底在干什么?我说的是模仿。他们把维吉尔或西塞罗的

① Dan Brown,1964—,美国著名畅销书作家。他的小说《达·芬奇密码》自问世以来一直高居《纽约时报》畅销书排行榜榜首。

② Joachim du Bellay,1522—1560,文艺复兴时期法国著名诗人,七星诗社会员。

诗改头换面，从一首诗中摘取半行，再从另外一首中攫取半行，拼凑成译文。别指望他们（译者）——奴性的品种——能有什么杰出的表现。

约阿希姆·杜·贝莱认为，翻译在法国语言和文化发展中发挥了一定作用，将其视为疯狂的转换（他用了吞噬这个比喻）。但是，他却把自己同时代的译者视为愚蠢的奴颜媚膝之辈，这种偏见在翻译史上屡见不鲜（Venuti 1995）。不动手翻译的人通常都认为翻译将不可避免地丢失原文中的意义、内含和表达力，这不足为怪。“诗不可译”或“不忠的译者”这种传统的思维方式缘起新浪漫主义对原创表达的维护以及文化民族主义者对自身语言神圣地位的供奉。

相比之下，翻译研究已经内化了第二种“熵”，即由翻译行为引发的“熵”，令人感到更为震惊。2004 年，在首届都柏林城市大学研究生翻译研究会议上，笔者和同事珍妮·威廉斯受邀对本次会议的论文做出总体点评。这些论文都达到了相当高的水平，其中不乏创见和精品。但是，不少论文出现了笔者之前所说的“熵的悖论”。笔者的意思是，很多作者都无一例外地指出了翻译在文化、语言以及社会中的重要性，接着通过不同的手段/方法来揭示现有翻译在不同层面上的欠缺。这些分析在总体上令人信服，指出理解或表达上的不足之处可能和政治偏见、语言能力、性别歧视、现有技术条件约束等有关。换句话说，从这点来看，本次会议上提交的论文与世界范围翻译研究会议上的大批论文同出一辙，即反复强调翻译作为一种转换必然会出现丢失、误译、偏见甚至是歪曲。尽管这些论文都是在描写翻译学的框架下展开讨论，但是描述却清一色对准了翻译中的缺失和挪用，导致翻译研究最终难以摆脱“熵”的结论。

沿着这一路径，我们就能发现第二种“熵”（特殊意义的“熵”）已经融入了第一种“熵”（普遍意义的“熵”）。如果我们一而再、再而三地把翻译展现为一种无法帮助文本实现跨文化、跨语言传播的形式，那么人们就有理由质疑它，更不会相信它能行使维护语言与文化多样性的使命。倘若我们可以通过一种多样性日益消减直至灭亡的情结来解释第一种"熵",那我们拿什么来解释相比于各种评论在翻译学内部更为频繁出现的第二种"熵"? 答案也许和学术或智力探索的本质属性有关。正如德国思想家彼得·斯劳特戴克所言,"比起开端,一切学术或研究更注重结果"(Sloterdijk and Finkielkraut 2003)。当黑格尔声称密涅瓦[①]猫头鹰在黄昏时起飞,他想要说明的是只有事件结束后,人们才能感知并加以解释。也就是说,只有当事情结束后,我们才能发现模式。当弗兰克·克莫德[②]研究人类对小说的迷恋时,他将自己的著作命名为《终结的感觉》(1967),原因就在于此。

克莫德认为人类是降生的,对出生之前的生命状态毫无记忆,而死亡又意味着意识的终结。因此,我们需要通过小说/故事对生命起始的描述,展开对自身生命的想象。当我们总是讨论已经发生的、过去的、不复存在的事物,或者热衷于应该如何如何时,这种对结局的迷恋也许就导致了一种以失落感为特色的事后情结,即"熵"。因此,在《文化的困境》中,詹姆斯·克里福德[③]对人种学执迷文化衰败的倾向提出批判:"与发现/察觉新体制中的差异相比,记录/发现传统秩序中差异性的消失总是更加容易一些"(Clifford 1988: 15)。因此,研究过程本身内嵌着一种强烈的、以"熵"为特色的、注重结局的倾向。

文化负熵

我们想要提出的是一种基于文化负熵的思考翻译和身份的方法。负熵主要跟翻译实践中"产生的"、"新的"文化样式以及为推

---

① 密涅瓦(Minerva)是古罗马神话中的智慧女神,栖落在她身边的猫头鹰是思想和理性的象征。黑格尔说哲学就像密涅瓦的猫头鹰一样,不是在旭日东升的时候在蓝天里翱翔,而是在薄暮降临时才悄然起飞,旨在说明哲学是一种"反思"活动,是一种沉思的理性。

② Frank Kermode,1919—2010,英国著名评论家,莎士比亚研究的泰斗,在文学理论界和批评界享有极高声誉。

③ James Clifford,1945—,加州大学教授,美国当代著名历史学家和人类学家。

动和孕育多样性而采取的翻译方法相关。我们在第一章中对欧盟内部翻译的讨论就是基于这一视角。接下来,我们将进一步阐明基于转换的负熵与之前出现的"微观世界主义"概念之间的联系。

在其作品中,菲律宾民俗学家伊萨贝罗·雷耶斯[①]节译了当地原住民伊洛卡诺人在砍棵树前唱的一首歌。著名语言和文化民族主义学者本尼迪克·安德森评价如下:

> 伊萨贝罗把自己完全植入了伊洛卡诺人世界中。他知道伊洛卡诺语的意思,但读者并不知道:对他们来说……无法体验这种经历。但伊萨贝罗是个热心且有科学精神的人,他希望把这个世界展现给外人;但他的解释并不顺畅。读者面对的是大量无法理解的伊洛卡诺土语。没错,像"barí – barí"这种词,西班牙语没有对应的说法,最好不译。(Anderson 2004:208)

20世纪中期,欧洲语文学家所推崇的做法和民俗学家伊萨贝罗的实践一脉相承。比如,列奥·施皮策[②]于1948年发表了《语言学与文学史》一文。在引用外文资料时,他直接摘录过来,而不做任何翻译,理由是:

> 我决定认真对待诗人的语言(措辞),既然打算通过原文的细枝末节来得出令人信服的结论,所以根本不会尝试去翻译。(Spitzer 1988:35)

艾米丽·阿普特[③]认为,施皮策的观点并不是"反对翻译这种

---

① Isabelo de los Reyes,1864—1938,开创了菲律宾民间文学科学而系统的研究,被誉为"菲律宾民间文学之父"。

② Leo Spitzer,1887—1960,德国著名文学批评家,罗曼语语文学家,被誉为"文学文体学之父"。

③ Emily Apter,纽约大学法语和比较文学教授,在代表作《翻译地带:一种新的比较文学》(2005)中提出了基于翻译而非基于民族的一种新的比较文学。

做法，而是呼吁让语言学习成为知识和学问迁移[1]的一部分，二者可以做到相辅相成”（Apter 2004：105）。

无论是伊洛卡诺人的树歌，还是欧洲文学的经典著作，节译或不译并不意味着（传统上观点）翻译/译者的失败或不作为。语言和文化的复杂性是翻译/译者赖以存在的理由，离开了这一点，翻译/译者将无处栖身。换句话说，正是由于不能译，我们才更要努力去译。不管是翻译中的文化，还是文化中的翻译，我们都能从中发现一种实践方式，这种方式不仅可以抵制文化启示论和反复出现的多样性消减论，还能对不断贬抑翻译这种特殊文化活动的主题提出反击。

在倡导加勒比法语文学的特色时，让·伯纳贝、帕特里克·夏穆瓦佐[2]和拉斐尔·康菲恩特都反对普遍主义，即屈从大都市法语语言和文学的做法。相反，他们呼吁一种“多样化”：

> 克里奥尔文学不应着眼普遍性，即暗中迎合西方价值观……对自身特色的探索……会让我们和世界更加紧密。通过衍射[3]或重组世界中的多种机会，来抵制普遍性，实现多样化：下意识地调和并保持多样性。

和“普遍性”不同，“多样化”概念中暗藏着一种理念：虽然加勒比地区由很多个“小”岛构成，但是这一地区的想象空间和语言潜能却是完全不同的景象。通过“notre monde, aussi petit soit-il, est vaste dans notre esprit”这样的句子，他们想要强调的是微观世界主义场中的不规则性和复杂性（Sheller 2003）。加勒比地区法语文化自身具有多样属性。经由翻译，把它在世界范围内传播，无疑

---

① 中古欧洲用拉丁文构思出来的伟大概念之一是学术与知识的移转（translatio studii）。很多法语名词，如 translation（移转），tradution（翻译），transfert（转让，迁移），transmission（转移，传输），都有多重含义。这些名词的使用让我们了解了 translatio studii 在法语中的内涵。在文人使巴黎成为学术中心的几个世纪中，他们除了把拉丁文化转移到法语中外，还把拉丁权威作品输入到法语中——他们翻译了《圣经》与古代文学作品。

② Patrick Chamoiseau，1953—，出生于加勒比的法国著名作家。

③ 指波遇到障碍物时偏离原来直线传播的物理现象。

是困难的。但正是由于这种“多样性”，意味着译者有了更多可以交流或言说的对象。

正是因为多样性，让世界文学中某些当代理论家所持的简单的二元主义变得格外复杂。在《世界文学猜想》一文中，弗兰克·莫莱蒂[①]通过巧妙的隐喻方式，揭示了波与树之间的对立：

> 树展现了从统一到多样的转变，一棵树可以伸出众多分枝：印欧语系就像一棵大树，从中衍生出不同语种。波刚好相反，标准化吞噬了最初的多样性，比如好莱坞电影占领了一个又一个市场（英语蚕食了一个又一个弱小语种）。（Moretti 2004：160）

在莫莱蒂看来，民族文学和世界文学有着明确分工。前者是“为看见树的人准备的”，后者是“为看见波的人准备的”（同上，161）。但是，他不会因为看不到波或由树构成的林而遭受非议（通常民族理论家会出现这种问题），相反却会因为看不到树有可能掀起波而被人诟病。就像我们在第一章中所述，正是粒子或特定物体中那些波状属性物成为本地和全球之间的联结点。

从黛布拉·卡普昌[②]对摩洛哥说书人的描述中，我们可以发现这种联结。在马拉喀什[③]集市上，说书人不停地进行语内翻译，把阿拉伯古典作品翻译成摩洛哥方言，讲给当地人听。就像卡普昌所说，这些人如同大众作家，成为文学文化的经纪人，把古典神话（书面语）和当地人的想象（听觉）联结起来（Kapchan 2003：136）。翻译在三个层面上发生了：从书面语到口头语言，从高雅的文学语言到熟悉的日常用语，从视觉（阅读）层面到听觉/表演层面。歌德曾用市场来喻指翻译。在马拉喀什集市上，像莫雷·奥

① Franco Moretti，1950—，西方当代马克思主义文学批评的代表人物，曾在美国哥伦比亚大学英语与比较文学系执教多年，2000 年移师斯坦福大学。

② Deborah Kapchan，美国德州大学人类学教授。

③ 摩洛哥古都之一，著名的旅游胜地，拥有众多的名胜古迹和幽美的园林，享有“南方明珠”美誉。

马尔这样的译者/口头艺术家所展现的，把古典传说翻译成当地人熟悉的日常用语的做法就是把“书面故事”带到听众的生活或视界之内。反之，本地化的翻译，或用摩洛哥方言讲述阿拉伯传奇故事的做法，也再现了阿拉伯古典文学“世界”。从这方面来说，使用树和波的两极对立来探讨世界文学（没有翻译就没有“世界”文学）这一概念，就会让我们忽视重要一点：本地和非本地其实是交织在一起的，不能人为地将其割裂开来。

全 息 图

显而易见，莫莱蒂钟情于一种二重性（部分构成整体）的思维方式，来看待写作与文化。但针对树/波模式，我们可能产生这样的疑问：除了线性的由部分到整体的简化范式外，是否还有其他类似的占主导地位的隐喻或范式，像树/波模式一样遮蔽了（而非再现）翻译的真相？约翰·厄里注意到，“在现代工业社会，人们总是喜欢拿钟、现代机器（火车、汽车、生产流水线）、镜头等打比方”。与之不同，他提出，“在复杂的信息时代中，全息图是一个复杂的隐喻；在全息图中，信息并不处在某个特定位置，每个结点都驻藏、暗含或生成信息，并汇聚成一个整体”（Urry 2003：50）。“全息图”概念把我们的注意力引向部分/结点的复杂性，它不仅呼应了之前第一章中所讨论的微观世界主义的不规则/碎片性，而且展现出特定翻译的高度复杂性。无论是圣经钦定本（McGrath 2001），还是古爱尔兰语英雄传奇（Tymoczko 1999），抑或是马拉喀什集市上的说书人，翻译（译还是不译）都内嵌了文化、语言、政治、社会和其他多种文本的丰富信息。

面向翻译全息图式的理解方式中暗含着对构成整体图景的结点的关注。通过艾米丽·阿普特对比较文学家列奥·施皮策作品的评价，我们就能发现，这种方式和关于世界文学、翻译中负熵等方面的讨论密切关联。阿普特引用了施皮策的话，具体如下：

> 语文学体现出对使用特殊**语言**创作而成的作品的**喜爱**。

> 一个评论家的方法要想推而广之，适用到每一种语言，并让人信服，那么当他/她在评论诗歌时，首先要爱上这门语言，爱这首诗，这种爱要压倒一切。（Spitzer 1988：448；作者强调）

弗兰克·莫莱蒂主张通过阅读二手评论文献来发现世界文学模式；施皮策则关注文本自身的语言细节。通过对二者加以比较，阿普特认为，如果"文化对比的各个领域到处都是关于民族史诗、各种文学体裁的'分类'的二手评论或文献，语文学提供了一个微观逻辑视角，从全方位对文本展开细读：文字史是流放中的世界历史、文体学和韵律；后者不断的变迁成为语文学研究的对象"（Apter 2004：108）。尽管翻译学不断试图证明它独立于语文学的身份，尤其是在欧洲大陆，但在施皮策和阿普特看来，二者有共同之处，即"从全方位对文本进行细读"。换句话说，把一种文本转换为另一种文本（或者在同一种语言内部，从一种形式转换为另一种形式），翻译过程涉及语言、文本、文化等多种能力。文学翻译者必须首先在某种意义上爱上一种语言中的一首诗，才有可能把它译成另一种语言。全息维度是指从内心深处怀着"全方位阅读/全球观"来感知"特殊"语言中作品的复杂程度。

通过多样性——坚持对特殊之处进行细述，通过致力于亲密的阅读，以及揭示每个文本"语言细微之处的大世界"，翻译为多样化，为负熵做出了贡献。另一方面，恰如玛丽娅·铁木志科（Tymoczko 1999）所言，通过译者对"全方位阅读/全球观"的敏感，把文本视为文学，而非珍藏古董，我们可以避免语文古董意义上的终极色彩。翻译全息维度的深层内涵在于，由于不能完全驾驭/掌握原语，译者要表现出不同寻常的谨慎。美国文学界在传统上对埃兹拉·庞德翻译①采取了一种随便的、简约式的解读，埃德温·

① 庞德将语言能量看作为翻译的本体，这消解了文本意义一成不变的定势。他认为，译作乃独立于原作的再创作，罢黜了原作与原作者的权威；带有解构痕迹的翻译策略使译本成为原文本的"来世"，破解了传统译论中的"模式－复制"关系。这种翻译思想与20世纪70年代解构主义翻译思潮暗合，其中蕴含的解构主义力量展示出庞德作为一名理论家的前瞻性。

根茨勒指出了这种方法的糟糕后果:庞德的语言技巧和丰富的文化知识被忽略了,人们只是一味强调"通俗的语言",并过度关注直译:

> 译者并不具备原语语言和文化知识,我们就默许他们/她们凭感觉从原文选择好的诗作来翻译,而且只要他们对诗歌表现出一定的敏感和品味,语言直白而不过多修饰,译文就会被接受。(Gentzler 2001 : 31)

如果整体存在于部分之中,那么没有部分就不足以构成整体。追求多样化,在翻译中展现负熵之力,关注特殊文化的碎片性及全息图景,这一切要求我们形成一种爱护语言、尊重语言的责任感,力求做到精通所要翻译的语言。

从政治、美学、教育等方面来看,英语世界对现代语言的兴趣日益消减,语言专业/系科在消失,有大量文献佐证语言多样性正在遭受威胁(Hagège 2000),这些日益成为译者和翻译研究者不容忽视的问题。如同没有知识的爱不是真爱,缺乏亲密阅读的全球观意味着狭隘的地方主义——一种隐藏在全球化背后的近视。就文化接触而言,愈是难以看清的地方,(看清后的)观点就愈是深刻。参照维克多·谢阁兰①的作品后,克里斯托弗·普伦德加斯特②认为,"在跨文化交流中,难以逾越的障碍总会造成理解失败,导致我们无法'更接近'另一种文化(因此不能真正摆脱民族中心主义的束缚)"(Prendergast 2004 : xi)。由于语言习得和文化素养需要一生去追求,所以翻译(外语文本)绝非易事,总是会有无法理解之处。阻碍诠释的难点让翻译(不仅是文学翻译)成为一项缓慢而费力的工作。译者要实现"完美诠释",就必须在动手之前确

---

① Victor Segalen,1878—1919,法国著名诗人、作家、汉学家和考古学家,也是一名医生和民族志学者。

② Christopher Prendergast, 1942—, 英国剑桥大学国王学院法国文学教授, 著有《世界文学论争》等。

保自己掌握了翻译所需的一切知识。在瑞士作家尼古拉·布维耶[①]看来,和实际情况相比,这更像是一个乌托邦式的幻想。他写道:

> (译者要通晓)人生的每一个阶段,从两极到热带的每一种气候类型,从咖喱到爱尔兰炖肉的每一种味道,还不能忘记每一个经度和纬度。这怎么可能?(Bouvier 1998: 14)

这不仅是文学翻译面临的困境。历经多年的口译教学/培训和研究也是这样。研究人员指出,

> 要想有效解决每个学生的问题,口译教师必须熟知多个研究领域,这包括社会语言学、心理语言学、神经语言学、文本语言学、翻译研究、认知语言学和认知科学、神经生理学、语义学、语用学和通讯理论等。(Riccardi 1997: 94)

亚力桑德拉·瑞卡迪的评述道出了口译活动的复杂性,同时也表明任何描述都难以尽显这种复杂性。口笔译不是试图克服难以企及的工作的徒劳之举,相反是有价值、有意义的探索,就像谢阁兰和普伦德加斯特所言。从实践和分析角度看,不同语言和文化接触过程中的释义或理解是一项复杂且困难的工作。一旦忽视了这种复杂性和困难,就会导致暴力,而非同情。比如,在讨论现代都市环境中不断出现的封闭社区时,尼可·拉皮埃尔表达出一种担心和忧虑。在第二章中,我们对此曾有过讨论。

> 从东京到巴黎,障碍在各地不断出现。当斡旋的空间不断缩小,关系中的暴力开始显现。随着接触区和门槛的消失,障碍就愈发难以逾越,友善将难以维系。(Lapierre 2004: 42)

① Nicolas Bouvier,1929—1998,瑞士旅行作家。

取消了斡旋的空间——一种需要付出时间和努力去营造的地区、一种为理解另一种语言或文化的地区，意味着我们从三角形状的协商空间进入了相互对立的二元空间。

口笔译不应被当作通往相互理解和真爱途中的障碍，相反它们可以让人们相互之间保持兴趣。无论是笔译，还是口译，其中蕴含着互相认识、促进理解、开拓沟通空间的义务。缺少了这些，个人或团体将陷入困境或偏见之中。互动空间的崩塌带来的是疏离而非亲近。因此，对于一个即将把一种语言译为另一种语言的译者来说，面对语言习得和文化知识学习过程中必须经历的困难，绝不能采用直译的方式加以回避。消除差异，关闭斡旋空间，将不可避免地导致“单一语言”的霸权（译者把自己译入优势语言，并认为别人也会对被译入这种语言而心存感激）或者“两种语言的专制”（只有我的语言、你的语言，二者之间不存在斡旋的空间）。对翻译实践而言，碎片式的、全息图样的负熵等不同维度暗含着一种追求复杂性、距离和欲望的伦理。和简单的两级对立相比，求知的欲望意味着（原文 - 译者 - 译文）三角化的关系更为复杂，更不易被理解，同时也包含着不可避免的距离效应，后者允许人们接近，但却不能亲近。当我们对他者语言和文本知道得越多，我们对其理解就越深，也就更能体会布维耶所描述的景象：完美的翻译/译者可望而不可即。

涌　现

毫无疑问，求知的欲望让我们想要研究周围的世界和人。这种想法引出了翻译与从蚁群到人类城市的一切事物行为之间的重要联系。组织复杂性是一种从重复的、简单而基本的行为中演变而来的复杂、调适和自我组织行为。在讨论组织复杂性的起源时，斯蒂文·约翰逊①阐明了一系列发展这种复杂性的原则，比如“关注你的邻居”；他重申，“本地知识可转换成全球智慧”

① Steven Johnson，1968—，美国科普作家和传媒理论家。

(Johnson 2002：79)。通过对蚁群行为的研究，他指出，

> **本地**成为理解蚁群行为的关键因素。在蚁群中，我们看到了系统中的涌现行为[①]，即每一个个体并不是等待来自上方的命令，而是通过观察同伴来采取相应行动。他们按照自己(**本地**)的方式思考**并**行动，但是把这些行动联合到一起，就能引发整体(全球)行为。(同上，74；作者强调)

如同蚂蚁以近邻的行为为参照并采取相应行动一样，在世界上每个乡村、城镇或都市，人类也按照同样的方式行事。参照城市学家简·雅各布斯[②]的经典著作《美国大城市的生与死》(1961)，约翰逊认为，城市中的人行通道就是居民之间信息交流的主要管道。

> 邻里互相学习，是因为他们要在人行路上相遇，经过对方的商店和住所。人行道为完全陌生的人提供了交流机会，通过随机的方式把不同的人组合到一起。失去了街道，城市就如同失去嗅觉的蚂蚁，或者沦落为拥有极少工蚁的蚁群。人行通道确保了人们**所需要**的本地交流及其**数量**。(同上，94；作者强调)

可是，如果人们仅仅满足于相遇，那么相遇就不会有任何意义。也就是说，"如果人们不能利用这种相遇来改变自身行为，那么就会与多样性擦肩而过，无法在全球化城市中有所作为。不同主体之间要有反馈，就像细胞之间的连锁反应"。(同上，96)因此，人类社会中复杂调适行为的出现取决于接近、互动和反馈。如同我们在第二章中所言，如果不考虑翻译和语言差异的双重空间，

---

① emergen behavior，指一群互相沟通的、无自我意识的个体到达一定数量状态下引发群体行为产生的突变。

② Jane Jacobs，1916—2006，美国著名城市社会学家、城市规划学家和城市经济学家。

我们就无法理解雅各布斯所说的高带宽交流①。从这点看,无论是雅各布斯,还是约翰逊,他们希望通过城市街道来实现的复杂性都缺少了翻译和语言变化这一重要因素。关注近邻并不能带来成功,如果你压根不知道他/她在说什么;而你也不会引起对方的关注,如果他们对你的意图无从了解。倘若如我们之前所述,当地人不再仅说一种语言,不再仅有一种文化,并由此形成一种极度封闭的社区,那么随之产生的本地世界主义和内部跨文化交际就会不可避免地渗入翻译,并且对人们生活带来巨大影响。

"如果没有开放性的、充满互动联系的街区文化,城市很快陷入危险而混乱的状态。"(Johnson 2002:146)认识到这一点,就能认识到翻译作为一种反馈机制,在人类社会的设计和发展中发挥着不可替代的使能作用。缺少了翻译,信息就无法在使用不同语言的人或社区之间传播,城市就无法呈现出一种和谐而充满生机的状态。换句话说,作为稳定而复杂系统的特点之一,负反馈可以发挥一种矫正作用,可以动摇这个体系,或者扰乱它的自我平衡状态(比如缓慢的鼓掌会提醒发言者,他/她已经开始让观众不耐烦或者冒犯了观众,最好马上闭嘴并坐下来)。不管是从当地社区还是城市或者整个世界,如果没有机会从其他人或社区得到之前所说的语言反馈,对系统稳定性而言不是个好兆头。

显然,邻里间相互沟通过程中的潜在困难让塞缪尔·亨廷顿这样的美国作家对任何支持多语制度的政策都表示强烈反对。在他看来,英语在这个国家的霸权地位恰好促使邻里们跨越语言或种族的差异,相互影响并作为社会成员凝聚在一起(Huntington 2005)。他把矛头指向西班牙语,认为它对英语的抵制造成了美国社会和公共空间的分裂。亨廷顿的观点从本质上看是典型的现代化观点。自从法国大革命或更早时期以来,这种观点就被用来支持某一种特定语言在民族国家中占据统治地位(Anderson 1991)。如果一个国家想要依托单一军队作战,建立单一社会,组建单一教

① high-bandwidth,带宽就是传输速率,是指每秒钟传输的最大比特数(bit/s),即每秒处理多少位数据,高带宽则意味着系统的高处理能力。

育和经济体系，那么它最好只有一种语言。对于那些通过不断扩张而形成的帝国而言，如果想发挥有效作用，就必须用一种语言来教育自己的臣民（或那些对帝国主义有用的人）。从吵闹声不断的封建社会进入现代社会，意味着人们只能说一种语言。这样一来，用斯蒂芬·迪达勒斯的话来说，翻译作为历史上饱受争议的多语环境中的必要行为，就成为单语言现代主义者试图消除的对象。在他们眼中好翻译压根就不存在。

这种传统的现代化论点的难点在于试图重新支撑起民族国家的梦想（而它当前仅存在于纯粹的、中央集权式的幻想之中），为推行单一民族和单一语言政策提供依据（Bobbitt 2002：xxii）。这并不是说民族国家已不复存在，而是人权立法、环保主义、大规模杀伤性武器、世界经济秩序和通信科技信息领域的发展（Cronin 2003）等已在根本上改变了它的现状和运行。菲利普·伯比特认为，（从1914年到1990年）跨越20世纪的大规模战争的结束意味着国家性质发生了根本性的改变：

> 无论采取哪种形式，参与这场战争的国家都声称其参战目的是给本国人民带来更好的物质及福利条件。以市场为导向的国家提出了另一种解释：它将给国民带来最多机会。如果历史发展希望得到国民理解，国民也愿为文明自身命运而探索其内涵，那么不仅是我们当今居住的世界，而且即将形成的世界都会变得更容易理解，更趋于合理。（Bobbitt 2002：xxvi）

作为白宫前高级顾问，伯比特提出的市场国家概念中暗含着一种理念：为了给国民带来更多机会，国家将不断寻求扩大可利用的资源。在信息主义时代，信息本身就是最大的资源（Castells 1996）。信息是市场国家起源、城市日益复杂化和翻译需求三者之间的汇聚点。在《历史中的城市》中，刘易斯·芒福德[①]提出，城市

① Lewis Mumford，1895—1990，美国历史学家、科学哲学家，著名文学评论家，以对城市和城市建筑的研究闻名。

“可以被视为储存和传输文明产品的特殊载体”(Mumford 1991：30)。而对待信息这样一种产品，城市最擅长的就是把它加以储藏、取回和加工。谷物栽培、犁、陶车、帆船、有色冶金、数学抽象、日历、天文观测等都和苏美尔海岸及印度河流域的人口聚居区关系密切，这两个地区的历史可以追溯到公元前3500年。如果我们意识到信息在人群中(由于不可避免的反馈回路[1])比在独处状态下传播得更快，上述情况就不足为奇了。

某些职业之所以在城市的某个空间汇聚，其中有一部分原因在于这种集中便于信息在生产者和服务提供者中进行更快、更有效的传播，同时也便于消费者找到他们所需的产品和服务。如约翰逊所说，“信息管理——降低了大规模居民区的复杂性——是城市的潜在目的，因为在城市形成之初，居民出于安全、交易或其他动机而聚居于此”(Johnson 2002：109)。因此，城市的结构是为了便于管理信息。当我们需要某项信息的时候，我们知道去哪里去寻找，即我们知道信息存储和索取的地方。我们不会去金融区去欣赏画作，也不会去文化区去咨询投资建议。作为精心制作的互动平台或信息管理工具，城市意味着信息不仅可以被存储且使用，同时一个城市依存的信息量越大，那么它在信息时代中的创造和创新能力就越强。

在城市社区中居住，翻译是人们获取信息的一个重要途径。如果没有翻译，人们就无法得到或索取大量的有用信息。实际上，翻译一方面尊重了个人或社区信息资源在文化和语言上的特殊性和完整性，另一方面也促使不同观念、态度、创意、美学或认知风格向更广阔的区域传播。这种翻译的方式与保罗·利科[2]对等而非相似的观点相近，与亨廷顿的单语言/文化熔炉观截然相反，后者声称只有当人们归附于一种优势语言(英语)时，信息才能实现快速传播。亨廷顿是自相矛盾的：他要用抹杀语言和文化差异的单语言政策来消除自己所推崇的政治体系中源于不同种族的多元特

① feedback loop，输出端有任何变化时，会透过一条连接输出端与输入端的回路，将信号传回输出端。

② Paul Ricoeur，1913—2005，法国著名哲学家，当代最重要的解释学家，曾任法国斯特拉斯堡大学和巴黎大学教授。

色。此外,翻译以微观世界主义的方式参与信息传播:差异并不意味着切断。人们并不会因为语言差异而无法接触到城市的信息资源。翻译,不管采取笔译还是社区口译形式,可以帮助人们在大型社区中获得各种自己所需的信息。

然而,不管城市大小如何,将翻译仅仅视为在城市中参与涌现的复杂性和信息管理,将是一种错误。除了这些之外,翻译还在另一个潜在的层面上运行,这就是罗伯特·赖特①所说的"全球脑"(Wright 2000: 48)。简言之,通过把世界各地迥然不同的信息源联结起来,就会形成新的、更加复杂的创意。常言道:"众人拾柴火焰高"。赖特认为,一个好的领导者可以让工作变得更为轻松。换言之,在一个团队里,只需一个人来创造,其他人参照执行即可。和"全球脑"相似的概念是"社区脑":人们可以从社区中最聪明、最优秀的成员那里汲取营养,然后和其他人分享。因此,潜在的创新者越多,有机会获取这类信息的人越多,技术和创新传播的速度就越快。互联网的出现表明赖特的观点并非幻想。更重要的是,"全球脑"概念表明大脑要想有效运转,其构成部分必须保证相互之间的连通。因此,我们不能仅仅把翻译视为本地化过程中帮助不同语言使用者获取信息,更应当意识到:通过翻译形成的多语网络是构筑全球信息平台的基础和前提,由部分组合而成的整体在效果上要远大于各独立部分。

在某种程度上,这种观点回应了我们在第一章中提出的"由下而上"的本地化,即不同语言提供本地的、与数字相关的内容是一个双向过程。不同语言使用者可以得到满足其兴趣和需要的内容;通过翻译,这些内容都能进入网络空间。这样一来,依赖"社区脑"滋养的"全球脑"就不会接收到不同语言表述的相同信息,导致令人厌烦的单调,而不是显现的复杂性。因此,就像约翰逊所说,信息演变的关键之处在于互惠,"这些(复杂的、调适性的)系统中的关系是互通的:你在影响周围人的同时也受到他们的

---

① Robert Wright, 1957—,美国记者,畅销书作家,擅长科学、进化心理学、历史、博弈论等多个领域。

影响；所有涌现系统都依存于这种反馈——一种孕育高层次学习的双向联结”(Johnson 2002：120)。

小世界和弱联结

信息主义现代影响的特征之一就是邻居这一概念正在被我们手头的通信技术重新定义。通过网络，我们可以和处在城市或地球另一端的朋友建立定期的联系。比起相邻公寓或房子中的邻居，这种联系可能更为频繁。这同时意味着我们的邻居与城市/地球另一端的某个人也只有一步之遥，即通过你，他们就能与远处的人建立联系。就邻居而言，世界变小了。在研究微观世界的形成过程中，邓肯·瓦茨①和斯蒂文·斯特罗加茨②这两个数学家引用了网络理论。在一个由节点构成的圆圈中，每一个节点都通过相邻节点与其他节点相连。他们通过一些额外的连线，把任意选择的节点联结到一起。这些跨区域的连线在两个相距甚远的节点之间提供了一条捷径，而且极大地缩短了节点之间的平均距离。埃尔伯特·拉斯洛·巴拉巴西③指出，

> 瓦茨和斯特罗加茨的惊人发现在于：**仅需一些**额外的连线就能大幅缩减节点之间的距离。这些连线不会显著改变聚集系数④。但是，由它们形成的长桥，把分处两端的节点联结到一起，让各节点之间的分隔顷刻消失。(Barabási 2003：53；作者强调)

---

① Duncan Watts，计算机社交科学界领军研究者，曾任哥伦比亚大学社会学教授，并供职雅虎实验室，现为微软研究院工作，和斯蒂文·斯特罗加茨在1998提出了一种新的网络模型，一般就称作瓦茨－斯特罗加茨模型(WS模型)，即最典型的小世界网络模型。

② Steven Strogatz，康奈尔大学应用数学教授。

③ Albert－László Barabási，美国东北大学教授，全球复杂网络研究领域的权威。

④ 在图论中，集聚系数(clustering coefficient)是用来描述一个图中的顶点之间结集成团的程度的系数。具体来说，是一个点的邻接点之间相互连接的程度。例如，生活社交网络中你的朋友之间相互认识的程度。有证据表明，在各类反映真实世界的网络结构特别是社交网络结构中，各个结点之间倾向于形成密度相对较高的网群。

对人类而言，相对低的分隔度让人们有机会（通过三到六人）和世界上任何一个人建立联系，这是因为

> 一些人的朋友/亲属已离开他们，散居到世界各地。通过他们，我们可以和世界上任一地方/角落的人建立联系。巨大的网络不需要通过任意的连线来展现世界之小；少数几个关键节点就能解决这一问题。（Barabási 2003:53）

瓦茨和斯特罗加茨提出的模式与人类社会的情形相似，后者由密切的、身边的亲人或朋友构成。地理学家杰拉尔丁·普拉特和苏姗·汉森认为，"尽管这个世界的联结性愈来愈强，我们必须意识到很多人的生活仍然以本地为主；他们的住所、工作地点、娱乐、购物、朋友、家人等都集中在一个相对狭小的空间内"（Pratt and Hanson 1994: 10 - 11）。显然，相同的语言、文化和历史在一定程度上促成了聚居，这就如同在国家交流或学术会议上，当代表们用英语处理完既定事物/议程后，总是喜欢和说同一种语言的人聚集到一起，共同享受茶歇或夜生活。

从翻译角度看，瓦茨和斯特罗加茨提出的"小世界"理论暗藏着这样一种理念：对其他语言和文化的翻译可以发挥"远程联结"或"长桥"的功能，缩小不同世界/视界之间的距离。联结的形式多种多样，从康斯坦斯·加内特①在20世纪译入英语的俄国文学作品到中国台湾地区电视新闻的翻译（Tsai 2005: 145 - 153），应有尽有。译者把处于分隔状态的事物和人联结到一起，缩短了距离。反过来说，如果一种文化中缺少了翻译或译者，那它就失去了具有联结功能的"长桥"或"远程联结"，导致自身的狭小空间无法与远处的小空间发生关系，或实现联结。在这种情形下，人们就会局限在当前这个密集的小圈子中，无法和远处的小世界发生互动。

对翻译而言，网络理论的另一个重要内涵在于社会学家

---

① Constance Garnett，1861—1946，英国著名翻译家，先后把陀思妥耶夫斯基、托尔斯泰、契诃夫、屠格涅夫等人作品译入英语，滋养了包括伍尔芙在内的数代英语作家。

马克·格兰诺维特①所说的“弱联结”。在研究中,格兰诺维特发现,在找工作、发布新款式、推广新餐厅等事情中,相对一般的社会关系比亲密关系的作用更大。用巴拉巴西的话来说:

> 弱联结在我们与外界沟通的过程中发挥着关键作用。通常,最亲近的朋友无法帮助我们找到一份工作,因为他们和我们生活在同一个圈子里,接触的是相同的信息。为了获得新信息,我们要启动弱联结。这些弱联结,或相识的普通人,是我们通往外界的桥梁。与我们那些亲密的朋友相比,他们到过不同的地方,从不同的渠道为我们带来所需的信息。(Barabási 2003:43)

如果说我们亲近的朋友和我们的消息来源几乎一样,那么就容易理解为什么新的信息更有可能来自那些与我们处于不同生活圈的人。意识到“弱联结”在创新和联通中的重要性,我们就能从不同角度重新审视翻译在传统的公共和学术话语中被边缘化的状态(Venuti 1995)。如果译者说注定要“隐身”,或者翻译被视为边缘的、无关紧要的工作,可以说他们没有被视为一种文化/社会赖以生存的“强联结”,遭到了内圈或文化核心层的排斥,后者表现为用母语进行读或写,保留本地传统等(Anderson 1991)。但是,翻译的重要性恰恰通过这种“弱联结”显现出来,让它成为“联通本地与世界的桥梁”。在之前对齐美尔及桥概念(pp. 121-122)的讨论中,我们已经发现,桥/翻译的作用在于帮助我们重新认识它所联结的两端,被翻译这种“弱联结”联通起来的两种文化得到了重新定义和发展的契机。在18世纪末和19世纪初期,由麦克弗森创作的、带有苏格兰盖尔语特色的《奥西恩诗集》被译入欧洲大陆,这种“弱联结”对欧洲浪漫主义产生了至关重要的影响。在同一时期,盖尔文化也受到了浪漫主义发展的深刻影响,并一直延续到20世纪(Stafford 1988)。翻译这种“弱联结”在双方的互动过程

① Mark Granovetter,1943—,美国斯坦福大学社会学教授。

中发挥了重要作用。但是,人们对一项工作(包括翻译)的报酬、所提供的工作条件、认可程度通常由感受而非实际效果决定,就如同我们只会把过多的关爱留给亲密的伙伴而不是偶然的人,尽管后者可能给我们带来崭新的机会或表达方式。

但是,翻译作为"弱联结"不应与"短联结"混为一谈。信息和市场经济的危险在于交流的瞬间性让人误认为一切联结都是快速的,可以在瞬间完成(Sennett 1998)。交流带来的短暂且剧烈的冲击并不能代表网络的持久特征,就像沃尔特·鲍威尔[①]所言,"在市场中,通常做法是通过快速交流来驱动/实现最困难的交易,而在网络中最好创造出对长期性的依赖"(Powell 1996:211)。如同我们在第一章中讨论的那样,在不断扩大的欧盟中,确保语言和文化多样性的文学创作从根本上必须通过欧洲文化网络;经过翻译,这一网络创造出"长期的相互依赖"。鲍威尔认为,即便对于那些最讲究实效的商业关系而言,从长期利润考虑,基于网络的实践都能保证最大的成功,这一点已从他对生物技术的案例研究中展现出来。因此,我们就能理解:通过投入大量的时间和精力,翻译确保了文化交流网络长期的效果和稳定性,让它成为人类社会不可缺少的关键环节,并由此形成了对翻译长久的依赖性。

推而广之,贯穿本章和本书的一个显而易见的关键环节就是把当代社会中一切关于身份的讨论融入翻译。借助格奥尔格·齐美尔对门和桥的思考,我们揭开了本章的序幕。此外,他还关注把人们聚集到餐桌上的元素。在"饮食社会学"这篇文章中,他向我们展示:为人体提供营养的、最基本的生理需要成为食物和饮食文化发展的契机。他还得出结论:"在生活的不同领域,最低层现象甚至负值不仅是通向高端事物的途径,而且是优秀事物产生的基础"(Simmel 1997b:134)。因此,和大型哺乳动物相比,人类在身体上的劣势反而赋予他们一种力量,迫使他们通过交往来寻求庇护,而这种交往随之"带来了各种思维能力和取得成功的愿望"(同上,134)。具备了这些能力后,人类对环境的影响力远远超过

---

① Walter W. Powell,1951—,美国斯坦福大学教授,著名社会学家。

了他们最初的身体极限。通过这部书,我们想要表明:在人类活动的各个领域,从政治,到移民,到文学,到战争,甚至是涌现体系,翻译这种“最微不足道的现象”日益成为发展“高端事物”的途径。当我们把翻译视为“微不足道的现象”时,意味着翻译经常遭到忽视,即便偶尔被想起,也总是被放置在边缘或外围。在齐美尔看来,文化理论家的部分职责在于向人们解释即便是最普通的日常事件都有丰富的内涵。同样,对于翻译理论家来说,要有能力展现出翻译——作为地球上亿万人日常生活的一个基本特征——如何塑造人类生活,以及对未来生活的影响。要想了解自己,必须从了解别人开始。因此,有必要追随希罗多德,再来一次旅行。

Bibliography

Abley, M. (2003). *Spoken Here: Travels Among Threatened Languages*. London: Heinemann.

Abu-Lughod, J. L. (1989). *Before European Hegemony: The World System A. D. 1250 – 1350*. New York: Oxford University Press.

Anderson, B. (1991). *Imagined Communities: Reflections on the Origin and Spread of Nationalism*. London: Verso.

——(2004). "The Rooster's Egg: Pioneering World Folklore in the Philippines", 197 – 213. In Prendergast, C. (ed.), *Debating World Literature*. London: Verso.

Anderson, R. B. W. (1976). "Perspectives on the Role of Interpreter", 208 – 228. In Brislin, R. W. (ed.), *Translation: Applications and Research*. New York: Gardner Press.

Apter, E. (2004). "Global Translatio: The 'Invention' of Comparative Literature, Istanbul, 1933", 76 – 109. In Prendergast, C. (ed.), *Debating World Literature*. London: Verso.

Arnold, M. (1961). "England and the Italian Question", 69 – 75. In Super, R. H. (ed.), *The Complete Prose Works*, Vol. 1. Ann Arbor: University of Michigan Press.

Auerbach, E. (1967). *Gesammelte Aufsätze zur Romanischen Philologie*. Bern: Francke.

Augustine, Saint. (1984). *City of God*. John O'Meara (trans). London: Penguin.

Auster, P. (2002). *The Book of Illusions*. London: Faber and Faber.

Bagnoli, A. (2004). "Constructing the Hybrid Identities of Europeans", 57 - 67. In Titley, G. (ed.), *Resituating Culture*. Strasbourg: Council of Europe.

Barabási, Albert-Lászlof. (2003). *Linked: How Everything Is Connected to Everything Else and What It Means for Business, Science, and Everyday Life*. New York: Plume.

Barber, B. (1996). *Jihad vs. McWorld*. New York: Ballantine Press.

Bate, J. (1993). *Shakespeare and Ovid*. Oxford: Clarendon Press.

Bateson, G. (1973). "Double Bind", 242 - 249. In Gregory (ed.), *Steps to an Ecology of Mind*. London: Paladin.

Bauman, Z. (1998). *Globalization: The Human Consequences*. Cambridge: Polity Press.

——(2004). *Wasted Lives: Modernity and Its Outcasts*. Oxford: Blackwell.

Bayly, C. A. (2004). *The Birth of the Modern World 1780 - 1914*. Oxford: Blackwell.

Beck, U. (1992). *Risk Society: Towards a New Modernity*. M. Ritter (trans). London: Sage.

——(2002). "The Cosmopolitan Perspective: Sociology in the Second Age of Modernity", 61 - 85. In Vertovec, S. and Cohen, R. (eds), *Conceiving Cosmopolitanism: Theory, Context, Practice*. Oxford: Oxford University Press.

Beer, G. (1996). *Open Fields: Science in Cultural Encounter*. Oxford: Clarendon Press.

Beiner, G. (2001). "To Speak of '98: The Social Memory and Vernacular History of Bliain na bhFrancach", unpublished Ph.D. dissertation. University College Dublin.

Bellamy, R. and Castiglione, D. (1998). "Between Cosmopolis and Community: Three Models of Rights and Democracy within the European Union", 58 - 71. In Archibuigi, D., Held, D. and Köhler, M. (eds),

Re-imagining Political Community: Studies in Cosmopolitan Democracy. Cambridge: Polity.

Benhabib, S. (2002). *The Claims of Culture: Equality and Diversity in the Global Era*. Princeton, NJ: Princeton University Press.

Berman, A. (1984). *L'épreuve de l'étranger: culture et traduction dans l'Allemagne romantique*. Paris: Gallimard.

Bernabé, J., Chamoiseau, P. and Confiant, R. (1989). *éloge de la créolité*. Paris: Gallimard.

Bertaud, J. P. (1990). "Forgotten Soldiers: The Expedition of the General Humbert to Ireland in 1798", 220 - 237. In Gough, H. and Dickson, D. (eds), *Ireland and the French Revolution*. Dublin: Irish Academic Press.

Bhabha, H. (1994). *The Location of Culture*. New York: Routledge.

Bischoff, A. and Loutan, L. (2004). "Interpreting in Swiss Hospitals". *Interpreting*, 6, 2, 181 - 204.

Bloom, A. (1987). *The Closing of the American Mind*. New York: Touchstone.

Bobbitt, P. (2002). *The Shield of Achilles: War, Peace and the Course of History*. London: Penguin.

Bongie, C. (1991). *Exotic Memories: Literature, Colonialism and the Fin de Siècle*. Stanford, Calif.: Stanford University Press.

Bouvier, N. (1998). "Traduire!", 13 - 14. In Graf, M. (ed.), *L'écrivain et son traducteur en Suisse et en Europe*. Geneva: éditions Zoé.

Boyle, N. (1992). *Goethe. The Poet and the Age: The Poetry of Desire*, 1749 - 1990. Oxford: Oxford University Press.

——(2003). *Goethe. The Poet and the Age: Revolution and Renunciation*, 1790 - 1803. Oxford: Oxford University Press.

Bragg, M. (2003). *The Adventure of English: 500 AD to 2000: The Biography of a Language*. London: Hodder and Stoughton.

Brah, A. (2004). "Diasporic Spatiality, Difference and the Question of

Identity", 31 – 39. In Titley, G. (ed.), *Resituating Culture*. Strasbourg: Council of Europe.

Branchadell, A. and West, M. L. (2005). *Less Translated Languages*. Amsterdam: John Benjamins.

Breckenridge, C., Pollock, S. and Bhabha, H. K. (eds). (2002). *Cosmopolitanism*. Durham, NC: Duke University Press.

Brennan, T. (1997). *At Home in the World: Cosmopolitanism Now*. Cambridge, Mass.: Harvard University Press.

Bryson, A. (1998). *From Courtesy to Civility: Changing Codes of Conduct in Early Modern England*. Oxford: Clarendon Press.

Caglar, A. (2002). "Media Corporatism and Cosmpolitanism", 180 – 190. In Vertovec, S. and Cohen, R. (eds), *Conceiving Cosmopolitanism: Theory, Context, Practice*. Oxford: Oxford University Press.

Calendar State Papers, Ireland 1598 – 1599. (1869). London: Her Majesty's Stationery Office.

Calhoun, C. (2002). "The Class Consciousness of Frequent Travellers: Towards a Critique of Actually Existing Cosmopolitanism", 86 – 109. In Vertovec, S. and Cohen, R. (eds), *Conceiving Cosmopolitanism: Theory, Context, Practice*. Oxford: Oxford University Press.

Canny, N. (2001). *How Ireland Became British*. Oxford: Oxford University Press.

Carew Hunt, R. N. (1957). *A Guide to Communist Jargon*. London: Geoffrey Bles.

Carrasquillo, O., Orav, E. J., Brennan, T. A. and Burstin, H. R. (1999). "Impact of Language Barriers on Patient Satisfaction in an Emergency Department". *Journal of General Internal Medicine*, 14, 2, 82 – 87.

Casanova, P. (1999). *La République mondiale des lettres*. Paris: Seuil.

Castells, M. (1996). *The Rise of the Network Society*. Oxford: Blackwell.

——(1997). *The Power of Identity*. Oxford: Blackwell.

Chadelat, J. M. (2003). "Le désenchantement du monde: de *Richard II* à *Coriolan*". In Pironon, J. and Wagner, J. (eds), *Formes littéraires du théologico-politique de la Renaissance au XVIIIè siècle: Angleterre et Europe*. Clermont-Ferrand: Presses Universitaires Blaise Pascal.

Cheah, P. and Robbins, B. (eds). (1998). *Cosmopolitics: Thinking and Feeling Beyond the Nation*. Minneapolis, Minn.: University of Minnesota Press.

Cheyfitz, E. (1991). *The Poetics of Imperialism: Translation and Colonization from the Tempest to Tarzan*. New York and Oxford: Oxford University Press.

Chomsky, N. (1965). *Cartesian Linguistics*. New York: Harper and Row.

Churchyard, T. (1579). *A Generall Rehearsall of Warres*. London: Edward White.

Cicero ,M. T. (1997). "De optimo genere oratorum", 7 – 8. In Robinson, D. (ed.), *Western Translation Theory from Herodotus to Nietzsche*. Manchester: St Jerome.

Clark, G. (2000). *Inside Book Publishing*. London: Routledge.

Clifford, J. (1988). *The Predicament of Culture: Twentieth-Century Ethnography, Literature and Art*, Cambridge. Mass.: Harvard University Press.

Clinch, P., Convery, F. and Walsh, B. (2002). *After the Celtic Tiger: the Challenges Ahead*. Dublin: O'Brien Press.

Cohen, J. (ed.). (1996). *For Love of Country: Debating the Limits of Patriotism*. Cambridge: Beacon Press.

Cohen, M. (1992). "Rooted Cosmopolitanism: Thoughts on the Left, Nationalism and Multiculturalism". *Dissent*, autumn, 478 – 483.

Cohen, R. (1997). *Global Diasporas*. London: UCL Press.

Committee on Culture, Youth, Education, Media and Sport. (2003). *Report on Cultural Industries*. Strasbourg: European Parliament, 14 July.

Coulmas, P. (1990). *Weltbürger: Geschichte einer Menscheitssehnsucht.* Hamburg: Rowohlt.

Coulter, C. (2003a). "Student 'Not Guilty' of Sexual Assault". *The Irish Times*, 4 March.

——(2003b). "Garda Will Report Soon on Selection and Use of Translators". *The Irish Times*, 10 March.

Coveney, P. and Highfield, R. (1995). *Frontiers of Complexity: The Search for Order in a Chaotic World.* London, Faber and Faber.

Crépon, M. (2004). "Penser l'Europe avec Patockà. Réflexions sur l'altérité". *Esprit*, 310, 28–44.

Cronin, M. (1995). "Keeping One's Distance: Translation and the Play of Possibility". *TTR*, 8, 2, 227–243.

——(1996). *Translating Ireland: Translation, Languages, Cultures.* Cork: Cork University Press.

——(2000). *Across the Lines: Travel, Language, Translation.* Cork: Cork University Press.

——(2002). "The Empire Talks Back: Orality, Heteronomy and the Cultural Turn in Interpreting Studies", 45–62. In Gentzler, E. and Tymoczko, M. (eds), *Translation and Power.* Boston and Amherst: University of Massachusetts Press.

——(2003). *Translation and Globalization.* London and New York: Routledge.

Cronin, M. and ó Cuilleanáin, C. (eds). (2003). *The Languages of Ireland.* Dublin: The Four Courts Press.

Crul, M. (2000). "Breaking the Circle of Disadvantage: Social Mobility of Second-Generation Moroccans and Turks in the Netherlands". 121–139. In Vermeulen, H. and Perlmann, J. (eds), *Immigrants, Schooling and Social Mobility: Does Culture Make a Difference.* London: Macmillan.

Cullen, P. (2003). "Major Social Changes Evident in Past Decade". *The*

Irish Times, 20 June.

Daltún, S. (1983). "Scéal Rannóg an Aistriúcháin". *Teangeolas*, 17, 12–14.

Dantanus, U. (1988). *Brian Friel: A Study*. London: Faber and Faber.

Darwin, C. (1986). *Journal of Researches into the Geology and Natural History of the Various Countries Visited by the H. M. S.* "Beagle", Part I. In Barrett, P. and Freeman, R. B. (eds), *The Works of Charles Darwin*, Vol. 2. London: Pickering and Chatto.

David, R. A. and Rhee, M. (1998). "The Impact of Language as a Barrier to Effective Health Care in an Underserved Urban Hispanic Community". *Mount Sinai Journal of Medecine*, 65, 5–6, 393–397.

Davies, N. and Moorhouse, R. (2002). *Microcosm: Portrait of a Central European City*. London: Cape.

de Carminha, P. V. (1947). "The Discovery of Brazil", 41–59. In Ley, C. D. (ed.), *Portuguese Voyages*. London: J. M. Dent.

Delabastita, D. (1993). *There's a Double Tongue. An Investigation into the Translation of Shakespeare's Wordplay, with Special Reference to "Hamlet"*. Amsterdam and Atlanta: Ga.: Rodopi.

de Laet, M. and Mol, A. (2000). "The Zimbabwe Bush Pump: The Mechanics of a Fluid Technology". *Social Studies of Science*, 30, 225–263.

Delanty, G. (2000). *Citizenship in a Global Age*. Buckingham: Open University Press.

——(2001). "Cosmopolitanism and Violence: The Limits of Global Civil Society". *European Journal of Social Theory*, 4, 1, 41–52.

Delisle, J. (1999). "Introduction", 1–6. In Roland, Ruth A., *Interpreters as Diplomats: A Diplomatic History of the Role of Interpreters in World Politics*. Ottawa: Ottawa University Press.

Delisle, J. and Woodsworth, J. (eds). (1995). *Translators through*

History. Amsterdam: John Benjamins.

Derrida, J. (1985). "Des Tours de Babel". Joseph Graham (trans). In Graham, Joseph (ed.), *Difference in Translation*. Ithaca and New York: Cornell University Press.

Descartes, R. (1637). *Discours de la méthode*. Paris: Colin, 1959.

Dew, N. (2004). "The Order of Oriental Knowledge: The Making of D'Herbelot's *Bibliothèque Orientale*", 233 – 252. In Prendergast, C. (ed.), *Debating World Literature*. London: Verso.

du Bellay, Joachin. (1970). *Deffence et illustration de la langue françoyse*. Paris: Didier.

Dunlevy, M. (1989). *Dress in Ireland*. London: Batsford.

Eagleton, T. (2004a). *After Theory*. London: Penguin.

——(2004b). *The English Novel: An Introduction*. Oxford: Blackwell.

Edwards, J. (1995). *Multilingualism*. London: Penguin.

Egerton, P. (ed.). (1847). *Life of Lord Grey of Wilton*. London: Camden Society, repr. 1968.

Eoyang, Eugene Chen. (2003). *"Borrowed Plumage": Polemical Essays on Translation*. Amsterdam and New York: Rodopi.

European Booksellers Federation. (2004). "The Book Trade in Europe". Available online: http://www.ebf-eu.org (accessed 2 March 2004).

Featherstone, M. and Lash, S. (eds). (1999). *Space of Culture*. London: Sage.

Fernández Armesto, F. (1996). *Millennium: A History of Our Last Thousand Years*. London: Black Swan.

Fine, R. and Cohen, R. (2002). "Four Cosmopolitan Moments", 137 – 162. In Vertovec, S. and Cohen, R. (eds), *Conceiving Cosmopolitanism: Theory, Context, Practice*. Oxford: Oxford University Press.

Finkielkraut, A. (1987). *La Défaite de la pensée*. Paris: Gallimard; *The Undoing of Thought*. Dennis O'Keeffe (trans). London: Claridge, 1988.

Foley, J. (1984). "Oral Literature Today", 2570 – 2596. In Caws, M. A. and Prendergast, C. (eds), *Harper Collins World Reader*. New York: Harper Collins.

Forsdick, C. (2005). *Travel in Twentieth-Century French and Francophone Cultures: The Persistence of Diversity*. Oxford: Oxford University Press.

Freyer, G. (ed.). (1982). *Bishop Stock's "Narrative" of the Year of the French*. Ballina: Irish Humanities Centre.

Friedman, J. (1994). *Cultural Identity and Global Process*. London: Sage.

Friel, B. (1981). *Translations*. London: Faber and Faber.

——(2005). "Human Problems Facing Translators and Interpreters Worldwide Today". *Translation Ireland*, 16, 1, 4 – 6.

Ganahl, R. (2001). "Free Markets: Language, Commodification and Art", 23 – 38. In Apter, E. (ed.), *Translation in a Global Market*, special issue of *Public Culture*, 13, 1.

Gentzler, E. (2001). *Contemporary Translation Theories*. Clevedon: Multilingual Matters.

Giblin, C. (1995). "Hugh McCaghwell, O. F. M., Archbishop of Armagh (+1626): Aspects of His Life", 63 – 94. In Millet, B. and Lynch, A. (eds), *Dún Mhuire Killiney 1945 – 1995: Léann agus Seanchas*. Dublin: Lilliput.

Giddens, A. (1990). *The Consequences of Modernity*. Stanford, Calif.: Stanford University Press.

Gilbert, H. (1869). "Queene Elizabethes Academy". In Furnivall, F. J. (ed.), *Early English Text Society* e. s., 8, 1 – 12.

Gill, M. (2003). "Speech". Available online: http://www.fep-fee.be/speechmg.htm (accessed 12 November).

Ging, D. and Malcolm, J. (2004). "Interculturalism and Multiculturalism in Ireland: Textual Strategies at Work in the Media Landscape", 125 – 135. In Titley, G. (ed.), *Resituating Culture*. Strasbourg: Council of

Europe.

Gleick, J. (1987). *Chaos: Making a New Science*. London: Cardinal.

Glick-Schiller, N., Basch, L. and Blanc-Szanton (eds). (1992). *Towards a Transnational Perspective on Migration: Race, Class, Ethnicity and Nationalism Reconsidered*. New York: New York Academy of Sciences.

Goethe, J. W. von. (1960). "German Romance [von Carlyle]", 220–223. In *Schriften zu Literatur und Theater*, 15. J. G. Cotta'sche Buchhandlung Nachfolger: Stuttgart.

Goldhill, S. (2004). "Literary History without Literature: Reading Practices in the Ancient World", 175–196. In Prendergast, C. (ed.), *Debating World Literature*. London: Verso.

Granovetter, M. S. (1973). "The Strength of Weak Ties". *The American Journal of Sociology*, 78, 1360–1380.

Grant, C. (1994). *Delors: Inside the House that Jacques Built*. London: Brealey Publishing.

Griffin, G. (1944). *The Collegians*. Dublin: Talbot Press.

Gundara, J. S. (2000). *Interculturalism, Education and Inclusion*. London: Paul Chapman Publishing.

Hadfield, A. and Maley, W. (1993). "Irish Representations and English Alternatives". In Bradshaw, B., Hadfield, A. and Maley, W. (eds), *Representing Ireland: Literature and the Origins of Conflict 1534–1660*. Cambridge: Cambridge University Press.

Hagège, C. (1986). *L'Homme de paroles*. Paris: Fayard.

——(2000). *Halte à la mort des langues*. Paris: Odile Jacob.

Hall, Stuart. (1991). "The Local and the Global: Globalization and Ethnicity". In King, A. D. (ed.), *Culture, Globalization and the World System*. London: Macmillan.

——(2002). "Political Belonging in a World of Multiple Identities", 25–31. In Vertovec, S. and Cohen, R. (eds), *Conceiving Cosmopolitanism:*

Theory, *Context*, *Practice*. Oxford: Oxford University Press.

Hall, S. and du Gay, P. (1996). *Questions of Cultural Identity*. London: Sage.

Hamilton, A. (1904). *The Chronicles of the English Augustinian Canonesses Regular of the Lateran at St. Monica's in Louvain*, Vol. 1. Edinburgh: Sands and Co.

Hampers, L. C., Cha, S., Gutglass, D. J., Binns, H. J. and Krug, S. E. (1999). "Language Barriers and Resource Utilization in a Pediatric Emergency Department". *Pediatrics*, 103, 6, 1253 – 1256.

Hannerz, U. (1990). "Cosmopolitans and Locals in World Culture", 237 – 251. In Featherstone, M. (ed.), *Nationalism*, *Globalization and Modernity*. London: Sage.

Hayes, R. (1945). "Priests in the Independence Movement of '98". *The Irish Ecclesiastical Record*, 25, 45 – 59.

——(1979). *The Last Invasion of Ireland: When Connacht Rose*. Dublin: Gill and Macmillan.

Healy, M. (1939). *The Old Munster Circuit*. Cork and Dublin: Mercier Press.

Held, D. (2002). "Culture and Political Community: National, Global and Cosmopolitan", 48 – 58. In Vertovec, S. and Cohen, R. (eds), *Conceiving Cosmopolitanism: Theory*, *Context*, *Practice*. Oxford: Oxford University Press.

Hennessy, J. P. (1883). *Sir Walter Ralegh in Ireland*. London: Kegan Paul, Trench.

Hermans, H. J. M. (2001). "The Dialogical Self: Towards a Theory of Personal and Cultural Positioning". *Cultural Psychology*, 7, 3, 243 – 281.

Hermans, T. (1985). "Images of Translation: Metaphor and Imagery in the Renaissance Discourse on Translation", 95 – 108. In Hermans, T.

(ed.), *The Manipulation of Literature: Studies in Literary Translation*. London: Croom Helm.

Herrera, D. A. (2004). "School Success of Moroccan Youth in Barcelona: Theoretical Insights for Practical Questions", 69 – 80. In Titley, G. (ed.), *Resituating Culture*. Strasbourg: Council of Europe.

Hiebert, D. (2002). "Cosmopolitanism at the Local Level: The Development of Transnational Neighbourhoods", 209 – 223. In Vertovec, S. and Cohen, R. (eds), *Conceiving Cosmpolitanism: Theory, Context, Practice*. Oxford: Oxford University Press.

Hobsbawm, E. (1983). "Inventing Traditions", 1 – 14. In Hobsbawm, E. and Ranger, T. (eds), *The Invention of Tradition*. Cambridge: Cambridge University Press.

——(1990). *Myths and Nationalism since 1780; Programme, Myth, Reality*. Cambridge: Cambridge University Press.

Hoffman, E. (1991). *Lost in Translation*. London: Minerva.

Holborow, M. (1999). *The Politics of English*. London: Sage.

Hollinger, D. A. (1995). *Postethnic America: Beyond Multiculturalism*. New York: Basic Books.

Hopkins, L. (2002). "Orlando and the Golden World: The Old World and the New in *As You Like It*". *Early Modern Literary Studies*, 8, 2, 1 – 21.

Hoppenrath, D. (2002). "Localisation in the Global Village". *Localisation Focus*, 1, 2, 14 – 15.

Houston, M. (2003). "Medicine Without Frontiers". *The Irish Times*, 7 July.

Hughes, J. L. J. (ed.). (1960). *Patentee Officers in Ireland, 1173 – 1826*. Dublin: Irish Manuscripts Commission.

Huizinga, J. (1936). "Erasmus über Vaterland und Nationen". In *Gedenkschrift zum 400. Todestag des Erasmus von Rotterdam*. Basle: Verlag Braus-Riggenbach.

Hung, E. and Pollard, D. (1998). "Chinese Tradition", 365 – 374. In Baker, M. (ed.), *Routledge Encyclopedia of Translation Studies*. London: Routledge.

Huntington, S. (1993). "The Clash of Civilizations". *Foreign Affairs*, 72, 3, 22 – 50.

——(2005). *Who Are We? America's Great Debate*. New York: Free Press.

Hutchinson, J. (1987). *The Dynamics of Cultural Nationalism and the Creation of the Irish Nation State*. London: Allen and Unwin.

Jackson, D. (1973). "The Irish Language and Tudor Government". *éireIreland*, 8, 1, 21 – 28.

Jacobs, J. (1961). *The Death and Life of Great American Cities*. New York: Vintage.

Jay, G. S. (1997). *American Literature and the Culture Wars*. Ithaca, NY, and London: Cornell University Press.

Jennings, B. (ed.). (1964). *Wild Geese in Spanish Flanders 1582 – 1700*, Dublin: Irish Manuscripts Commission.

Jensen, I. (2004). "The Practice of Intercultural Communication: Reflections for Professionals in Cultural Encounters", 81 – 92. In Titley, G. (ed.), *Resituating Culture*. Strasbourg: Council of Europe.

Johnson, S. (2002). *Emergence: The Connected Lives of Ants, Brains, Cities and Software*. London: Penguin.

Joyce, J. (1939). *Finnegans Wake*. London: Faber and Faber.

——(1977). *A Portrait of the Artist as a Young Man*. London: Panther.

Kaldor, M. (1999). *New and Old Wars*. Cambridge: Polity Press.

Kapchan, D. (2003). "Translating Folk Theories of Translation", 135 – 151. In Rubel, P. and Rosman, A. (eds), *Translating Cultures: Perspectives on Translation and Anthropology*. Oxford and New York: Berg.

Karter, A., Ferrara, A., Darbinian, J., Ackerson, L. and Selby, J. (2000). "Self-Monitoring of Blood Glucose". *Diabetes Care*, 23, 4, 477 – 483.

Kenan, L. (2002). "Translation as a Catalyst for Social Change in China", 160 – 183. In Tymoczko, M. and Gentzler, E. (eds), *Translation and Power*. Boston and Amherst: University of Massachusetts Press.

Keogh, D. (1993). *The French Disease: The Catholic Church and Irish Radicalism 1790 – 1800*. Blackrock: Four Courts Press.

Kermode, F. (1967). *The Sense of an Ending; Studies in the Theory of Fiction*. New York: Oxford University Press.

King, R. (1995). "Migrations, Globalisation and Place", 5 – 44. In Massey, D. and Jess, P. (eds), *A Place in the World? Places, Culture and Globalisation*, Vol. 4. Oxford: Open University Press.

Klein, N. (2002). *Fences and Windows: Dispatches from the Front Line of the Globalization Debate*. London: Flamingo.

Krane, J. (2005). "The Most Dangerous Civilian Job in Iraq: Dozens of Translators for US Military Have Been Killed", 1 – 3. Available online: http://msnbc.msn.com.id/7911356 (accessed 23 August 2005).

Kundnani, A. (2004). "The Rise and Fall of British Multiculturalism", 105 – 112. In Titley, G. (ed.), *Resituating Culture*. Strasbourg: Council of Europe.

Kymlicka, W. (1995). *Multicultural Citizenship: A Liberal Theory of Minority Rights*. Oxford: Clarendon Press.

——(2005). "The Uncertain Future of Multiculturalism". *Canadian Diversity*, 6, 1, 82 – 85.

Lacarrière, J. (1981). *En cheminant avec Hérodote*. Paris: Seghers.

Lally, C. (2005). "B of I Hires Language Experts for Immigrant Customers". *The Irish Times*, 5 July, 11.

Lapierre, N. (2004). *Pensons ailleurs*. Paris: Stock.

Lash, S. and Urry, J. (1994). *Economies of Signs and Space*. London: Sage.

Latour, B. (1987). *Science in Action: How to Follow Scientists and*

Engineers Through Society. Milton Keynes: Open University Press,

Law, J. and Mol, A. (2003). "Situating Technoscience: An Inquiry into Spatialities". Centre for Science Studies, Lancaster University, UK. Available online: http://www.comp.lancs.ac.uk/sociology/papers/Law-Mol-Situating Technoscience.pdf (accessed 30 March 2005).

Lebedeva, Anna. (2001). "A Modest Business Ambition". *metro eireann*, 2, 8, 12.

Lee, J. J. (1989). *Ireland 1912 – 1985: Politics and Society*. Cambridge: Cambridge University Press.

Lefebvre, H. (1991). *The Production of Space*. Oxford: Blackwell.

Lentin, A. (2004). "The Problem of Culture and Human Rights in the Response to Racism", 95 – 103. In Titley, G. (ed.), *Resituating Culture*. Strasbourg: Council of Europe.

Lepape, P. (2004). "La dictature de la 'world literature'". *Le Monde Diplomatique*, March, 24 – 25.

Lepreux, J. (1875). "Documents relatifs à l'établissement à Douai des Récollets anglais". *Analectes pour servir à l'histoire ecclésiastique de Belgique*, 12, 266 – 279.

Leroy Ladurie, E. (1976). *Montaillou, village occitan de 1294 à 1324*. Paris: Gallimard.

Levi, P. (1958). *Se questo è un uomo*. Milan: Einaudi.

Lindo, F. (2000). "Does Culture Explain? Understanding Differences in School Attainment between Iberian and Turkish Youth in the Netherlands", 109 – 120. In Vermeulen, H. and Perlmann, J. (eds), *Immigrants, Schooling and Social Mobility: Does Culture Make a Difference*. London: Macmillan.

Looby, B. (2002). "Translator Vendor Web Services—the Future of Localisation". *Localisation Focus*, 1, 1, 10 – 12.

McArdle, J. (1995). *Irish Legal Anecdotes*. Dublin: Gill and Macmillan.

McCarthy, M. (2000). "The Baha'i Commissioner". *metro eireann*, 1, 8, 14.

Maceri, D. (2005). "The Most Dangerous Civilian Job in Iraq". *The Japan Times*, 19 July, 1.

McGrath, A. (2001). *In the Beginning: The Story of the King James' Bible and How It Changed a Nation, a Language and a Culture*. London: Hodder and Stoughton.

McIntosh, A. (2002). *Soil and Soul: People versus Corporate Power*. London: Aurum.

MacIntyre, A. (1999). *Dependent Rational Animals*. London: Duckworth.

Mackey, J. P. (ed.). (1994). *The Cultures of Europe: The Irish Contribution*. Belfast: The Institute of Irish Studies.

Maffi, L. (2001). "Introduction: On the Interdependence of Biological and Cultural Diversity", 1 - 50. In Maffi, L. (ed.), *On Biocultural Diversity*. London and Washington: Smithsonian Institution Press.

Malena, A. (2003). "Presentation". *TTR*, 16, 2, 9 - 13, (special issue on translation and (im)migration).

Malik, K. (1996). *The Meaning of Race: Race, History and Culture in Western Society*. London: Palgrave.

Mallove, E. F. (1991). *Fire from Ice: Searching for Truth behind the Cold Fusion Furor*. London: John Wiley and Sons.

Mandelbrot, B. (1977). *The Fractal Geometry of Nature*. New York: Freeman.

Marincola, J. (1996). "Introduction", ix-xxviii. In Herodotus, *The Histories*. Aubrey de Selincourt, rev. edn (trans). London: Penguin.

Mason, I. G. (1999). "Cosmopolitanism: Then and Now". Available online: http://www. stlawrenceinstitute. org/vol 14mas. html (accessed 12 April 2005).

Matthiessen, F. O. (1931). *Translation: An Elizabethan Art*. Cambridge,

Mass.: Harvard University Press.

Méchoulan, é. (2003). "Intermédialités: le temps des illusions perdues". *Intermédialités*, 1, 1, 9-27.

Meizoz, J. (1997). *Ramuz, un passager clandestin des lettres françaises*. Geneva: Zoé.

Memmi, A. (1979). *La Dépendance*. Paris: Gallimard.

Micklethwait, J. and Wooldridge, A. (2000). *A Future Perfect: The Challenge and Hidden Promise of Globalization*. London: Heinemann.

McPeake, M. (2001). "Embodying Ireland: Representing Woman as Nation and Community in Irish Writing". Unpublished Ph. D. dissertation. University of Miami.

Mirandé, A. and Enríquez, E. (1979). *La Chicana. The Mexican-American Woman*. Chicago: University of Chicago Press.

Moerman, E. R. (2005). "Interpreters under Fire". *Translation Ireland*, 16, 1, 12-15.

Moretti, F. (2004). "Conjectures on World Literature", 148 - 162. In Prendergast, C. (ed.), *Debating World Literature*. London: Verso.

Moryson, F. (1903). *Shakespeare's Europe, Unpublished Chapters of Fynes Moryson's Itinerary, with an Introduction and Account of Fynes Moryson's Career*. Hughes London. Sherratt and Hughes.

Mulgan, G. (1998). *Connexity: Responsibility, Freedom, Business and Power in the New Century*. London: Vintage.

Müller, M. (1871). *Lectures on the Science of Language*, 2 vols. London: Longmans, Green and Co.

Mumford, L. (1991). *The City in History*. London: Penguin.

Murphy, P. (1995). *Toss the Feathers: Irish Set Dancing*. Cork: Mercier Press.

Musgrave, R. (1995). *Memoirs of the Different Rebellions*, 4th ed. Enniscorthy: Round Tower.

Nerrière, J. P. (2004). *Parlez Globish*. Paris: Eyrolles.

Ní Dhonnchadha, M. (2000). "Irish Language Interpreting in the Courts Since the 1850s". Unpublished MA dissertation submitted to Dublin City University.

Niranjana, T. (1992). *Siting Translation: History, Poststructuralism and the Colonial Context*. Berkeley, Calif.: University of California Press.

Nussbaum, M. (1997). *Cultivating Humanity: A Classical Defence of Reform in Liberal Education*. Cambridge, Mass.: Harvard University Press.

Oakley Brown, L. (2001). "Ovid's *Metamorphoses* in England", 48 – 84. In Ellis, Roger and Oakley-Brown, Liz (eds), *Translation and the Nation: Towards a Cultural Politics of Englishness*. Clevedon: Multilingual Matters.

O'Brien, J. A. (ed.). (1954). *The Vanishing Irish: The Enigma of the Modern World*. London: W. H. Allen.

Ó Cinnéide, C. (2004). "Citizenship and Multiculturalism: Equality, Rights and Diversity in Contemporary Europe", 43 – 55. In Titley, G. (ed.), *Resituating Culture*. Strasbourg: Council of Europe.

Ó Cléirigh, T. (1985). *Aodh Mac Aingil agus an Scoil Nua-Ghaeilge i Lobháin*. Dublin: An Gúm.

O'Clery, C. (2004). "US Invested Twice as Much in Ireland as in China". *The Irish Times*, 18 May.

O'Donnell, R. (1998). *1798 Diary*. Dublin: Irish Times Books.

Office of Refugee Application Commissioner. (2004). Available online: http://www. orac. ie/Pages/Statistics. htm (accessed 20 May 2004).

Ong, W. J. (1982). *Orality and Literacy: The Technologizing of the Word*. London: Routledge.

Onyejelem, C. (2001a). "Learning to Understand Two English Languages". *metro eireann*, 1, 12, 17.

——(2001b). "Employers Should Learn from My Experience". *metro eireann*,

2, 4, 2.

Orpen, G. H. (ed.). (1892). *The Song of Dermot and the Earl: An Old French Poem from the Carew manuscript no. 596 in the Archiespiscopal Library at Lambeth Palace*. Oxford: Clarendon.

Orsini, F. (2004). "India in the Mirror of World Fiction", 319 – 333. In Prendergast, C. (ed.), *Debating World Literature*. London: Verso.

O'Toole, F. (1985). "Going West: The Country versus the City in Irish Writing". *The Crane Bag*, 9, 2, 111 – 116.

Palmer, P. (2001). *Language and Conquest in Early Modern Ireland*. Cambridge: Cambridge University Press.

Peacock, A. (ed.). (1993). *The Achievement of Brian Friel*. Gerrards Cross: Colin Smythe.

Pearl, M. (2003). *The Dante Club*. London: Vintage.

Pearsall Smith, L. (1907). *The Life and Letters of Sir Henry Wotton*, Vol. 1. Oxford: Clarendon Press.

Peters, M. (2001). "Profile: Bosnia Community Development Centre". *metro eireann*, 1, 11, 4.

Picard, J. M. (2003). "The French Language in Medieval Ireland", 57 – 77. In Cronin, M. and ó Cuilleanáin, C. (eds). *The Languages of Ireland*. Dublin: The Four Courts Press.

Pieterse, J. N. (1995). "Globalization as Hybridization", 45 – 67. In Featherstone, M. (ed.), *Global Modernities*. London: Sage.

Pitkin, K. and Baker, D. W. (2000). "Limited English Proficiency and Latinos' Use of Physician Services". *Medical Care Research and Review*, 57, 1, 76 – 91.

Plunket, Barton D. (1919). *Links Between Ireland and Shakespeare*. Dublin: Maunsel.

Pöllabauer, S. (2004). "Interpreting in Asylum Hearings: Issues of Role, Responsibility and Power". *Interpreting*, 6, 2, 143 – 180.

Povinelli, E. (2001). "Editor's Note", ix – xi. In Apter, E. (ed.), *Translation in a Global Market*, special issue of *Public Culture*, 13, 1.

Powell, W. W. (1996). "Inter-organizational Collaboration in the Biotechnology Industry". *Journal of Institutional and Theoretical Economics*, 512, 197 – 215.

Pratt, G. and Hanson, S. (1994). "Geography and the Construction of Difference". *Gender, Place, Culture*, 1, 1, 5 – 29.

Prendergast, C. (2004). "Introduction", vii – xiii. In Prendergast, C. (ed.), *Debating World Literature*. London: Verso.

Preston P. and Kerr, A. (2001). "Digital Media, Nation-states and Local Cultures: The Case of Multimedia 'content' production". *Media, Culture & Society*, 23, 1, 109 – 131.

Quintilian, A. P. (1997). "Institutio oratoria", 19 – 20. In Robinson, D. (ed.), *Western Translation Theory from Herodotus to Nietzsche*. Manchester: St. Jerome.

Reiss, H. (ed.). (1970). *Kant's Political Writings*. Cambridge: Cambridge University Press.

Riccardi, A. (1997). "Conference Interpreting: The Background to Research and Training". In Gambier, Y., Gile, D. and Taylor, C. (eds) *Conference Interpreting: Current Trends in Research*. Amsterdam and Philadelphia: John Benjamins.

Richards, T. (1993). *The Imperial Archive: Knowledge and the Fantasy of Empire*. London: Verso.

Ricoeur, P. (2004). *Sur la traduction*. Paris: Bayard.

Ritzer, G. (1993). *The McDonaldization of Society*. Thousand Oaks, Calif.: Pine Forge Press.

Roberts, J. M. (2001). *The Triumph of the West*. London: Weidenfeld and Nicolson.

Robertson, R. (1992). *Globalization: Social Theory and Global Culture*.

London: Sage.

Robinson, D. (1997). *Western Translation Theory from Herodotus to Nietzsche*. Manchester: St Jerome.

Robinson, T. (1995). *Stones of Aran: Labyrinth*. Dublin: Lilliput Press.

Rose, G. (1992). *The Broken Middle: Out of Our Ancient Society*. Oxford: Blackwell.

Ruhs, M. (2003). *Emerging Trends and Patterns in the Immigration and Employment of Non-EU Nationals: What the Data Reveal*. Available online: http://www.policyinstitute.tcd.ie (accessed 17 May 2004).

Sabine, G. H. (1961). *A History of Political Theory*. New York: Holt, Rinehart and Winston.

Sarver, J. and Baker, D. W. (2000). "Effect of Language Barriers on Follow-Up Appointments after an Emergency Department Visit". *Journal of General Internal Medicine*, 15, 4, 256 - 264.

Sassen, S. (1991). *The Global City: New York. London, Tokyo*, Princeton, NJ: Princeton University Press.

——(1998). "The State and the Global City", 195 - 218. In Sassen, S., *Globalization and Its Discontents*. New York: The New Press.

Scarpetta, G. (1981). *éloge du cosmopolitisme*. Paris: Grasset.

Schäler, R. (2002a). "Cultural Adaptation—More Than What Meets the Eye?". *Localisation Focus*, 1, 1, 9.

——(2002b). "The Cultural Dimension in Software Localisation". *Localisation Ireland*, 1, 2, 21 - 23.

Schama, S. (1995). *Landscape and Memory*. London: HarperCollins.

Scholte, J. A. (2000). *Globalization: A Critical Introduction*. Basingstoke: Macmillan.

Seleskovitch, D. (1998). "Allocution dé clòture", 287 - 291. In Israel, F. (ed), *Quelle formation pour le traducteur de l'an* 2000? Paris: Didier.

Sennett, R. (1998). *The Corrosion of Character: The Personal Consequences of Work in the New Capitalism*. New York and London: W. W. Norton.

——(2002). "Cosmopolitanism and the Social Experience of Cities", 42 – 47. In Vertovec, S. and Cohen, R. (eds), *Conceiving Cosmopolitanism: Theory, Context, Practice*. Oxford: Oxford University Press.

Sheller, M. (2003). *Consuming the Caribbean: From Arawaks to Zombies*. London and New York: Routledge.

Shields, K. (2000). *Language, Poetry and Identity in Twentieth-Century Ireland*. Bern: Peter Lang.

Shiels, W. J. and Wood, D. (eds). (1989). *The Churches, Ireland and the Irish*. Oxford: Oxford University Press.

Shirinzade, M. (2001). "Scents of the Sea and of Lilac and Mimosa Flowers". *metro eireann*, 1, 10, 20.

Shiva, V. (1993). *Monocultures of the Mind; Perspectives on Biodiversity and Biotechnology*. London: Zed Books.

Silberman, S. (2000). "Talking to Strangers". *Wired*, May, 215 – 228.

Simmel, G. (1997a). "Bridge and Door", 170 – 174. In Frisby, D. and Featherstone, M. (eds), *Simmel on Culture*. London: Sage.

——(1997b). "Sociology of the Meal", 130 – 136. In Frisby, D. and Featherstone, M. (eds), *Simmel on Culture*. London: Sage.

Simon, S. (1999). *L'Hybridité culturelle*. Montreal: L'île de la tortue.

Sloterdijk, P. and Finkielkraut, A. (2003). *Les Battements du monde: dialogue*. Paris: Pauvert.

Spenser, E. (1970). *A View of the Present State of Ireland*. Oxford: Clarendon.

Spetalnick, M. (2004). "Lost in Translation: Iraqi Interpreters Live in Fear". *Reuters International*, 26 December, 2004. Available online: http: www. occupationwatch. org/article. php? id = 8513 (accessed 7 February 2005).

Spitzer, L. (1988). *Representative Essays/Leo Spitzer*. Stanford, Calif.:

Stanford University Press.

St – Pierre, P. (1995). "être jeune de langue à l'age classique". *Circuit*, 16 – 17.

Stafford, F. J. (1988). *The Sublime Savage: A Study of James Macpherson and the Poems of Ossian*. Edinburgh: Edinburgh University Press.

Stephenson, N. (1993). *Snow Crash*. New York: Bantam Books.

Sturge, K. (1997). "Translation Strategies in Ethnography". *The Translator*, 3, 1, 21 – 38.

Suarez-Orosco, M. (1991). "Migration, Minority Status, and Education: European dilemmas and responses in the 1990s". *Anthropology and Education Quarterly*, 22, 2, 99 – 120.

Taylor, C. (1995). *Philosophical Arguments*. Cambridge, Mass.: Harvard University Press.

Taylor Martin, S. (2004). "Shortage of Interpreters Foreshadowed Prison Excesses". *St Petersburg Times*, 20 May, 1.

Tennent, M. (ed.). (2005). *Training for the New Millennium*. Amsterdam: John Benjamins.

Theroux, P. (1984). *The Kingdom by the Sea*. London: Penguin.

Titley, G. (2004). "Resituating Culture: An Introduction", 9 – 18. In Titley, G. (ed.), *Resituating Culture*. Strasbourg: Council of Europe.

Tollefson, J. W. (1989). *Alien Winds: The Reeducation of America's Indochinese Refugees*. New York: Praeger.

Tomlinson, C. (2003). *Metamorphoses: Poetry and Translation*. Manchester: Carcanet.

Tomlinson, J. (2004). "Global Culture, Deterritorialisation and the Cosmopolitanism of Youth Culture", 21 – 29. In Titley, G. (ed.), *Resituating Culture*. Strasbourg: Council of Europe.

Toury, G. (1980). *In Search of a Theory of Translation*. Tel Aviv: Porter Institute.

Treaty on European Union. Available online: http://europa. eu. int/en/record/mt/top. html (accessed 2 April 2004).

Tylor, E. (1871). *Primitive Culture: Researches into the Development of Mythology, Philosophy, Religion, Language, Art and Custom*, vol. 1. London: Murray.

Tymoczko, M. (1999). *Translation in a Postcolonial Context*. Manchester: St Jerome.

Tymoczko, M. and Ireland, C. (2003). "Language and Tradition in Ireland: Prolegomena", 1 – 27. In Tymoczko, M. and Ireland, C. (eds), *Language and Tradition in Ireland: Continuities and Displacements*, Amherst and Boston: University of Massachusetts Press.

UNESCO. (2004). "Universal Declaration on Cultural Diversity". Available online: http://unesdoc. unesco. org. images/0012/001271/127160m. pdf (accessed 30 March 2004).

United Nations Population Division. (2002). *International Migration* 2002. New York: United Nations.

——(2003). *World Population* 2002. New York: United Nations.

——(2005). *International Migration and Development*. New York: United Nations.

Urry, J. (2003). *Global Complexity*. London: Sage.

Uzomah, H. (2001). "New Video Explains Health Services". *metro eireann*, 1, 12, special anniversary supplement, vi.

van der Meer, J. (2002). "Impact of Translation Web Services". *Localisation Focus*, 1, 2, 9 – 11.

van Niekerk, M. (2000). "Creoles and Hindustanis. Patterns of Social Mobility in Two Surinamese Immigrant Groups in the Netherlands", 92 – 108. In Vermeulen, H. and Perlmann, J. (eds), *Immigrants, Schooling and Social Mobility: Does Culture Make a Difference*, London: Macmillan.

Venuti, L. (1995). *The Translator's Invisibility: A History of Translation*.

London: Routledge.

——(1998). *The Scandals of Translation*. London: Routledge.

Vergerio, P. P. (2002). "The Character and Studies Befitting a Free-Born Youth", 2 – 91. In Wallendorf, Craig W. (ed. and trans), *Humanist Educational Treatises*. Cambridge, Mass.: Harvard University Press.

Vertovec, S. and Cohen, R. (eds), (2002). *Conceiving Cosmopolitanism: Theory, Context, Practice*. Oxford: Oxford University Press.

Wadensjö, C. (1998). *Interpreting as Interaction*. London: Longman.

Wallerstein, I. (1996). *Open the Social Sciences: Report of the Gulbenkian Commission on the Restructuring of the Social Sciences*. Stanford, Calif.: Stanford University Press.

Ward, Tanya. (2002). *Asylum Seekers in Adult Education: A Study of Language and Literacy Needs*. Dublin: City of Dublin VEC and County of Dublin VEC.

Warner, M. (2002). *Fantastic Metamorphoses, Other Worlds*. Oxford: Oxford University Press.

Washburn, D. (2004). "Many Iraq Interpreters Unskilled, Soldiers Say", 1 – 3. Available online: http: www. signonsandiego. com. news/world/iraq/20040521-9999-1 (accessed 23 August 2005).

Waswo, R. (1987). *Language and Meaning in the Renaissance*. Princeton, NJ: Princeton University Press.

Watts, D. J. and Strogatz, S. H. (1998). "Collective Dynamics of 'small-world' Networks". *Nature*, 398, 440 – 442.

Welch, R. (1993). *Changing States: Transformations in Modern Irish Writing*. London and New York: Routledge.

White, Kenneth. (1978). *La Figure du dehors*. Paris: Grasset.

Whitelock, D., McKitterick, R. and Dumville, D. (eds). (1982). *Ireland in Early Medieval Europe*. Cambridge: Cambridge University Press.

Williams, R. (1979). *Politics and Letters*. London: New Left Books.

——(1981). *Culture*. London: Fontana.

Woloshin, S., Schwartz, L. M., Katz, S. J. and Welch, H. G. (1997). "Is Language a Barrier to the Use of Preventive Services?". *Journal of General Internal Medicine*, 12, 8, 472-477.

Wright, R. (2000). *NonZero: The Logic of Human Destiny*. New York: Pantheon Books.

Yengoan, A. (2003). "Lyotard and Wittgenstein and the Question of Translation", 25-43. In Rubel, P. and Rosman, A. (eds), *Translating Cultures: Perspectives on Translation and Anthropology*. Oxford and New York: Berg.

Yoshikawa, M. (1987). "The Double-Swing Model of Intercultural Communication Between the East and the West", 35-48. In Kincaid, L. (ed.), *Communication Theory: Eastern and Western Perspectives*. London: Academic Press.

Young, I. M. (1990). *Justice and the Politics of Difference*. Princeton, NJ: Princeton University Press.

Zachary, G. P. (2000). *The Global Me: New Cosmopolitans and the Competitive Edge*. London: Nicholas Brealey.

Zohar, D. and Marshall, I. (1994). *The Quantum Society*. New York: William Morrow.

Zolo, D. (1997). *Cosmopolis: Prospects for World Government*. David McKie (trans). Cambridge: Polity Press.

Zuber, R. (1968). *Les 'Belles Infidèles' et la formation du goût classique: Pierrot d'Ablancourt et Guez de Balzac*. Paris: Colin.

Index

术语表(英汉对照)

英文	中文	页码(原文)
	引言	
language contact	语言接触	1
dispossession	强占	2
citizenship	公民资格,公民身份	2
mobility	移动性	2
nationalism	民族主义	3
interface	界面	3
duality	二重性	3
supra-national institution	超国家机构	3
transculturalism	跨文化主义	4
orality	口语,口头文化	4/73
embodied agent	具身的代理	4/76
embodiment	具身性	4
dissension	争执	5
mediation	斡旋,调解	5
	第一章	
contact zone	接触区	6
disciplinary nomad	跨学科研究者	6
connection	联结	6
oracle	神谕	6
intermediary	中介	7
cosmopolitanism	世界主义	7
logos	罗格斯	7
globalization	全球化	8
informationalism	信息主义	8
identity politics	身份政治	9
polity	政体	9
multiple subject	多重主体	9

续表

英文	中文	页码(原文)
milieux	环境,出身背景	10
multiculturalism	多文化主义	10
pluralism	多元主义	10
universalism	普遍主义	10
cosmocrat	世界人	11
Zionism	犹太复国主义	11
displacement	位移	11/45
singular location	特定地域	12
vernacular cosmopolitanism	本地世界主义	12
trace of difference	差异的踪迹	12
particularism	特殊主义	12
micro-cosmopolitanism	微观世界主义	14
double bind	双重束缚	14
fractal differentialism	分形差异主义	15
fractal travelling	不规则旅行	16
body politic	国家	17
specificity	特殊性	18
multiplicity	多样性	18
solidarity	归属	19
allegiance	忠诚	20
global hybrid	全球混合系统	20
romanticism	浪漫主义	21
quantum duality	量子二重性	22
particle/wave duality	波粒二重性	22
transformation	变化,转化	23
diaspora	散居,移民社群	23
nomadism	流浪	23
emigration	移民,移居	24
missionary	传教士	25
mutable mobile	可变流体	26
locality	地域	27
immutable mobile	不可变流体	27

续表

英文	中文	页码(原文)
metonymic translation	转喻翻译	27
typology	拓扑学	28
approximation	近似	28
mutable immobile	可变固体	28
entropy	熵	28
bottom-up localization	由下而上的本地化	28
top-down localization	自上而下的本地化	29
monadism	单元论	30
canon	经典	30
literary translation	文学翻译	31
translated literature	翻译文学	32
idiosyncrasy	特性	34
reciprocity	互惠	36
vernacular	本地话,方言	36
poly-system theory	多元系统理论	36
autogenesis	自我生成	36
aestheticization	审美化	38
interdependence	相互依存	38
syncretism	融合	38
creoliztion	克里奥尔化	38
crossover	交叉	38
fragmentation	碎片化	39
economics of attachment	依附经济学	39
monoglossia	单语主义	39
first order logic	一阶逻辑	39
charmed circle	小集团	40
closure	闭包	40
self-translation	自我翻译	40
autonomous translation	自译,自主翻译	40
heteronomous translation	他译,依附型翻译	40/114
self-annihilation	自我毁灭	41

续表

英文	中文	页码(原文)
第二章		
basement	地下层	43
machine translation	机器翻译	43
net immigration	净移入人数	44
allophone	(尤指加拿大法语地区)不会讲法语(或英语)的人,法语盲,操他种语言的人	45
cultural turn	文化转向	46
singular culture	单一文化	47
pluralized culture	多元文化组合	47
multiculturalism	多元文化主义	48
inter-culturalism	跨文化主义	48
deterritorialization	去疆界化	49
autonomous self	自治自我	50
dialogical self	对话自我	50/69
locale	地域	50
net emmigration	净移出人数	50
dominant language	优势语言	52
translational assimilation	翻译同化	52
translational accommodation	翻译调适	52
dual translation	二次翻译	54/93
transit language	过渡语	56
le globish	全球语	56
total translation	全译	57
founding language	基本语言	59
multilingualism	多语言	59
expropriation	侵占	60
geopoetics	地理诗学	60
enclave	飞地	61
transnationalism	跨国主义	61
private sector	私营领域	63
stereotype	刻板印象	64

续表

英文	中文	页码(原文)
extrinsic translation	外部翻译	64
intrinsic translation	内部翻译	64
flexibilization	弹性化	66
alterity	他异性	66
exoticization	异域化	67
plurality	多元性	71
incommensurability	不可通约性	72
untranslatability	不可译性	72
	第三章	
ethics of fidelity	忠实伦理	76
dispensation	体制	76
doubleness	双重性	77
mouthpiece	传声筒	77
divided loyalties	不断变换的忠实对象	78
time lag	时滞	78
informant	通报人,信息提供者	79
latimer	译员,口译者	80
double dealing	两面派	81
sojourn	旅居	82
Franciscan	圣芳济会	82
ambit	领域	83
submission	臣服,归顺	85
espionage	间谍活动	85
sedition	叛乱	86
disloyalty	不忠	86
acculturation	涵化	87
distance of difference	差异的空间	87
insurrection	暴动	87
metonymic appropriation	转喻式挪用	88
metaphorical appropriation	隐喻式挪用	88
traitor	叛徒,卖国贼	89
interventionist	干预者	89

续表

英文	中文	页码(原文)
assizes	巡回审判	90
bias	偏倚	90
literacy	书面语,书面文化	91
power-broker	权力掮客	91
anglicization	英国化	91
volubility	流利,健谈	92
legitimacy	合法性	92
translatability	可译性	93
untranslatability	不可译	93
intra-textual translation	文内翻译	94
imperialism	帝国主义	94
metamorphosis	变形	94
proximity	接近	94
control	控制	94
eloquence	口才	94
civility	文明,教养	94
topos	拓扑斯,位置	95
expropriation	侵占,掠夺	96
transformation	变革	96
double dealing	两面派	97
linguistic broker	语言中介	97
fealty	忠诚	98
double agent	双重代理	99
word play	文字游戏	99
inter-lingual translation	语际翻译	99
intra-lingual translation	语内翻译	99
usurper	篡位者	99
philology	语文学	100
proselytism	改变信仰	100
duplicitous double	奸诈的两面派	102
artifice	虚构	102
mistranslation	误译	102

续表

英文	中文	页码(原文)
fictitious translation	伪译	102
forgery	铸造	103
translated subject	被翻译的人/主体	103
cultural nationalism	文化民族主义	103
irredentism	民族统一主义	103
relational semantics	关系语义学	104
trope	主题,比喻	104
agent of metamorphosis	变形的代理人	105
substitutionalism	替换	107
dispossession	驱逐,强占	109
ventriloquism	腹语	110
conformity	归附	110
linguistic bondage	语言枷锁	110
coercive translation	强制翻译	111
covert translation	暗中翻译	111
oeuvre	作品,全集	111
critical link	关键联结	113
information war	信息战	113
interprete-resident	驻地口译	114
duplicity	双重性,欺骗	114
repatriation	遣送回国	114
abduction	诱拐	115
translation logistics	翻译保障	116
visibility	显身,显现	116
cultural composite	文化复合体	117
poly-identity	多重身份	117
triangulation	三角形式	118
neutrality	中立	119
第四章		
monoculturalism	单一文化	120
monolingualism	单一语言	120
piety	虔诚	120

续表

英文	中文	页码(原文)
connectivitiy	联结性	121
re-appropriation	重拾	123
directionality	方向性	123
polyglot	多语者	123
literariness	文学性	123
Weltliteratur	世界文学	125
cultural specificity	文化特色	126
linguistic ecology	语言生态	126
homogenization	同质化	127
banalization	平庸化	127
cultural negentropy	文化负熵	129
translatio studii	知识迁移	130
diversality	多样化	131
hologram	全息图	132
world view	全方位阅读;细读	133
crib	直译	133
linguistic diversity	语言多样性	133
provincialism	地方主义	133
interpretive mastery	完美诠释	134
alienation	疏离	135
emergence	涌现	135
emergent behaviour	涌现行为	136
feedback	反馈	136
linguistic alterity	语言他者	136
corrective	矫正	137
feedback loop	反馈回路	138
global brain	全球脑	139
group brain	社区脑	139
reciprocity	互惠	139
distant link	远程联结	141
weak tie	弱联结	141
remuneration	报酬	142

专有名词表(英汉对照)

英文	中文	页码(原著)
引言		
Augustine	奥古斯丁	1
Hippo	希波	1
Philip Bobbitt	菲利普·伯比特	1
Gerald Delanty	杰拉德·德兰蒂	2
Richard Sennett	理查德·塞内特	2
Nicole Kidman	妮可·基德曼	5
Sydney Pollack	西德尼·波拉克	5
Georg Simmel	格奥尔格·齐美尔	5
第一章		
Herodotus	希罗多德	6
Halicarnassus	哈利卡尔那索斯	6
Dorian	多利安人	6
Carian	卡里亚人	6
Dodona	多多那	6
Phoenicians	腓尼基人	7
Douglas Robinson	道格拉斯·罗宾逊	7
Antisthenes	安提西尼	7
Diogenes	第欧根尼	7
Cyreniac	昔兰尼学派	7
Aristippus	亚里斯提卜	7
Stoic	斯多葛派	7
Zino	芝诺	7
Robert Fine	罗伯特·法恩	7
Robin Cohen	罗宾·科恩	7
Cicero	西塞罗	8
Erasmus	伊拉斯谟	8
Zwingli	慈运理	8

续表

英文	中文	页码(原著)
Peter Coulmas	彼得·库尔马斯	8
Anthony Giddens	安东尼·吉登斯	8
Manuel Castells	曼纽尔·卡斯特尔	8
Steven Vertovec	斯蒂文·维托维克	9
David Hollinger	大卫·霍林格	10
Timothy Brennan	提摩西·布来南	10
Danilo Zolo	丹尼洛·佐罗	10
Craig Calhoun	克雷格·卡尔霍恩	11
John Micklethwait	约翰·麦克列威特	11
Adrian Wooldridge	阿德里安·伍德里奇	11
David Held	大卫·赫尔德	11
Stuart Hall	斯图亚特·霍尔	12
Blaise Pascal	布莱兹·帕斯卡尔	13
Raymond Williams	雷蒙德·威廉斯	13/126
Matthew Arnold	马修·阿诺德	13
Cornishman	康沃尔人	13
Breton	布列塔尼人	13
Rodolphe Töpffer	鲁道夫·托普佛	13
Gregory Bateson	格雷戈里·贝特森	14
Roland Robertson	罗兰·罗伯森	15
Jonathan Friedman	乔纳森·弗里德曼	15
Manuel Castells	曼纽尔·卡斯特尔	15
Alain Finkielkraut	阿兰·芬克尔克霍特	15
Samuel Huntington	塞缪尔·亨廷顿	15
Benjamin Barber	本杰明·巴伯	15
Guy Scarpetta	盖伊·斯卡佩塔	15
Benoit Mandelbrot	本华·曼德博	16
Paul Theroux	保罗·泰鲁	16
James Gleick	詹姆斯·格雷克	16
Tim Robinson	蒂姆·罗宾逊	16
Emmanuel Leroy Ladurie	埃马纽埃尔·勒华·拉杜里	16
Norman Davies	诺曼·戴维斯	16

续表

英文	中文	页码(原著)
Roger Moorhouse	罗杰·穆尔豪斯	16
John Millington Synge	约翰·米林顿·辛格	16
Lewis Mumford	刘易斯·芒福德	17
Saskia Sassen	萨斯基娅·萨森	17
Sherry Simon	雪莉·西蒙	17
William B. Yeats	威廉·巴特勒·叶芝	17
Standish O'Grady	斯坦迪什·奥格雷迪	17
George Moore	乔治·莫尔	17
Benedict Anderson	本尼迪克·安德森	18
Eric Hobsbawm	艾里克·霍布斯鲍姆	18
John Stuart Mill	约翰·斯图亚特·穆勒	19
Richard Bellamy	理查德·贝拉米	19
Dario Castiglione	达里奥·卡斯蒂廖内	19
Alastair McIntosh	阿拉斯泰尔·麦金托什	19
John Urry	约翰·厄里	20
David Zimmer	大卫·西莫	21
Paul Auster	保罗·奥斯特	21
Henri Lefebvre	亨利·勒菲弗	22
Danah Zohar	丹娜·左哈	22
Ian Marshall	伊恩·马歇尔	22
Christopher Alan Bayly	克里斯托弗·阿兰·贝利	22
Johannes Scotus Erigena	约翰·司各特·埃里金纳	23
Sedulius Scotus	塞德柳斯·斯科特斯	23
Martinus Hiberniensis	马丁内斯·赫伯尼西斯	23
James Joyce	詹姆斯·乔伊斯	24
Samuel Beckett	萨缪尔·贝克特	24
Denis Devlin	丹尼斯·德夫林	24
Brian Coffey	布莱恩·柯菲	24
Thomas McGreevy	托马斯·麦克格里维	24
Eugene Chen Eoyang	欧阳桢	25
Johann Adam Schal von Bell	汤若望	25
Jacobus Rho	罗雅谷	25

续表

英文	中文	页码(原著)
T. H. Huxley	托马斯·赫胥黎	26
Herbert Spencer	赫伯特·斯宾塞	26
Adam Smith	亚当·斯密	26
Montesquieu	孟德斯鸠	26
Edward Jenks	爱德华·詹克斯	26
William Stanley Jevons	威廉姆·斯坦利·杰文	26
Marc Crépon	马克·卡朋	26
John Law	约翰·劳	26
Anne Marie Mol	安妮·玛丽·莫尔	26
Aram A. Yengoan	阿拉姆·仰贡	27
Maria Tymoczko	玛丽娅·铁木志科	28
Detlev Hoppenrath	达特莱夫·霍布拉斯	29
Richard Ishida	理查德·伊斯蒂	29
Reinhard Schäler	雷哈德·斯卡勒	29
Michael Hamburger	迈克尔·汉博格	31
Charles Tomlinson	查尔斯·汤姆林森	31
John Oldham	约翰·奥尔德姆	31
John Dryden	约翰·德莱顿	31
Alexander Pope	亚历山大·蒲伯	31
Ezra Pound	埃兹拉·庞德	31
Arthur Golding	亚瑟·戈尔丁	32
Katherine Philips	凯瑟琳·菲利普丝	32
Abraham Cowley	亚伯拉罕·考利	32
Eleanor Marx	埃莉诺·马克思	32
Ciaran Carson	克兰·卡尔森	32
Colin Ireland	柯林·艾尔兰	33
Eric Méchoulan	埃里克·米楚兰	33
Thomas Carlyle	托马斯·卡莱尔	34
Umberto Eco	温贝托·艾柯	34/124
Jacques Delors	雅克·德洛尔	35
Scott Lash	斯科特·拉什	37
Jan Nederveen Pieterse	让·尼德温·皮埃特斯	38

续表

英文	中文	页码(原著)
Geoff Mulgan	周若刚	39
Cali ban	卡利班	40
第二章		
Warren Weaver	瓦伦・韦弗	43
Zygmunt Bauman	齐格蒙・鲍曼	45
Russell King	拉塞尔・金	45
Anne Malena	安妮・玛莉娜	45
Alexander Bischoff	亚历山大・毕斯科夫	45
Louis Loutan	路易斯・卢丹	45
Sonja Pöllabauer	索尼娅・坡拉保尔	46
Terry Eagleton	特里・伊格尔顿	46
Gavan Titley	加文・迪特里	46
Mike Featherstone	迈克・费瑟斯通	47
Avtar Brah	爱乌塔・布拉	47
Iris Marison Young	艾瑞斯・玛瑞恩・扬	48
Colm O'Cinneide	柯尔莫・奥森内德	48
Iben Jensen	易本森・詹森	48
Alana Lentin	阿拉娜・兰廷	49
John Tomlinson	约翰・汤姆林森	49
Mary Kaldor	玛丽・卡尔多	49
Tanya Ward	坦妮亚・沃德	51
Blanchardstown	布兰察斯镇	52
Castleknock	卡索诺	52
Clonsilla	克朗西拉	52
Anna Livia	安娜・丽维亚	52
Rainer Ganahl	雷纳・加纳尔	52
James Williams Tollefson	詹姆斯・ 威廉斯・托勒弗森	52
Meryam Shirinzade	马亚姆・施林扎德	53
Mahin Sefidvafh	玛茵・塞菲达瓦弗	53
Jagdish S. Gundara	贾格迪什・甘达拉	53
Petra Berntsson	帕拉・波特森	54
Glowena Actub Batutay	戈洛温娜・阿克塔伯・巴图里	54

续表

英文	中文	页码(原著)
Mark Abley	马克·埃布里	55
Elizabeth Povinelli	伊丽莎白·波维内利	56
Anar Odon	安拿·奥登	57
Philip Crowley	菲利普·克罗利	57
Cormac Ó Cuilleanáin	科马克·奥柯利兰	58
Peter Sirr	彼得·斯尔	59
Robert Welch	罗伯特·韦尔奇	59
Kenneth White	肯尼斯·怀特	60
Matthew Pearl	马修·波尔	60
David Hiebert	大卫·赫伯特	60
Ayse Caglar	爱尔斯·卡格拉	61
Diego Herrera Aragon	迭戈·赫若拉·阿拉贡	62
Seyla Benhabib	希拉·本哈毕博	63
Brendan Nevin	布莱丹·奈文	64
Muneo Yoshikawa	吉川宗男	67
F. Max Müller	麦克思·缪勒	67
Claude Hagege	克洛德·海然热	67
Edward Tylor	爱德华·泰勒	68
Will Kymlicka	威尔·金里卡	69
Eva Hoffman	伊娃·霍夫曼	70
John Rawls	约翰·罗尔斯	71
Homi Bhabha	霍米·巴巴	72
Cecilia Wadensjö	塞西莉亚·瓦登斯约	72
第三章		
Plutarch	普鲁塔克	75
Simon Goldhill	西蒙·戈德希尔	75
James Foley	詹姆斯·弗雷	75
Brian Friel	布莱恩·弗里尔	76
Primo Levi	普里莫·莱维	77
Charles Taylor	查尔斯·泰勒	78
Étienne Dolet	艾蒂安·多雷	79
William Tyndale	威廉·廷代尔	79

续表

英文	中文	页码(原著)
Salman Rushdie	萨尔曼·拉什迪	79
Dermot mac Murrough	德莫特·麦克莫罗	79
William Orpen	威廉·奥彭	79
Maurice Regan	莫里斯·里根	79
Jean-Michel Picard	让-米克·皮卡德	80
Raymond Le Gros	雷蒙德·格罗斯	80
Esculf Mac Turkil	埃斯卡夫· 马克·特科尔	80
la Malinche	玛琳切	81
O'Carroll	奥卡罗尔	82
Bellingham	贝灵汉姆	82
Hugh McCaghwell	休·麦克卡威尔	82
Armagh	阿马	82
Louvain	鲁汶	82
Hugh O'Neill	休·奥尼尔	82
Salamanca	萨拉曼卡	82
Donagh Mooney	多纳·穆尼	82
Somerset	萨默塞特	83
Whitehall	白厅	83
William Trumbull	威廉·特姆博尔	83
Flanders	法兰德斯	83
Guido Bentivoglio	基多·本蒂沃格罗	83
Borghese	伯格斯	83
Eugene Matthews	尤金·马修	83
Christopher Cusack	克里斯托弗·库萨克	83
Tomás Ó Cléirigh	托马斯·奥克利尔	84
George Ligonius	乔治·利格涅斯	84
O'Connor Sligo	奥康纳·斯利格	85
Grey de Wilton	格雷·德·威尔顿	85
Thomas Masterson	托马斯·马斯特森	85
Robert Pipho	罗伯特·皮弗	85
Robert Hartpole	罗伯特·哈特波尔	85
William Jones	威廉·琼斯	85

续表

英文	中文	页码(原著)
Thomas Lee	托马斯·李	85
Donald Jackson	唐纳德·杰克逊	85
Kildare	可尔代尔	85
Wicklow	威克洛	85
William Dunne	威廉·唐内	86
Christopher Bodkin	克里斯托弗·鲍德金	86
Thomas Cahill	托马斯·卡希尔	86
Ruth A. Roland	罗斯·罗兰德	86
Jean Delisle	让·德利尔	86
R. Bruce W. Anderson	布鲁斯·安德森	87
Humbert	亨伯特	87
Mayo	梅奥	87
Henry O'Kane	亨利·奥卡恩	87
Brittany	布列塔尼	87
Nantes	南特	87
Saint Hermand	圣·埃尔芒	87
Castlebar	长斯尔巴	87
Guy Beiner	盖伊·贝纳	88
Grace O'Malley	格雷丝·奥玛丽	88
Banbha	班巴	88
Richard Musgrave	理查德·马斯格雷夫	88
Muingrevagh	穆格瓦夫	89
Dominick McDonnell	多米尼克·麦克唐奈	89
Daniel O'Connell	丹尼尔·奥康奈尔	90
Gerald Griffin	杰拉德·格里芬	90
Houlahan	荷拉翰	90
Dan Dawley	丹·达利	90
Crag-beg	克莱格	90
Philip Naughten	菲利普·诺滕	90
Eily O'Connor	埃里·奥康纳	90
Clare	克莱尔	91
Michael McNamara	迈克尔·麦克纳马拉	91

续表

英文	中文	页码(原著)
Walter J. Ong	沃尔特·翁	92
Melvyn Bragg	梅尔文·布拉格	93
Pier Paolo Vergerio	皮尔·保罗·韦杰里奥	94
Marcus Fabius Quintilianus	昆体良	95
Jean-Marc Chadelat	让·马克·沙德拉	96
Fynes Moryson	费恩斯·莫里森	96
Munster	芒斯特	96
Humphrey Gilbert	汉弗里·吉尔伯特	96
Patricia Palmer	帕特丽娅·帕默	97
Bryskett	布里斯基特	97
Fenton	芬顿	97
Googe	古奇	97
Harrington	哈林顿	97
Jack Cade	杰克·凯德	97
Stafford	斯塔福德	97
Lord Say	赛伊勋爵	97
Edmund Spenser	埃德蒙·斯宾赛	98
York	约克	98
Salisbury	萨利斯伯雷	98
Theo Hermans	西奥·赫曼斯	99
Francis Otto Matthiessen	弗兰西斯·奥特·马西森	100
Henry Wotton	亨利·沃顿	100
Walter Devereux	沃尔特·德弗罗	100
Pedro Vaz de Carminha	佩德瓦兹·德·卡迈恩	101
James Macpherson	詹姆斯·麦克弗森	102
Ossian	奥西恩	102
Stephen Dedalus	斯蒂芬·迪达勒斯	103
Eric Cheyfitz	埃里克·谢菲茨	104
Lorenzo Valla	洛伦佐·瓦拉	104
Juan Luis Vives	胡安·卢斯·维韦斯	104
Marina Warner	玛丽娜·沃纳	105
Publius Ovidius Naso	奥维德	105

续表

英文	中文	页码(原著)
Dunbar Plunket Barton	普朗凯特·巴顿	106
Walter Ralegh	沃尔特·雷利	107
Lisa Hopkins	丽莎·霍普金斯	107
Thomas Peend	托马斯·皮恩德	108
Arthur Goulding	亚瑟·戈尔丁	108
Jonathan Bate	乔纳森·贝特	108
Patricia Palmer	帕特丽娅·帕默	110
John Derricke	约翰·德里克	110
Simon Schama	西蒙·沙玛	111
Roanoke	罗诺克	111
Ralph Lane	拉夫尔·莱恩	111
Laois	莱伊什	111
Claremorris	克莱尔莫里斯	111
John Donne	约翰·多恩	111
Domenico Maceri	多米尼克·麦瑟里	112
Luqman Mohammed Kurdi Hussein	卢克曼·穆罕默德·库尔迪·侯赛因	112
Samarra	萨马拉	112
Stephen Valley	斯蒂芬·韦利	112
John Pike	约翰·派克	112
Jack Straw	杰克·斯特劳	113
Colin Powell	科林·鲍威尔	113
Darfur	达尔富尔	113
Abu Ghraib	阿布格莱布	114
Fort Huachucha	华楚卡堡	114
Robert Fitzroy	罗伯特·费兹洛伊	114
Adelaide	阿德莱德	114
Charles Darwin	查尔斯·达尔文	114
William Parker Snow	威廉·帕克·斯诺	114
Sherlock Holmes	夏洛克·福尔摩斯	115
Ellen Ruth Moerman	埃伦·鲁斯·摩尔曼	115
Clint Nussberger	克林特·纳斯博杰	115

续表

英文	中文	页码(原著)
Sorbonne	索邦	117
Clyde Kusatsu	克莱德·草津	117
Curtis Cook	柯蒂斯·库克	117
Earl Cameron	厄尔·卡麦隆	117
Gillian Rose	吉利安·罗斯	118
Jesper Christensen	加斯帕·克里斯滕森	118
Hugo Speer	雨果·斯皮尔	118
Catherine Keener	凯瑟琳·基纳	119
第四章		
Neal Stephenson	尼尔·斯蒂芬森	120
Nicholas Dew	尼古拉斯·蒂尔	122
Barthelemy d'Herbelot	巴泰勒米·德尔贝洛	122
Katib Chelebi	卡迪布·彻勒比	122
Pascale Casanova	帕斯卡·卡萨诺瓦	122
Francesca Orsini	弗朗西斯卡·奥西尼	123
Pierre Lepape	皮埃尔·勒巴普	124
J. K. Rowling	乔安妮·凯瑟琳·罗琳	124
Paulo Coelho	保罗·柯艾略	124
Bertelsmann Group	贝塔斯曼出版集团	124
Barnes & Noble	巴诺	124
Borders	鲍德斯	124
Book-A-Million	百万	124
Eric Auerbach	埃里克·奥尔巴赫	125
Charles Forsdick	查尔斯·弗斯迪克	126
Chris Bongie	克里斯·邦杰	126
Claude Lévi-Strauss	克洛德·列维·斯特劳斯	126
Thomas Richards	托马斯·理查德	127
Dan Brown	丹·布朗	127
Joachim du Bellay	约阿希姆·杜·贝莱	127
Peter Sloterdijk	彼得·斯劳特戴克	129
Frank Kermode	弗兰克·克莫德	129
James Clifford	詹姆斯·克里福德	129

续表

英文	中文	页码(原著)
Isabelo de los Reyes	伊萨贝罗·雷耶斯	129
Leo Spitzer	列奥·施皮策	130
Emily Apter	艾米丽·阿普特	130
Jean Bernabé	让·伯纳贝	130
Patrick Chamoiseau	帕特里克·夏穆瓦佐	130
Raphaël Confiant	拉斐尔·康菲恩特	130
Franco Moretti	弗兰克·莫莱蒂	131
Deborah Kapchan	黛布拉·卡普昌	131
Marrakech	马拉喀什	131
Moulay 'Omarr	莫雷·奥马尔	131
Ezra Pound	埃兹拉·庞德	133
Edwin Gentzler	埃德温·根茨勒	133
Victor Segalen	维克多·谢阁兰	134
Christopher Prendergast	克里斯托弗·普伦德加斯特	134
Nicolas Bouvier	尼古拉·布维耶	134
Alessandra Riccardi	亚力桑德拉·瑞卡迪	134
Nicole Lapierre	尼可·拉皮埃尔	134
Steven Johnson	斯蒂文·约翰逊	135
Jane Jacobs	简·雅各布斯	136
Lewis Mumford	刘易斯·芒福德	138
Paul Ricoeur	保罗·利科	138
Robert Wright	罗伯特·赖特	139
Duncan Watts	邓肯·瓦茨	140
Steven Strogatz	斯蒂文·斯特罗加茨	140
Albert-Lászlό Barabási	埃尔伯特·拉斯洛·巴拉巴西	140
Geraldine Pratt	杰拉尔丁·普拉特	140
Susan Hanson	苏姗·汉森	140
Constance Garnett	康斯坦斯·加内特	141
Mark Granovetter	马克·格兰诺维特	141
Walter W. Powell	沃尔特·鲍威尔	142

展翅的译者

按：自2007年创办以来，以“高层次、应用型、专业性口笔译人才”为培养目标的翻译硕士专业学位(MTI)教育对传统的教学翻译(School Translation)提出了挑战。在新时期，MTI导师要更新教学理念，把握教学规律，开展技能化、语境化和专业化的教学，通过多种角色的“演绎”，把学生导入专业翻译和职业轨道。《翻译与身份》译介项目旨在成为译者的“孵化器”，通过翻译来塑造译者身份，实现专业认同。项目在初期得到了MTI研究生的支持，见证了她们的成长；在此搭建一个平台，让她们发出声音，伸出“翅膀”。

译者，适境也

马晓迪

语境是翻译中确定词义的最佳途径。在翻译时，词义不仅是通过查阅词典来确立，而往往要依据上下文来考虑。

《翻译与身份》一书第一章开篇引用了希罗多德所著《历史》中的首段文字。这段文字提到了两种人：一种是Greeks，另一种是barbarians。如果按照词典释义，barbarians就应该被译为“野蛮人”。但对上下文仔细分析之后，发现“野蛮人”这一译法可谓是“失之毫厘，谬以千里”。

先看希罗多德这段引言本身，无论是Greeks还是barbarians都对人类有巨大贡献，都为人类留下了丰功伟绩。字里行间不难看出，希罗多德对这两种人基本上持一视同仁的态度。但“野蛮人”一词本身就带有贬义，是愚昧落后的象征，显然与上述论述产生了矛盾。再看紧接着引言的一段文字，原版作者克罗宁从希罗多德的成长环境和所作所为出发探讨了希罗多德发表上述引言的原因。这些论述更加证明了希罗多德是一位具有开阔视野的人,他胸怀全世界和全人类。这样的一个人不可能将其他民族视为野蛮人。因此,若是将 barbarians 译为“野蛮人”,对于希罗多德而言,实在是有失公允。

除了上下文给出的具体语境线索,将词语置于当时的语境中对于正确理解词义也十分重要。为了找出 barbarians 的恰当译法,笔者查阅了徐松岩教授为《历史》中译本写的序言。《历史》一书本是用希腊文写成,英文的 barbarians 也是译自希腊词汇 o'βάρβαρροι。徐松岩教授在序言中说该词原意为“异语之人”,即“和自己说不同语言的人”。因此,对于希腊人来说,o'βάρβαρροι 就是指非希腊人;对于波斯人来说,o'βάρβαρροι 就是指非波斯人。由此可见,该词在当时尚无明显贬义。徐教授还指出,随着希腊在波斯战争中的胜利以及古典文明高度发展,在希腊人中间逐渐流行鄙视其他民族的思想,o'βάρβαρροι 这个词开始有了“蛮夷”之意。这恐怕正是后来的英译本选用 barbarians 一词的原因。语言在不断衍变,若不置身于当时的语境之中就会错失词语的正确含义。在希罗多德的著作中,o'βάρβαρροι 绝不是 barbarians 可以对等的,根据 barbarians 将其译为“野蛮人”势必偏离作者原意。

因此,结合上下文和历史语境,barbarians 可以译为“异族人”或者“非希腊人”。如此一来,在词义上更为恰当,更忠实于原文。

游子天涯　何处寻芳?

童予格

《翻译与身份》第二章阐述了翻译与移民的关系。游子天涯,无数移民跨越国境,接触或融入目的语及其文化。“跨国”催生了翻译;在不断的翻译同化与翻译调适过程中,移民的身份被颠覆和重塑。见微知著,《沙漠之花》一书呈现出跨国主义语境下移民与翻译之间的关系。

黑人超模华莉丝历经苦难,从索马里沙漠的牧羊女童一步步成长为超模、联合国特使。在包办婚姻的压迫下,华莉丝被迫逃婚,实现了物理意义上的“跨国”。到达异国后,由于在亲戚家干活,她仍生活在原语及其文化中。如同那些生活在美国却始终没有踏出唐人街半步的中国人一样,这个阶段可谓“翻译的真空期”。移民,尤其是文化层次较低者,在该阶段往往依赖或附属于原语社区,以谋求生活保障和精神寄托。如果停留于此,不积极融入当地社会,生活就会止步不前。因此,一部分人做出了和华莉丝一样的选择——再次出走。不同于物理意义的跨国,这一次他们开始进入陌生的异国语言和文化,真正跨越了精神和文化的边界。此时,跨国主义的本质——在同一时刻依附并体验两地——才真正显现出来。换言之,物理意义上的跨国并不一定需要翻译,但象征意义上的跨国势必产生翻译需求。

这种翻译需求分为两个阶段。初期,语言陌生、文化疏离的移民在很多方面都是弱者,需要依靠亲友或译者实现交流。华莉丝饱受割礼折磨,到医院寻求帮助,但医院只有一名索马里男性护工。他非但没有正确地翻译,反而以传统文化为名,斥责华莉丝背叛了母国文化,接受白人医生检查也有违妇道。在这个阶段,(移民)翻译需求较为直接,并停留在语言层面。只有掌握了当地语言,移民才能获得话语权。置身在两种语言和文化的碰撞中,他们/她们要克服身体和心理影响,不断进行调适。

之后,华莉丝逐渐成长为超模。她走进联合国,向世界揭露残忍的割礼,呼吁人们关心和帮助非洲女童。随着交流增多,移民的翻译能力得以提升。他们/她们可以更好地理解目的语文化,同时进行文化自省,将它和原语文化结合起来。此时,翻译需求提升到了文化层面,移民通过翻译重塑身份;变身为一座桥梁,把两种不同的语言和文化联结到一起。在跨国语境下,翻译从语言上升到文化,核心是身份的协商与重塑。游子天涯,移民唯有主动地跨越语言和文化的双重壁垒,将自身移入/译入目的语语言和文化,并且在两种语言和文化之间进行斡旋,才能真正体现自身价值。

透过她的声音——看译员布鲁姆的身份

柳 芬

在老师带领下，笔者通过 MTI 课堂参与到《翻译与身份》翻译项目中，主要从事第三章部分翻译，重点探讨译员的身份。译员并不是中立、隐形的传声筒，翻译本身与译员的背景及经历、政治、文化、社会环境等因素密切相关。随着译员在翻译活动中的重要性逐渐凸显，好莱坞相继推出翻译主题的电影，借助银幕使隐身的译员变得真实可见。

在西德尔·波拉克执导的电影《翻译风波》中，联合国译员布鲁姆（妮可·基德曼饰）从耳机中无意听到一桩用非洲土话交谈的政治阴谋，有人策划在联合国大会上谋杀（虚构的）非洲马托博元首苏瓦尼。她向上司汇报了这一情况，成为阴谋者急于除掉的眼中钉。因此，美国特勤局指派凯勒探员（西恩·潘饰）负责保护她的安全。布鲁姆到底是事件的受害者，还是阴谋参与者？凯勒对她心存怀疑，到处询问她的情况，却发现没人真正了解她，在无奈中发出“她是谁？”的疑问。

布鲁姆在美国出生，在非洲长大，并在欧洲不同国家学会了多种语言。父母和妹妹在马托博暴乱中丧生后，她只身来到联合国。她身上聚合了多种语言和文化（美国、马托博、南非、数种欧洲语言和片中杜撰的非洲土话库族语），有人称她“就是联合国的缩影”。她的多重身份超越了人们对民族、种族和语言文化的传统认识，也使她总处于无处可栖的孤立状态。没有人真正了解她，也没有人愿意相信她。

作为语言代理人，布鲁姆真是作者所说“两面派”？不可信——这是人们对译员通常所持的态度，因而凯勒怀疑她说谎、质疑她翻译的马托博真相是人之常情。虽然是白人，布鲁姆却不断强调自己的非洲身份，可见她偏爱马托博；然而亲人却因苏瓦尼政府的暴力统治而丧生，作为具身的代理人，她怎么可能无动于衷？她不是中立者，甚至在片尾处拿起枪，威胁苏瓦尼要杀死他。抛开中立，并不意味着她是故意说谎。马托博发生的真相注定需要翻译，她来到联合国正是为了通过自己的声音，将在马托博亲眼所见的种族屠杀、人权践踏真相“翻译”出来。

不用说，译员的任务首先是听懂别人的话，然后让他人听见自己的传译。联合国译员更是背负着重大使命，正如布鲁姆所说，“许多国家之所以开战，是因为他们相互间误解了对方的意思”，工作厢中译员字斟句酌的传译关系到数百万人的性命。这让我们意识到，在联合国这个多语世界中，台前幕后的关键人物应该是译员，而不是那些政要。译员通过声音言说的真相，“即使最轻微的耳语也能发出震耳欲聋的声音”。在影片最后，苏瓦尼在国际法庭上受到了应有的制裁。布鲁姆透过声音传递了真相，惩治了独裁者。

翻译信自推敲来

支　羽

一词多义是译者最大的困扰之一。只有尽可能掌握单词的多种释义，才能勉强应对翻译需求。但是，即便是词汇量惊人的译者，也会发现随着语境不同，熟悉的意思变得不确定起来。如 hostage 一词，通常的释义为“人质”或“被扣为人质的状态”。在 Interpreter becomes a hostage to his own skills. 这句话中，若将 hostage 译为“人质”，如“译员成为自己技能的人质”，不仅感觉生硬，还容易让读者觉得迷惑。

这个例子出自《翻译与身份》第三章“释义身份”（Interpreting Identity）中，讲述译员在对抗性口译中的归属和认同问题。在初译时，一时想不到合适的词，于是按字面译为“人质”。看似完成了任务，但心里并不满意。把疑惑带到每周一次的翻译工作坊上，向项目组成员和老师请教。有些同学认为直译可以突出译员的压力；但也有人认为“人质”会误导读者，让人产生译员“沦为人质”的错觉。经过讨论，大家一致同意“译员被自身技能所‘挟持’”更能呈现出夹缝中求生的尴尬状态。

本学期，老师在翻译课上推出了新颖的“工作坊”（workshop）

形式。这种形式最初萌芽于西方教育、心理学等思辨性较强的领域，通常由多人根据一个共同话题、方案、计划聚集在一起，通过对话或沟通，推动项目进展。在每周一次的课堂上，老师（组织者）负责协调翻译任务，通过互查/互动来控制质量与进度。每位同学都有机会审阅他人的译文，相互提出质疑，紧扣难点与重点，在协商中打磨、生产出理想的译文。

在以往翻译课上，翻译是独立且封闭的工作，大家各自为营，单独完成译文，凭借一己之力对译文进行润色、修订。即便是多人参与的大项目，多数情况下也是先对任务进行分解，定期进行术语和风格统一，译者在总体上处于孤立或分离状态。“工作坊”形式让译者在翻译中实现了联结，能够共享资料，互相支持，彼此间拉近了距离，让翻译过程更加“人性化”。在课堂上感受在场的翻译，师生和同侪之间互为“译者”，让大家在译文生产的过程中感受到翻译的原创性和置身其中的快乐！

在分离中谋求联结

李亚芬

人类初始原本使用同一种语言。后来，他们希望建造一座城和一座通往天堂的塔，为要“传扬自己的名，免得分散在全地上”。上帝感到事情不妙，于是在那里变乱了天下人的言语，使众人分散在全地上，所以那座塔就叫“巴别”。这个故事就是当今世界多语言和文化多样性的起源，同时也是翻译和跨文化交流的起源。巴别塔倒塌的根源在于语言不通，无法实现相互间的交流；语言不通导致合作失败。随着社会发展，世界变得越来越“小”，没有哪个群体能“独善其身”，必须把自己融入世界，才能谋求发展。这样一来，跨越语言和文化边界的翻译就显得愈发必要。

翻译是一种联结行为。在人类社会发展和历史演变中，翻译的联结性可谓弥足珍贵。在《翻译与身份》第四章中，作者借助“桥”与“门”这两个比喻，对此展开探讨，给人留下深刻印象。翻译是一座桥。它把分处“两岸”的语言群体联结起来。通过这座桥,原本言语不通而处于阻隔状态的群体之间互通文化,实现交流,继而促进经济、政治上的合作,推动共同发展。翻译是一扇门。它为一个原本封闭的群体开启了走出去的通道,同时也引入异域之风,为生活增色添彩。如果一种文化中缺少了翻译,就会局限在自身狭小空间内,无法和其他文化实现互动,造成闭塞和衰竭。

任何联结都暗含一定程度的分离;如果没有分离,联结就无从谈起。翻译如同搭桥,具有联结与分离的双重属性。一方面,翻译可以消除不同语言和文化之间的隔阂;另一方面,差异和独特性也是翻译致力维系和赖以生存的对象。

在当今世界,语言多样性正面临着前所未有的威胁。到本世纪末,世界上现存语言的90%将灭绝。全球经济超过3/4的产量由说英语、法语、德语、西班牙语、汉语和日语6种语言的人口完成,以市场为导向的全球经济对语言多样性造成的威胁与日俱增。如果生活中的人说同一种语言,按相同方式思考或行动,就会扼杀翻译。多样性能丰富一个国家、一个民族和一个社区。语言多样性是翻译赖以生存的前提,可以滋养译者的越界之旅。多语言不仅仅是社会安定发展的必要需求,而且为多元文化的发展提供了土壤。在保护和推广多语言行动中,译者应当走在最前沿。

译 后

抵达曼城后，经过不懈努力，《翻译与身份》译文在复活节降临之际杀青。这项工作可以追溯到 2012 年 10 月 19 日向作者发出的第一封邮件；而在那之前，对他的翻译就已开始。《圣经·新约全书》记载，为了赎世人之罪，耶稣被钉死在十字架上，第三天身体复活，复活节因此得名。根据西方传统，每年春分月圆后第一个星期日是复活节。周日，曼城告别了连日阴雨，迎来了阳光。翻译是原作的后起生命（afterlife）。在这个象征着重生与希望的节日，为译作诞生写上几句话，比出门踏青更有意义。

感谢国家留学基金委员会资助我到曼彻斯特大学，在翻译与跨文化研究中心（CTIS）访学一年，让我置身于翻译，通过与国际一流翻译理论家的“对话”，获得新的视角。

本译著得到了南京航空航天大学领导和同事的支持。首先要感谢外国语学院领导和大学外语教学部团队。特别感谢何江胜院长。您对翻译与跨文化研究的深刻理解，为我带来越界与变形的机会，激励我探索新的空间。作为学校科研创新基金重点项目“口译心理研究”（NR2012007）的成果，译著在出版过程中得到了教务处处长王成华教授、吕勉哉老师和科技部副部长苏州博士、姚静老师的支持，在此表示感谢。也要感谢曼彻斯特大学同事在工作和生活中对我的帮助，他们/她们是高平博士、Rebecca Tipton 博士和 Maeve Olohan 博士。

在译介中，笔者尝试以项目方式把原著引入翻译硕士专业学位（MTI）研究生教学中，让学员有机会通过翻译来触摸理论，力求突破传统教学模式。在 2012—2013 学年第一学期，参加《中西翻译史》课程的 8 位同学参加了初译工作，见“展翅的译者”。在后期，童予格和柳芬同学分别对第二、三章译文进行了校对，表现出高度责任心。在本人出国访学期间，乔姝姝同学代理完成了出版合同签订、付款、申报等工作，在此表示感谢。

感谢苏州大学出版社编辑团队对译稿的审读和修改。特别感谢汤定军老师，您在出版过程中表现出的专业与敬业令我感动！

好作家遇上好翻译，就是一场艳遇；好翻译遇上一个好经纪人，堪比婚姻。感谢我的爱人高虹博士。你对我的支持和对家的照管是对翻译的完美诠释。最后，要对不满 4 岁的女儿说声抱歉，在你最可爱的时候离开你，不能见证你的成长，有些遗憾。翻译是角色冲突中的调适与裂变。把译著送给你，希望你在贯穿一生的"翻译"中不断蜕变；在"异"的考验下，演绎精彩人生。

朱　波

2014 年 4 月